Timo Bautz (Hrsg.)
Sozialisationswandel im digitalen Klassenzimmer

D1730002

Timo Bautz (Hrsg.)

Sozialisationswandel im digitalen Klassenzimmer

Dieses Buch ist erhältlich als:
ISBN 978-3-7799-6280-9 Print
ISBN 978-3-7799-5581-8 E-Book (PDF)

1. Auflage 2021

© 2021 Beltz Juventa
in der Verlagsgruppe Beltz · Weinheim Basel
Werderstraße 10, 69469 Weinheim
Alle Rechte vorbehalten

Herstellung und Satz: Ulrike Poppel
Druck und Bindung: Beltz Grafische Betriebe, Bad Langensalza
Printed in Germany

Weitere Informationen zu unseren Autor_innen und Titeln finden Sie unter: www.beltz.de

Inhalt

Vorwort

Der Begriff Sozialisation wurde um 1900 eingeführt, um die Frage zu beantworten, wie es möglich ist, dass Gesellschaften ihre sozialen Regeln und Normen über Generationen tradieren können. Erziehung erschien unverzichtbar, aber offenbar auch als unzureichend, weil sie immer weniger in der Lag war, Konformität zu garantieren. Erziehung wurde als ein wichtiges Element der umfassenderen Sozialisation gesehen, die die psychische Transformation sozialer Erwartungen und Normen reguliert und die Einstellungen dazu prägt, sei es als überzeugte Verinnerlichung, opportune Aneignung oder widerwillige Anpassung.

Sozialisationswandel war in diesem Konzept nicht vorgesehen und sicher nicht das Ziel der Pädagogik. Aber mit einer beschleunigten Dynamik und den wachsenden Inklusionsherausforderungen im Zuge der anlaufenden Globalisierung musste das Konzept so erweitert werden, dass auch Außenseiternormen als Resultate von Sozialisation verstanden werden konnten. Das wiederum hat die Pädagogik veranlasst, sich selbst für die Verbesserung von Sozialisationsbedingungen einzusetzen und erklärt die ansteigende Konjunktur des Begriffes in den letzten Dekaden des vorigen Jahrhunderts. Wenn auch diese Hoffnungen verflogen sind, dann nicht zuletzt in Folge der digitalen Kommunikation, die junge Menschen mit immer mehr Fernerwartungen konfrontiert und die Schulen tendenziell wieder in die Rolle von Konformitätshütern drängt. Eingespannt zwischen dem Digitalisierungsdruck und der Aufgabe, im Unterricht mit Stoff und Erziehung auf ein Leben in der Gesellschaft vorzubereiten, könnte sich zeigen, dass beide Wege versperrt sind, und Sozialisation weder für eine sichere Tradierung von Normen in Anspruch genommen werden kann, noch auf eine andere intentionale Weise.

Erstmals in ihrer Geschichte ist die Schule (selbst Kind des Buchdrucks) einem radikalen Umbruch der Kommunikation bis hinein in ihr operatives Zentrum ausgesetzt. Warum die Digitalisierung im Unterricht bislang nur sehr zögerlich Fuß fassen konnte, hat weniger mit einer institutionellen und professionellen Trägheit zu tun, als mit dem berechtigten Zweifel, ob die Stoffvermittlung am Bildschirm überhaupt noch genug Gelegenheiten schafft, in denen erzogen werden kann. Wer im digitalen Klassenzimmer nach Sozialisation fragt, kann davon ausgehen, dass es sie weiterhin gibt. Aber ihr ursprünglicher Zusammenhang mit Erziehung lockert sich, wenn mehr mit Bildschirmen und Programmen als aus Büchern und Interaktionen gelernt wird. Der erste Teil des Bandes nutzt das alte Erklärungspotential des Sozialisationsbegriffs, geht aber von der Annahme aus, dass Menschen, die in sozialen Strukturen mit fremden Erwartungen konfrontiert werden, auf diese konform oder abweichend reagieren können und dabei Erfahrungen sammeln und Einstellungen bilden, die zwar unterschiedlich, aber nicht beliebig sind. Das heißt nicht, dass Sozialisationsprozesse sich steuern lie-ßen oder zielgerichtet wären. Obwohl der Umgang mit fremden Erwartungen selbstselektiv ansetzt, sind die darauf bezogenen eigenen Einstellungen doch wie-der der sozialen Bewährung ausgesetzt. So gesehen, unterliegt jede Sozialisation einem evolutionären Verstärkungsprozess, bei dem Erwartungs-Erwartungen fremdselektiv bestätigt oder enttäuscht werden. Weil die Schule Erziehung über Jahre zumutet, und die Betroffenen damit klassenöffentlich umgehen müssen, ist von starken und typischen Sozialisationseffekten auszugehen. Familien erziehen und sozialisieren sehr unterschiedlich, Schulen ziemlich ähnlich. Das entspricht zum einen ihrer Scharnierfunktion zwischen Familie und Gesellschaft, und er-klärt auf der anderen Seite ihre chronische Überforderung in Zeiten starken ge-sellschaftlichen Wandels.

Für eine aktuelle Wiederaufnahme des Sozialisationsbegriffs im Kontext von Er-ziehung spricht, dass ein Unterricht, der Maschinen und Programme für die Kommunikation von Instruktionen und Erwartungen benutzt, auf neue Weise sozialisiert. Kommunikationstechnologien verändern und beschleunigen ja nicht nur die Vermittlungswege, sondern verändern auch die Auswahl und Zu-mutbarkeit von mitgeteilten Erwartungen. Das allein schon legt die These vom Sozialisationswandel im digitalen Klassenzimmer nahe, auch wenn das Bemühen um Erziehung weiterhin auf persönliche Vermittlung angewiesen bleibt und nicht über Fernmedien realisiert werden kann. Ferninstruktionen sind im Alltag eine Normalität, die Hoffnungen auf Fernerziehung eine Illusion. Das hat das unfreiwillige Experiment Homeschooling nachdrücklich gezeigt. Informationen und Lernerwartungen lassen sich am Bildschirm schriftlich und über Video auch persönlich mitteilen und verstehen. Doch wie die Adressaten damit umgehen und wie sehr sie sich dadurch in die Pflicht nehmen lassen, ist sehr abhängig von Erziehung, die beim Homeschooling an die Familien zurückdelegiert wurde. Die Frage, was zur Sozialisation eigentlich hinzukommen muss, damit von Erziehung gesprochen werden kann, bringt aktuell eine einfache Tatsache in Erinnerung. Pädagogische Kompetenz, guter Wille, das Verständnis und die Autorität der Lehrkraft, aber auch die Struktur der Organisation und ihre technische Ausrüs-tung nutzen nichts, wenn sie nicht unter Anwesenden zum Einsatz kommen. Ge-meinsames Situationserleben, Interaktion und Nachahmung sind für Erziehung unverzichtbar. Ob erzogen werden kann oder nicht, entscheidet sich zuallererst am kontinuierlichen direkten Kontakt, der erst die Gelegenheit dafür schafft.

Dass sich beim Lernen am Bildschirm und Arbeiten (Kooperieren?) mit Lern-programmen nicht nur die Stoffvermittlung ändert, sondern auch das „soziale Setting", liegt auf der Hand. Herauszufinden wie, das unterliegt erschwerten Beobachtungsbedingungen. Abgesehen davon, dass jeder Wandel erst im Nachhinein deutlich erkennbar wird und die Sozialisationen sicher nicht bei allen identisch verläuft, lassen sich typische Muster auf den Schulkontext schwerer eingrenzen, wenn Lernen in der Schule sich kaum unterscheiden lässt, vom Lernen außerhalb. Hinzu kommt, dass das digitale Klassenzimmer noch eine Vereinfachungsformel ist, die sehr unterschiedliche Realitäten zusammenfasst (technische, didaktische und soziale).

Die Beiträge des zweiten Teils stellen sich diesen Herausforderungen nicht nur aus einer soziologischen Perspektive, sondern aus verschiedenen Blickwinkeln. Sie verfolgen medienpädagogische, sozialpsychologische, bildungspolitische und kunstpädagogische Ansätze. Sie gehen davon aus, dass die digitale Stoffvermittlung nicht nur neue Chancen und Risiken des Lernens mit sich bringt, sondern einen Rückgang sozialer Erfahrung, wechselseitiger Beobachtung und pädagogisch nutzbarer Situationen. Das wirft Fragen in viele Richtungen auf: Vermindert sich beim jahrelangen Lernen am Bildschirm die soziale Abstimmungsbereitschaft, die alltagspsychologische Kompetenz und die Nachahmungsfähigkeit? Wie ändert sich die körperliche und sensorische Sensibilität aber auch die Vertrauensbildung zwischen den Beteiligten? Bleibt das Klassenzimmer ein Raum, in dem Fehler taktvoll behandelt werden können? Steigt das Bedürfnis nach Kontrolle und nach Autorität? Wie ändert sich die Haltung gegenüber schulischen Leistungen, die eigene Selbsteinschätzung und die Selbstdarstellung in der Gruppe?

Die Antworten fallen unterschiedlich konkret und unterschiedlich kritisch aus. Zusammen mit sehr detaillierten Vorschlägen zu einem altersgemäßen, datensicheren und sozial verträglichen Einsatz der digitalen Technik, verstehen sie sich nicht nur als Orientierungshilfe in der zu erwartenden Diskussion, sondern auch als Entscheidungshilfen für die Schulpraxis. Da die meisten Beiträge schon unter dem Eindruck von Corona und Homeschooling geschrieben wurden, ist diese Erfahrung mit eingeflossen, was den Sammelband hoffentlich auch für Eltern interessant macht.

Würzburg, im Juli 2020   *Timo Bautz*

Teil I
Sozialisation in der Schule

Überschätzte Sozialisation, unterschätzte Interaktion

André Kieserling

Für André Kieserling bedeutet Sozialisation in der Schule, wie in jedem anderen sozialen Kontext, mit ihren Regeln vertraut zu sein. Eine Besonderheit sieht er darin, dass die Schule auf ein Leben außerhalb vorbereitet und erzieht. Dafür trennt sie im Unterricht die Themen und Stoffe von den eigenen sozialen Strukturen. Schulsozialisation bedeutet demnach, dass z. B. im Sozialkundeunterricht, niemand auf die Idee kommt, die gerade besprochenen Grundrechte unmittelbar einzufordern. Eine zweite Besonderheit besteht in der Abhängigkeit von Unterrichtsinteraktionen. Sie regen zur Sozialisationen an, aber für Kieserling sind diese Effekte nicht geeignet, auf die Gesellschaft vorzubereiten, weil Schulen keine kleine Kopie der Gesellschaft sind, sondern sehr künstlich organisierte Gebilde. In seiner Schlussüberlegung streicht er einen Sozialisationsaspekt heraus: die Tendenz zur idealisierten Selbstdarstellungen vor der Klasse. Sie bietet immerhin die Chance für die Selbstverpflichtung, wirklich so zu werden, wie es der dargestellten Prätention entspricht.

Timo Bautz (TB): Die moderne Soziologie bezeichnet Sozialisation als den psychischen Prozess, in dem soziale Erfahrungen gemacht und Erwartungen aufgebaut bzw. verinnerlicht werden. Wie lässt sich das von Erziehung abgrenzen?

André Kieserling (AK): Sozialisation bedeutet einfach, dass man sich auf die Teilnahme- und Erfolgsbedingungen eines sozialen Systems einstellt, also zum Beispiel lernt, worauf es an einem neuen Arbeitsplatz ankommt, wer dort wirklich zählt und wer nur anwesend ist, welche Themen und welche Normen die KollegInnen ernstnehmen und welche nur auf dem Papier stehen oder nur für zeremonielle Anlässe gedacht sind. Ein solches Lernen kann ohne Lehrkraft und ohne explizite Belehrungen stattfinden. Es wird also die Personen ändern, ohne dass an anderen Personen eine dementsprechende Änderungsabsicht erkennbar wird. Das ist deshalb möglich, weil die Themen der Sozialisation sich nicht von den Strukturen des sozialisierenden Systems unterscheiden. Jeder Fall des Strukturgebrauchs macht dem Neuling daher klar, worauf es ankommt.

TB: Wie weit müssen die Strukturen und Verhaltensregeln dafür wirklich verstanden werden?

AK: Nehmen Sie beispielsweise das Interaktionssystem Zugfahrt: Wenn das Personal im Zug die Fahrkarten sehen will, dann tut es dies nicht, um uns zu erziehen, sondern weil diese Kontrolle zu seinen Dienstpflichten gehört, aber wer als Kind zum ersten Mal mit dem Zug reist und dabei zusieht, weiß danach, wie man sich in so einer Situation verhält – und hat vielleicht sogar mitbekommen, wie schwierig die Situation wird, wenn man ohne Fahrkarte reist, und kann sich dann auch auf diese Eventualität einstellen.

TB: Das Zugpersonal erzieht also nicht, wenn es auf Vorschriften der Bahn verweist. Die Zurechtweisung gehört zum Vollzug ihrer Struktur und gilt nur für sie.

AK: Jedes soziale System sozialisiert in diesem Sinne für sich selbst. Das wird anders, wenn man in einem Sozialsystem auf ein anderes vorbereiten will – zum Beispiel in der Schule oder in den Universitäten auf das Berufsleben in der Justiz. Die Strukturen dieses Zielsystems sind im Zubringersystem nicht präsent, man würde in Germanistikseminaren nicht lernen, worauf es vor Gericht ankommt, und also muss man die Strukturen des Rechtssystems, seine Gesetze und seine Fallentscheidungen, im Seminar thematisieren, um darauf vorbereiten zu können, und außerdem muss man den Adressaten sagen, dass sie sich die Beiträge zu diesem Thema, obwohl jetzt und hier gar nicht verwendbar, trotzdem merken sollen. Ein so merkwürdiges Verhalten wird so gut wie zwangläufig als Erziehungsversuch registriert. Erziehung ist also ein Versuch, die Kontextabhängigkeit von Sozialisationsprozessen zu überwinden.

TB: Der erste wichtige Ort, wo Menschen erzogen und sozialisiert werden, ist die Familie. Und in Familien liegen die Erwartungen bekanntlich oft weit auseinander. Was in der einen selbstverständlich ist, wäre in der anderen unmöglich. Entsprechend unterschiedlich sind die Sozialisationen der Kinder. Ist diese Unterschiedlichkeit aus Sicht der Gesellschaft ein Problem?

AK: Die Familien unterscheiden sich ja vor allem nach Maßgabe von Schichtung. Auch der Individualisierungsgrad der Einzelfamilie, den Sie ansprechen, dürfte von unten nach oben hin zunehmen. Und darin liegt einer der Gründe, warum wir den Familien als Lernort misstrauen. Man kann ihnen nicht abverlangen, schichtneutral zu sozialisieren, und das bringt sie in einen Gegensatz zu normativen Gesichtspunkten wie Chancengleichheit oder Leistungsprinzip. Von der Schule erhofft man sich dann umso mehr, dass sie diesen Gesichtsunkten zum Durchbruch verhelfe. Aber das wird natürlich so lange eine vergebliche Erwartung bleiben, wie die Schulen oder Vorschulen nicht gleich nach der Geburt auf die Kinder zugreifen können, sondern erst Jahre danach. Die ungleich schulgünstigen Voraussetzungen der Erstklässler, die sie ihren ungleich schulgünstig sozialisierenden Familien verdanken, sind dann bereits nicht mehr zu korrigieren. Die Erwartung, dass das doch geschehen könne, ist nur eine politisch erfolgreiche Illusion, die den Schulen dann freilich einen Reformversuch nach dem anderen beschert.

TB: Die Schulpflicht wurde nicht nur eingeführt, um Wissen und Können zu vermehren, sondern auch, um soziale Werte zu vermitteln. Ist es zumindest in diesem Punkt so, dass sich, mit ähnlichen Erwartungen in den Klassenzimmern konfrontiert, die unterschiedlichen Familiensozialisationen homogenisieren?

AK: Das Problem an der heutigen Familiensozialisation liegt darin, dass die moderne Familie aufgehört hat, ein Mikrokosmos der Gesellschaft zu sein – so wie man das von den Großhaushalten älterer Gesellschaften immerhin sagen konnte, die als Wohn- und Arbeitsgemeinschaft verschiedener Schichten angelegt waren und zugleich verschiedene gesellschaftliche Funktionen in sich vereinten, die also etwa wirtschaftlich auch produzierten und nicht nur konsumierten, die auch anschauliche Muster für schichtübergreifende Kommunikation boten, auch Zentrierungen von Macht kannten, vor allem in der Rolle des Haushaltsvorstandes, usw. Dort konnte man fast alles lernen, worauf es im Erwachsenenleben ankam, und zwar ohne dass es eigens hätte gelehrt werden müssen. Die moderne Familie kann aber nicht mehr gesellschaftsadäquat sozialisieren, denn dafür ist sie der modernen Gesellschaft nicht ähnlich genug.

Als Zentrum höchstpersönlicher Kommunikationen sozialisiert sie allenfalls noch für andere Zentren dieser Art, aber nicht für anonyme Funktionssysteme und Großorganisationen der modernen Gesellschaft. Es ist schon die Frage, ob sie auch nur für Schulen sozialisieren kann, und ob sie ihr etwaiges Unvermögen dazu kompensieren kann, indem sie offen für Schulen zu erziehen versucht. Das Problem liegt darin, dass mit der Erziehung für Schulen ein Fremdkörper in die Familien hineingetragen wird. Wenn die Eltern den Nachhilfelehrer geben, dann belastet dies ihre Beziehung zu den Kindern. Aber nicht nur die Familien, auch jedes andere soziale System wäre überfordert, wenn man sie als Mikrokosmos der Gesellschaft ansehen und ihnen die Fähigkeit zurechnen wollte, gesellschaftsadäquat zu sozialisieren. Das ist eine Folge der starken Differenzierung der modernen Gesellschaft.

TB: Dieser Blick auf die Familien unterstreicht die Wichtigkeit der Sozialisation in der Schule. Wurde sie deshalb von der Soziologie eingehend untersucht, Stichwort: „heimlicher Lehrplan" oder „hidden curriculum"?

AK: Diese Theorien besagen, dass auch in reinen Erziehungseinrichtungen wie den Schulen nicht nur absichtsvoll erzogen, sondern auch absichtslos sozialisiert wird – so wie in jedem anderen Sozialsystem auch. Pubertierende Jungen lernen dort neben pubertierenden Mädchen, und es wird stillschweigend erwartet, dass dies unter voller Neutralisierung sexueller Interessen zu geschehen habe. Wenn Sie so wollen, ist das ein Training für die spätere Arbeitswelt, in der es sich, von der pubertären Zuspitzung der Probleme mit der je eigenen Geschlechtsrolle hier einmal abgesehen, genauso verhält. Es gibt also Züge, in denen der Schulunterricht als soziale Situation dem Erwachsenenleben ähnlicher ist als die Familien, aus der die Schüler ja zunächst einmal kommen, und wenn man so will, dann übernimmt er in diesen Zügen so etwas wie sozialisatorische Brückenfunktionen hin zur Erwachsenenwelt.

Was mich an der These des heimlichen Lehrplans irritiert, ist nicht, dass es solche Vorgriffe auf das Erwachsenenleben nicht gäbe, sondern dass diese These sie stark überschätzt – vor allem im Unterschied zu Merkmalen, die auf die Ausdifferenzierung des Erziehungssystems zurückgehen und daher für andere Systeme in der Gesellschaft vollkommen untypisch sind. Wo sonst in der modernen Gesellschaft hätten wir es schon mit lauter Gleichaltrigen zu tun? Und wo sonst wären die Autoritäten, die wir respektieren sollen, auch durch ihren Abstand in Alter und Altersstatus von uns so deutlich unterschieden, wie das im Verhältnis der Schüler zu den Lehrern der Fall ist.

Das Problem an den Theorien schulischer Sozialisation liegt darin, dass sie davon ausgehen, dass die gesellschaftliche Funktion der Schulen im Wege der schulischen Sozialisation statt im Wege der schulischen Erziehung erfüllt wird. Nach dieser Theorie sollen die Schulen ja nicht nur für sich selbst oder für weiterführende Schulen sozialisieren, sondern für die Gesellschaft. Dazu müssten sie aber ihrerseits so etwas wie ein Mikrokosmos dieser Gesellschaft sein, so wie früher einmal die Großhaushalte es waren, aber genau das wird durch Ausdifferenzierung und funktionale Spezifikation des Erziehungssystems verhindert. Die Erziehung ist der modernen Gesellschaft und den anderen Teilsystemen dieser Gesellschaft nicht ähnlich genug, um für sie sozialisieren zu können. Wenn man dies ändern wollte, müsste man die funktonale Spezifikation der Schulen abschaffen. Die Schulen bräuchten dann eigene Zeitungen und eigene Krankenhäuser, eigene Gerichtshöfe und eigene Gefängnisse, und die Schüler müssten in erster Linie für Mitwirkung in diesen erziehungsfernen Teilsystemen der Schule belohnt – und also auch von der gleichzeitigen Teilnahme am Schulunterricht freigestellt werden. Reformschulen haben so etwas immer wieder versucht, unter anderem auch mit der Gründung schul- oder internatseigener „Familien", aber die Ergebnisse sind, wie man nicht zuletzt an der Odenwaldschule sehen kann, nicht sonderlich überzeugend.

In der Geschichte der Erziehungssoziologie ist die Theorie des heimlichen Lehrplans übrigens keine bloße Episode aus den siebziger Jahren des vergangenen Jahrhunderts. Vielmehr hat dieses Fach auch vorher schon so gedacht, angefangen von Emile Durkheim, der die einprägsame Formel von der Schule als Mikrokosmos erfand, bis hin zu Talcott Parsons und Robert Dreeben. Erst Niklas Luhmann hat mit dieser Tradition gebrochen, und zwar, wenn ich ihn richtig verstanden habe, aus den eben genannten Gründen. Seine Theorie der Erziehung ist die erste, die darauf besteht, dass die gesellschaftliche Funktion der Schulen nur durch Erziehung erfüllt werden kann, also nur durch den öffentlichen und nicht durch den heimlichen Lehrplan. Das führt bei ihm dazu, dass er alle klassischen Themen der Pädagogik, die ja in der Perspektive der Erziehung und nicht der Sozialisation gesehen waren, nun auch selbst behandeln muss, zum Beispiel die Schulstunde als Interaktionssystem, das sich etwas sehr Unwahrscheinliches vornimmt.

TB: In Ihrem Buch über Interaktion weisen Sie drauf hin, dass die moderne Gesellschaft nicht mehr nach dem Modell von Interaktion verstanden werden kann, aber von diesem Blick und Anspruch aus oft kritisiert wird. Die meisten Menschen sind zwar keine Soziologen, aber auch keine Laien in Bezug auf die

Gesellschaft. Sie machen viele soziale Erfahrungen mit Organisationen und sammeln Informationen über die Gesellschaft aus den Massenmedien. Warum bleibt die Interaktion dennoch der Ausgangspunkt für das Verstehen von und für die Kritik an gesellschaftlichen Fragen?

AK: Ich bin nicht ganz sicher, ob wir nicht im Moment eher das Umgekehrte beobachten, nämlich eine relativ unbalancierte Begeisterung für elektronische Kommunikation unter anonymen und unverantwortlichen Teilnehmern. Das gilt ganz unabhängig von den aktuellen coronabedingten Kontakteinschränkungen, und zwar vor allem unter Heranwachsenden. Die LehrerInnen werden das bestätigen können, aber auch als Hochschullehrer gewinnt man diesen Eindruck: Wenn ich meine Studenten bitte, eine Hausarbeit zum Thema Interaktion zu schreiben, kommen sie nur auf Erfahrungen, die sie in den sozialen Netzwerken gemacht haben. Aber in der öffentlichen Diskussion werden natürlich auch die sozialen Netzwerke wieder an Interaktionsnormen wie derjenigen der Konfliktvermeidung gemessen, und man registriert mit Erstaunen, dass davon im Netz keine Rede sein kann. Insofern haben Sie völlig Recht. Aber der richtig gewählte Vergleichsfall zum Shitstorm von heutzutage wäre nicht das zivilisierte Gespräch unter Anwesenden, sondern eher das, wofür man zu Beginn des zwanzigsten Jahrhunderts den seinerseits irreführenden Begriff der Massenpsychologie hatte.

TB: Spielt nicht auch eine Rolle, dass alle Menschen in kleinen Interaktionsgruppen aufwachsen und viele Jahre in Schulklassen interagieren? Oder ist es der Stammtisch, oder sind es auch die Massenmedien, die uns über Interviews und Talkrunden, also in Form von Interaktionen, gesellschaftliche Prozesse erklären?

AK: Darüber habe ich kein sicheres Urteil. Aber in meinem Interaktionsbuch ging es ja auch nicht um die Frage, was Alltagsmenschen über das Verhältnis von Interaktion und Gesellschaft denken, wenn man sie mit der Frage danach überrascht, sondern eher um das, was im Anschluss an die für Europa maßgebliche Tradition des Nachdenkens über soziale Sachverhalte formuliert wird. Ich denke hier also eher an die Prämissen, unter denen Sozialphilosophen oder auch Soziologien mit starker Anhänglichkeit an diese Tradition formulieren. Und auf dieser Ebene ist die Tendenz sehr stark, die Gesellschaft an Vorstellungen über verdichtete Interaktion zu messen – und dann etwa der Wirtschaft vorzuhalten, dass sie unseren Idealen über Freundschaft nicht wirklich entspricht. Unpersönliche Beziehungen werden an Maßstäben gemessen, die für persönliche Beziehungen gelten, so als könnte man alle sozialen Beziehungen als Beziehung von Mensch zu Mensch ordnen. Von Luhmann könnte man demgegenüber lernen, dass man persönliche Beziehungen nur intensivieren kann, wenn es daneben auch unpersönliche Beziehungen gibt, und umgekehrt. Der primäre Sachverhalt ist also die Differenzierung dieser beiden Beziehungstypen, und ihr entsprechend müsste man dann auch die Kriterien der Kritik differenzieren. Hier liegt übrigens eine deutliche Meinungsverschiedenheit zwischen mir und Axel Honneth.

TB: Die Erziehung in der Schule, auch wenn man sie als organisiertes Funktionssystem betrachtet, ist an Anwesenheit mit gegenseitiger Beobachtung und persönliche Bekanntschaft gebunden, die einfach nicht übersprungen werden können. Warum ist die Schule, sofern sie erzieht, ähnlich wie Familie, Freundschaft und Intimität immer auf Interaktion angewiesen?

AK: Das Verhältnis von Interaktion und Gesellschaft ist ja nicht in allen Funktionssystemen der Gesellschaft dasselbe. Große Bereiche des Massenkonsums können über Versandhäuser oder heute durch den Handel im Internet übernommen werden. Man muss auch keine politischen Versammlungen besuchen, um sich ein Urteil über die dort auftretenden Politiker zu bilden. Und als Wissenschaftler besucht man die Tagungen nicht, wenn einen die Tagungsvorträge nicht ansprechen. All das läuft mit sehr wenig Interaktion. Im Bereich der Erziehung ist das etwas anders. Hier fehlt es an Kommunikationsmedien wie Geld oder Macht oder Wahrheit. Hier müssen die gesuchten Erfolge unter Anwesenden und an ihnen erarbeitet werden, und ich würde sehr davor warnen, die Interaktionsabhängigkeiten zu unterschätzen. Das ist übrigens kein Merkmal nur der Erziehung. Alle Funktionssysteme, in denen es nicht nur um Kommunikation, sondern um Einfluss auf Personen geht, bleiben von Interaktion abhängig. Man wird auch Gerichtsverfahren nicht einfach durch schriftliche oder elektronische Kommunikation ersetzen können.

TB: Auch Unterricht besteht ja nicht nur aus informativen Gesprächen, Erklärungen, Referaten und Diskussionen, sondern ist eingebettet in eine verzweigte Schulorganisation, die bis in die Ministerien reicht. Wie sehen sie den Stellenwert dieser Organisation?

AK: Natürlich muss der Unterricht organisiert werden, wenn jedermann daran teilnehmen soll. Der unorganisierte Unterricht, so wie ihn früher einmal die Hauslehrer erteilten, war eine sozial exklusive Angelegenheit, und für die Nachhilfelehrer von heute gilt in dieser Hinsicht nichts anders. Wenn man Inklusion will (das Wort jetzt im soziologischen Sinne und nicht nur für eine bestimmte Lobby) muss man organisieren – im Bereich von Erziehung so gut wie anderswo. Die Besonderheit der Schule als Organisation liegt darin, dass sie die Interaktionen eben nur organisieren, aber nicht ersetzen kann. Sie kann über Zeitpunkt und Abfolge, über Thematik und soziale Zusammensetzung der Schulstunden vorentscheiden. Sie kann mehrere Schulstunden zu Klassen oder zu Kursen verbinden und zugleich dafür sorgen, dass die Übergänge von Klasse zu Klasse oder von Kurs zu Kurs mit der Leistungsfähigkeit der Schüler so abgestimmt werden, dass man es danach mit relativ homogenen Lerngruppen zu tun hat. Das ist eine große Leistung, die mit den Mitteln von Interaktion allein nicht zu erbringen wäre. Aber wenn sie einmal erbracht ist, muss man die Interaktion mehr oder weniger laufen lassen.

Anders als der Produktionsprozess in den Betrieben der Wirtschaft, kann der Erziehungsprozess durch die Schulen als Organisation nicht erfolgssicher dirigiert werden. Dafür fehlt es an sicheren Technologien, an besinnungslos anwendbarem Rezeptwissen. Auch gibt es, von drastischen Fällen abgesehen, keine Möglichkeiten, Fehler oder unbefriedigende Leistungsniveaus zuzurechnen, und damit fehlt auch die Möglichkeit, aus Fehlern zu lernen. Die unablässigen Reformen, mit denen Schulpolitik auf dieses Unvermögen reagiert, reformieren immer nur die Organisation selbst, nicht aber die Schulstunden, um die es eigentlich geht. Außerdem erzeugt dieses Unvermögen ein fast abergläubisches Vertrauen in die jeweils jüngsten Errungenschaften der Kommunikationstechnik, von den Sprachlaboren der 1970er Jahre bis zu den Digitalisierungsfantasien von heutzutage. In der Sprache von Talcott Parsons handelt es sich dabei um säkulare Version magischen Denkens, um ein sozial gefordertes Vertrauen in eingebildete Kausalitäten, weil man die wirklichen Kausalitäten nicht in der Hand hat.

TB: Das klingt nach einer Kritik am Digitalpakt?

AK: Im Prinzip ja, aber natürlich ist Digitalisierung eine sehr pauschale Formel, und bei genauerem Zusehen muss man stärker differenzieren. Es gibt Online-Formate, die als Interaktionssurrogate auftreten, zum Beispiel Videokonferenzen. Sie ersparen den Teilnehmern den gemeinsamen Treffpunkt und auch die etwaige Anreise sowie den vollen Rückzug aus anderen, auch wichtigen Interaktionszusammenhängen. Aber Videokonferenzen werden als minderwertige Interaktionsform eingestuft, etwa, weil es unter diesen Umständen nicht einmal möglich ist, erwiderte von unerwiderten Blicken zu unterscheiden; selbst die Unterscheidung zwischen Teilnehmern und Nichtteilnehmern kann, bei teilweise ausgeschalteten Kameras, schwierig werden. Die Vorteile dieser Form zeigen sich allenfalls im Vergleich mit den reinen Telefonkonferenzen. Dann gibt es Formate, die Interaktionen einfach nur festhalten und für Verbreitung bereitstellen. Sie befreien die Nutzer auch noch von den Erfordernissen einer zeitlichen Abstimmung untereinander, nehmen ihnen dafür aber auch alle Gelegenheiten zu eigener Beteiligung. Sie eignen sich daher vor allem zur Verbreitung von ohnehin einseitigen Interaktionen, in denen ein Sprecher sich an ein mehr oder minder passives Publikum wendet. Was auf diese Weise erreicht werden kann, sieht man an den Tutorials. Wenn gut gemacht, erinnern sie an die didaktischen Vorzüge eines konzentrierten Vortrags, also an genau das, was heutige Pädagogen als Frontalunterricht zu exorzieren versuchen.

Außerdem gibt es Formate, die nicht als Substitut symmetrischer und auch nicht als Verbreitung asymmetrischer Interaktion gedacht sind, sondern die interaktionslosen Formen des Lernens, also vor allem die Lektüren ersetzen sollen. Die Überlegenheit dieser Lernsoftware über das klassische Text- und Buchstudium ist aber in der Forschung bis heute nicht erwiesen, und gemessen daran finde ich die Begeisterung für die Digitalisierung der Schulen stark übertrieben. Aber selbst wenn das eine Fehleinschätzung sein sollte: Digitale Substitute für die Interaktion im Klassenzimmer kann ich mir vorerst nicht vorstellen.

TB: Worin sehen Sie die Bedeutung der Interaktion im Klassenzimmer für die Schulsozialisation?

AK: Ich würde ihren Vorteil zunächst einmal darin sehen, dass es sich um Darstellungen vor anwesendem Publikum handelt. Soziologisch gesehen bieten Schulstunden dem Schüler eine Gelegenheit zu klassenöffentlicher Selbstdarstellung, und zwar vor allem zu einer idealisierenden Selbstdarstellung, die ihn besser, klüger und einsichtsfähiger erscheinen lässt, als er ist. Das kann zum Beispiel dadurch gesehen, dass der Schüler die Anstrengung verbirgt, die ihn die Vorbereitung seiner Präsentation gekostet hat, oder dadurch, dass der Lehrer so tut, als würde er ihm diese schmeichelhafte Darstellung abnehmen. Eine wahrheitsfanatische Moral müsste dies als Angebertum ahnden. Aber soziologisch gesehen ist die Idealisierung nicht nur die Täuschung, die sie auch ist, sondern vor allem eine Selbstbindung, die den Schüler zur Fortsetzung verpflichtet. Und da das Vorhandensein einer Tugend ihre Darstellung beträchtlich erleichtert, muss man sich den Fortsetzungszwang als einen Prozess denken, der bei ungehindertem Fortgang zur Selbstanpassung an die eigenen Prätentionen, nämlich zur Ausbildung der zuvor nur simulierten Fähigkeiten und Bereitschaften führt. Das ist die darstellungssoziologische Lesart des alten Satzes, wonach die Heuchelei eine Verbeugung des Lasters vor der Tugend ist.

Anspruchsinflation im Erziehungssystem

Raf Vanderstraeten

1 Einführung

Ein ausdifferenziertes Erziehungssystem bringt es mit sich, dass wir vieles von den Schulen erwarten. Während seit langem behauptet wird, dass Schulen Kinder mit Wissen über die Welt ausstatten und die kulturellen Grundnormen unserer sozialen Welt sicherstellen, konzentrieren sich viele zeitgenössische Diskussionen auf die Frage, wie sie darüber hinaus Personen auf die Zukunft vorbereitet. Unsere Zukunft soll demnach auch von unseren Schulen abhängen. So behauptet beispielsweise Linda Darling-Hammond, die ehemalige Präsidentin der American Educational Research Association (AERA): „We are robbing our future by under-investing in our children." Aus dieser Sicht wird der Erfolg der Schulen das Humankapital und das Bildungspotential bestimmen, über das die Gesellschaft (oder nach Ansicht von Darling-Hammond: die amerikanische Nation) in Zukunft verfügen wird.[1]

Die neuen Erwartungen an Schulen werden zum Teil durch Gesellschaftsdiagnosen angetrieben, denen zufolge wir uns in einer Wissensgesellschaft befinden (z. B. Stehr 1994). Wissen spiele eine zentrale Rolle in einer Vielzahl von sozialen Kontexten, sei es im Gesundheitswesen, in der Landwirtschaft, in der Energieversorgung, in der Mobilität oder im Sport. Diese unterschiedlichen Kontexte sind heute nicht mehr ohne die Anwendung neuen Wissens denkbar; sie haben sich stark von wissenschaftlichen Entdeckungen abhängig gemacht, und zwar von solchen, die nützlich sind, weil sie sich in Technologien, Rezepten und Programmen umsetzen lassen. Viele der neuen Erwartungen an Schulen bauen auf den wahrgenommenen Bedeutungszuwachs von Wissen in der heutigen Gesellschaft auf. Von den Schulen wird nicht nur erwartet, dass sie vorhandene Wissensformen weitergeben, sondern vor allem, dass sie auf die Zukunft ausgerichtet sind. Wir erwarten heutzutage, dass die Schulen die neuen Generationen auf die

---

[1] Siehe https://www.forbes.com/sites/lindadarlinghammond/2019/08/05/americas-school-fun-ding-struggle-how-were-robbing-our-future-by-under-investing-in-our-children/#6b6b087 d5eaf. Für eine klassische Analyse der ‚treuhänderischen' Funktion der Erziehung, wie sie von Familien und Schulen übernommen wurde, siehe Talcott Parsons' Überlegungen zur „latent pattern maintenance" (z. B. Parsons 1959).

digitale Welt vorbereiten, in der ‚analoges' Wissen immer weniger von Bedeutung sein wird.

Die Bildungsreformpläne, in die unter anderem Vorstellungen über die digitale Welt eingehen, setzen die Schulen unter Druck. Es wird erwartet, dass sich die Schulen ändern. Sie müssen sich bemühen, die Zukunft in die Gegenwart zu bringen. Von ihnen wird erwartet, dass sie die Bildung anders organisieren, damit sowohl Kinder als auch die Gesellschaft (besser) auf die Zukunft vorbereitet sind (Kade 2019). Die Frage, die ich in diesem Kapitel bearbeiten möchte ist, was wir vernünftigerweise von Schulen und Universitäten in der heutigen Gesellschaft erwarten können. Zu diesem Zweck skizziere ich die Konturen einer theoretisch und historisch sensiblen soziologischen Perspektive, die es ermöglicht, die Aufmerksamkeit auf eine Reihe kritischer Fragen zu lenken, die die Funktion der Schulerziehung betrifft. Ich konzentriere mich dabei auf Differenzen und bezweifle, dass Erziehungseinrichtungen eine Art sozialen ‚Mikrokosmos' darstellen, der breitere soziale Realitäten widerspiegelt und/oder für zukünftige gesellschaftliche Anforderungen ein Modell sein kann (vgl. Durkheim 1956, S. 131). Gerade die Differenz zwischen Erziehung und Gesellschaft bietet der Schule Möglichkeiten, die sie produktiv nutzen kann.

Zunächst folgen einige konzeptionelle Klarstellungen in Bezug auf Sozialisation und Erziehung, und ich erörtere, wie diese Konzepte mit einer breiteren Gesellschaftstheorie in Beziehung gesetzt werden können. Um die Input-Output und Mittel-Zweck Illusionen in Frage zu stellen, die den vorherrschenden Ansichten über Erziehung zugrunde liegen, stütze ich mich insbesondere auf die Arbeiten von Niklas Luhmann (2.). Als nächstes diskutiere ich kurz, wie sich die Schulerziehung auf die strukturelle Stabilität der modernen Gesellschaft ausgewirkt haben könnte (3.). Anschließend analysiere ich, wie die Expansion der Schulerziehung die Gesellschaft selbst heutzutage verändert. Wenn wir die Gesellschaft als geschulte Gesellschaft, statt als Wissensgesellschaft beobachten, dann wird es meiner Ansicht nach möglich, die Relevanz der Grundformen unserer soziokulturellen Traditionen neu zu würdigen und Distanz zu halten von den willkürlichen Reformplänen, die sich immer wieder aus neuen Visionen über die Zukunft unserer Gesellschaft ergeben (4.). Im abschließenden Abschnitt fasse ich meine Argumentationslinie kurz zusammen (5.).

2 Sozialisation und Erziehung

Niklas Luhmanns Analysen des Erziehungssystems bieten einen interessanten Ausgangspunkt für unsere Überlegungen. Theoretisch verbindet Luhmann sowohl Sozialisation als auch Erziehung mit einem Grundproblem sozialer Systeme, nämlich das Problem der „doppelten Kontingenz" (siehe Vanderstraeten

2004a). Kommunikation setzt voraus, dass die beteiligten Partner ihre Handlungen und Erwartungen aufeinander ausrichten. Sie setzt eine (immer unvollständige) Koordination der gegenseitigen Handlungen und Erwartungen voraus.[2] Aber wie können die Beteiligten die Erwartungen des anderen erwarten? Was ermöglicht es ihnen, soziale Beziehungen untereinander aufzubauen und aufrechtzuerhalten? Wie können die daraus resultierenden Unsicherheiten in der Kommunikation kontrolliert werden, insbesondere unter Bedingungen hoher Komplexität, wenn die Alternativen für jeden Aktor und damit die Misserfolgsrisiken hoch sind? Luhmann verbindet Sozialisation und Erziehung mit der strukturellen Stabilität der modernen Gesellschaft (z. B. Luhmann 2017, S. 755–760). Von Sozialisation und Erziehung wird erwartet, dass sie die fortlaufende Reproduktion von Kommunikationssystemen erleichtern.

Vor diesem Hintergrund sind einige weitere konzeptionelle Klarstellungen möglich. Diskussionen über Sozialisation können auf einer langen Geschichte innerhalb der Soziologie aufbauen. Das Konzept spielt eine wichtige Rolle in einer Vielzahl theoretischer Ansätze – von Franklin H. Giddings und Emile Durkheim bis zu Talcott Parsons und Pierre Bourdieu. Auffallend ist, dass es bei Luhmann weniger prominent ist. Sozialisation bezieht sich bei Luhmann auf Veränderungen psychischer Systeme, die in der Umwelt sozialer Systeme stattfinden. Das Konzept wirkt sich somit auf unterschiedliche Systemreferenzen aus: auf soziale Systeme und auf einzelne Menschen in ihrer Umgebung. In der Monographie Soziale Systeme wird Sozialisation dementsprechend als Vorgang bezeichnet, „der das psychische System und das dadurch kontrollierte Körperverhalten des Menschen durch Interpenetration formt" (1984, S. 326). Luhmann behauptet daher regelmäßig, dass Fragen der Sozialisation über den Rahmen der soziologischen Theorie hinausgehen.[3]

Gleichzeitig ist offensichtlich, dass Sozialisation ein weit verbreitetes Phänomen ist. Auch Luhmann zufolge entsteht Sozialisation durch die Teilnahme an allen möglichen sozialen Kontexten. Sozialisation hängt von der Teilnahme an der Kommunikation ab und insbesondere von der „Möglichkeit, das Verhalten an-

---

2   Für Luhmann bezeichnet der Begriff der Kontingenz „mithin Gegebenes (Erfahrenes, Erwartetes, Gedachtes, Fantasiertes) im Hinblick auf mögliches Anderssein; er bezeichnet Gegenstände im Horizont möglicher Abwandlungen" (1984, S. 152). Die Bedingung der doppelten Kontingenz ist eine Folge der Konfrontation von mindestens zwei autonomen Systemen, die ihre eigene Auswahl in Bezug aufeinandertreffen.

3   Dementsprechend widmete Luhmann diesem Konzept nicht viel Raum. Nicht mehr als eine Handvoll Seiten seiner beiden Hauptpublikationen, nämlich Soziale Systeme (die 675 Seiten umfasst) und Die Gesellschaft der Gesellschaft (die aus zwei Bänden und 1164 Seiten besteht), sind dem Thema Sozialisation gewidmet.

derer nicht nur als Faktum, sondern als Information zu lesen – als Information über Gefahren, über Enttäuschungen, über Koinzidenzen jeder Art, über Realisation eines Bezugs auf soziale Normen, über das in einer Situation Angemessene" (1984, S. 280–281). Sozialisation ermöglicht es dem Einzelnen, sich mit den Erwartungen auseinanderzusetzen, die einem bestimmten sozialen System Struktur verleihen. Diese ‚Auseinandersetzung' muss jedoch nicht zur ‚Reproduktion' (im engeren, klassischen Sinne des Wortes) dieses sozialen Systems führen. „Zunächst sozialisiert das kommunikative Geschehen selbst – und zwar nicht dadurch, daß es richtiges oder unrichtiges Verhalten sanktioniert, sondern dadurch, daß es als Kommunikation gelingt" (1984, S. 330). Aus Luhmanns Sicht sind Individuen sozialisiert, wenn sie wissen, wann sie sich entschuldigen müssen.

Für Luhmann können Sozialisationsprozesse sicherstellen, dass die persönliche Umwelt der Gesellschaft günstige Bedingungen für die fortlaufende Reproduktion sozialer Systeme bietet. Seine Betonung der Differenz zwischen sozialen und psychischen Systemen führt ihn jedoch auch dazu, auf die unvorhergesehenen ‚Nebenwirkungen' von Sozialisationsprozessen aufmerksam zu machen. Weil sich die klassische Definition auf die Reproduktion sozialer Normen konzentriert, muss sie zwischen erfolgreicher und erfolgloser Sozialisation unterscheiden. Sie kann damit die Möglichkeit der Nichtkonformität nicht berücksichtigen (z. B. Luhmann 1981, S. 161–163). Stattdessen schlägt Luhmann vor, ein ‚offenes' Konzept der Sozialisation anzuwenden:

> „Der Begriff übergreift damit mehrere Systemreferenzen, er übergreift positiv und negativ zu wertende Effekte, er übergreift erst recht konformes und abweichendes, krankhaftes (zum Beispiel neurotisches) und gesundes Verhalten … Eine Theorie, die den Sozialisationsbegriff auf die Erzeugung von angepasstem, erwartungskonformem Verhalten festlegt, könnte die Entstehung gegenteiliger Verhaltensmuster nicht erklären, und sie wäre auch hilflos gegenüber Feststellungen wie der, daß gerade Anpassung neurotische Züge tragen kann und daß es Steigerungszusammenhänge von Anpassung und Neurosen gibt" (1984, S. 326).

Luhmanns Begriff von Erziehung baut auf seiner offenen Definition von Sozialisation auf. Während die Relevanz von Sozialisationsprozessen meist auf den sozialisierenden Kontext beschränkt bleibt, zielt Erziehung absichtlich auf eine breitere und nachhaltigere Wirkung ab. „Erziehung ist, und darin liegt der Unterschied zu Sozialisation, intentionalisiertes und auf Intention zurechenbares Handeln" (Luhmann 1984, S. 330). Erziehung versucht etwas „zu erreichen, was die Koordination einer Vielzahl von Bemühungen voraussetzt, also nicht den Zufällen sozialisierender Ereignisse überlassen werden kann" (1984, S. 281). Erziehung benutzt also ein Input-Output Schema: „Man definiert die Zustände oder

Verhaltensweisen, die man erreichen möchte, würdigt die Ausgangslage (Reife-
grad, Begabung, Vorkenntnisse) als Bedingungen und wählt die pädagogischen
Mittel, um das, was nicht von selbst geschieht, dennoch zu erreichen" (ebd.).
Nach Luhmann dominieren diese Schemata, die mit der sogenannten Entde-
ckung des Kindes im 18. und frühen 19. Jahrhundert verbunden sind, immer
noch das zeitgenössische Erziehungssystem: „Der Riesenaufwand von Interaktion und Organisation von Unterrichtssituationen, Schulklassen, Schulsystemen
ist nur die Ausformulierung dieses Prinzips" (ebd.). Solange Probleme doppelter
Kontingenz in der sozialen Welt relativ einfach gelöst werden können, besteht
keine Notwendigkeit für lange, absichtliche und anstrengende Erziehungspro-
zesse. Sozialisation reicht aus, solange soziale Mobilität und interne Komplexität
gering sind, aber „ein Hinausgehen über bloße Sozialisation und über bloße ad
hoc-Erziehung scheint in allen komplexeren Gesellschaften unausweichlich zu
sein" (ebd.).

So gesehen stellt sich jedoch auch die Frage, ob der Preis für diese Pädagogi-
sierung nicht zu hoch ist. Erziehung in Schulklassen und Schulen ist, so Luhmann, heutzutage geläufig. „Und ebenso geläufig ist eine Kritik der Lebens-
fremdheit von Schulen und der Unbrauchbarkeit des gelernten Wissens." Die
Kritik, fügt er hinzu, „richtet sich aber primär auf die Auswahl der Lehrpläne, auf
politische Eingriffe, auf die Kultusbürokratie und neuerdings auf den auch hier
wirksamen Kapitalismus" (1984, S. 281). Ausgehend von seiner theoretischen
Überlegung lenkt Luhmann die Aufmerksamkeit auf die Künstlichkeit und die
vielen unvorhersehbaren Nebenfolgen der Input-Output Transformationen, auf
die sich die Schulen stützen. „Daß dies in dieser Form annähernd vollständig und
realitätsgerecht geschehen könnte, bleibt jedoch eine Illusion – bestenfalls eine
gut funktionierende Illusion" (1984, S. 282). Luhmann zufolge sind der „Päda-
gogisierung des Sozialisierungsgeschehens … offenbar enge Grenzen gesetzt"
(1984, S. 330).

Die Erziehung kann nach einem bestimmten, ansonsten unwahrscheinli-
chen Output streben, aber die pädagogischen Interventionen führen gleichzeitig auch zu nicht-beabsichtigten Folgen. In dem Moment, in dem die pädagogischen Absichten oder Interventionen sichtbar werden, „gewinnt der, dem
Erzogenwerden zugemutet wird, durch die Kommunikation dieser Absicht die
Freiheit, auf Distanz zu gehen oder gar die ‚andere Möglichkeit' zu suchen und
zu finden" (1984, S. 330). Man kann nicht erwarten, dass sich Individuen lediglich ‚anpassen' oder erwartungskonform verhalten, wenn sie ständig pädagogischen Interventionen ausgesetzt sind. Nach Luhmann sozialisieren Schul-
institutionen zunächst zum ‚Überleben' in diesen Einrichtungen selbst (vgl.
Zinnecker 1975). Der Einzelne lernt, sich mit den Realitäten und Erwartungen
auseinanderzusetzen, die in bestimmten Erziehungseinrichtungen vorherr-
schen. Schulen erziehen also nicht nur, sie sozialisieren auch. Sie erzeugen Sozialisationseffekte eigener Art. Luhmann schlägt daher auch vor, von sekundä-

rer Sozialisation zu sprechen, wobei sich ‚sekundär' nicht auf die Sozialisationsprozesse bezieht, die nach der primären Sozialisation in Familien stattfinden, sondern auf die (meist unbeabsichtigten) Folgen der Interventionen, die in unterschiedlichen Erziehungseinrichtungen stattfinden. Nach meinem Verständnis betont der Titel dieses Buches „Sozialisationswandel im digitalen Klassenzimmer" auch diese Konsequenzen.

Erziehung führt zur Bildung (darauf spezialisierter) sozialer Systeme und fällt daher für Luhmann in den Bereich der soziologischen Theorie. Dieses System scheint in der Lage zu sein, die neuen Generationen mit der Komplexität ihrer sozialen Umwelt vertraut zu machen. Es scheint eine Lösung für Probleme zu bieten, die als Folge zunehmender funktionaler Differenzierung entstehen. Aber Erziehung kann nicht leisten, was die Sozialisation nicht leisten kann. Die Erziehung kann die Differenz zur persönlichen Umwelt der Gesellschaft nicht überbrücken und die Reproduktion vorherrschender sozialer Normen nicht sicherstellen (Luhmann 2002, S. 48–81; siehe auch Vanderstraeten 2004a; Vanderstraeten & Biesta 2006). Eher muss man davon ausgehen, dass die sozialen Interventionen im Erziehungssystem die persönliche Umwelt der Gesellschaft stark belasten.[4] Luhmann (2017) betont deswegen, dass Erziehungsinterventionen die Differenz zwischen den verschiedenen Systemen, die an diesen Formen der intentionalen Sozialisation beteiligt sind, erweitert haben, und fragt zudem, ob es nicht funktional sein könnte, viele der organisierten Bemühungen um Erziehung, aufgrund ihrer Nebenfolgen, einfach zu streichen.

Pädagogische Absichten mögen ein breites Spektrum von ‚people-changing' Interventionen zusammenhalten, aber laut Luhmann weist die Ausdifferenzierung des Erziehungssystems auch ein zugrundeliegendes „strukturelles Defizit" auf (Luhmann & Schorr 1982; Luhmann 1987, 1992). Dieses System kann nicht das erreichen, was es vorgibt zu erreichen. Es kann Input nicht zuverlässig in Output transformieren. Dieses paradoxe Defizit (man kann nicht tun, was man tut oder vorgibt zu tun) kann innerhalb des Erziehungssystems selbst negiert

---

4   Ein Beispiel: Weil Kinder die Pflicht haben, zur Schule zu gehen und ihre Anwesenheit im Klassenzimmer somit garantiert ist, wird eine Art motivationale Gleichgültigkeit normal. Anders ausgedrückt, es wird schwierig, sie für die expliziten Ziele zu verpflichten. In einer solchen Situation wird häufig zwischen Zielen und Motiven unterschieden. In Organisationen gibt es Ziele, für die man sein Bestes gibt, und es gibt die Motive hinter dem Verhalten (z. B. karriereorientierte Motive). Während Akteure angeben können, dass sie an der Arbeit an sich interessiert sind, können Beobachter die Motive der Akteure zur Diskussion stellen und Pläne schmieden, um die Realisierung dieser Motive zu vereiteln. So fallen zum Beispiel zu fleißige Schüler häufig den Gegenstrategien ihrer Klassenkameraden zum Opfer. Ich habe die Diskrepanzen zwischen den sozialen Systemen von Klassenzimmern und den Systemen in ihrer persönlichen Umwelt in einigen früheren Veröffentlichungen ausführlicher erörtert (insbesondere Vanderstraeten 2004b, 2008).

werden. Es kann auch von Schulreformern ignoriert oder verdeckt werden, die hauptsächlich daran interessiert sind, ihre Reformpläne zu verkaufen. Wie Luhmann und Schorr in ihrer Monographie Reflexionsprobleme im Erziehungssystem (1988) ausführlich darlegen, haben die „Reflexionstheorien", die innerhalb des Erziehungssystems entwickelt und verbreitet worden sind, die Komplexität der Erziehung nicht angemessen reflektiert. Dieses strukturelle Defizit ist jedoch nicht verschwunden. Um das Erziehungssystem angemessen zu verstehen, sollte eher berücksichtigt werden, dass die Optionen dieses Systems auch in einer digitalen Zeit in grundlegender Weise durch sein strukturelles Defizit definiert und limitiert sind.

3 Schulen in der Gesellschaft

Historisch gesehen, so Luhmann, wurde die Ausdifferenzierung des Erziehungssystems durch den Übergang zu der modernen, funktionalen Form der Differenzierung ausgelöst. Was aber können wir von Erziehung in unserer funktional differenzierten Gesellschaft erwarten? Wenn wir zu der Idee zurückkehren, dass soziale Systeme das Problem der doppelten Kontingenz immer wieder bearbeiten (wenn nicht lösen) müssen, dann kann erwartet werden, dass Erziehung die fortlaufende Reproduktion sozialer Systeme erleichtert. Erziehung kann bezogen auf die Entwicklung individueller Eigenschaften oder Talente verstanden werden, aber ihre wichtigere soziale Funktion besteht darin, Voraussetzungen für ansonsten unwahrscheinliche soziale Kontakte zu ermöglichen, und zwar für Kontakte die normalerweise außerhalb des Erziehungssystems liegen (Luhmann 2017, S. 755–760). Dank der Expansion des Schulwesens und der Beteiligung an Schulerziehung, die durch die rasche Verbreitung der Schulpflicht im 18. und 19. Jahrhundert erstmals angeregt wurde, sind Einzelpersonen seitdem in doppelter Weise am Erziehungsprozess beteiligt: Jeder Einzelne geht nicht nur selbst durch die Erziehungsmühle, sondern wird auch zum ‚Konsument' der Erziehungsergebnisse. Fast jeder Einzelne wird selbst in einem ausdifferenzierten Erziehungssystem erzogen, und fast jeder Einzelne kann im Kontakt mit jedem anderen voraussetzen, dass auch sie in Schulen erzogen worden sind. Fast jeder Einzelne ist damit in der Lage, soziale Kontakte unter anderem auf der Grundlage von schulischen Kenntnissen und Prämissen zu wählen, die er in sich selbst und/oder in anderen voraussetzen kann (Luhmann & Schorr 1988, S. 28).

Von Erziehung kann erwartet werden, dass sie eine wichtige Erwartungsgrundlage in und für soziale Kontakte schafft, weil jede Einzelperson davon ausgehen kann, dass auch die anderen erzogen sind. Darüber hinaus ist es sinnvoll, die Aufmerksamkeit auf spezifische Arten von Output zu lenken, die Schulen produzieren nicht nur erzogene Personen, sondern Personen mit bestimmten Qualifikationen. Erziehungsnachweise (wie Diplome, Abschlüsse, Schulergebnisse usw.) bieten Hinweise für die Fähigkeiten und Fachkenntnisse, über die andere verfügen. Sie erleichtern es, sich auf einer gemeinsamen Basis zu treffen und kommunikative Beziehungen aufzubauen. Eine Bemerkung kann hinzugefügt werden: Ob diese sozialen Hinweise 'reale' psychische oder körperliche Kompetenzen widerspiegeln oder nicht, ist aus Luhmanns Perspektive keine wichtige Frage. Es reicht, wenn diese Erziehungsnachweise innerhalb der Gesellschaft 'funktionieren' und wenn sie es erleichtern, mit dem Problem der doppelten Kontingenz umzugehen.[5]

Speziell diese 'Fiktionen' haben als Funktionsgrundlage jedoch strukturelle Konsequenzen. In der funktional differenzierten Gesellschaft ist es üblich geworden, den Lebenslauf eines Individuums als Karriere zu beobachten, der mehr oder weniger erfolgreich sein kann und bis zu einem gewissen Grad auch planbar ist. Die erwartete und institutionalisierte kumulative Struktur einer Karriere impliziert nicht nur, dass die Entscheidungen eines Einzelnen heute häufig im Hinblick auf ihre zukünftigen Konsequenzen bewertet werden; man muss nach Möglichkeit auch versuchen, mit Erreichtem Zukünftiges schon zu präjudizieren. Wichtig ist zudem, dass sich ein Leistungs- und Entscheidungsdruck in die Anfangsphasen, speziell in das Jugendalter und den Erziehungsprozess, schiebt. Schulerziehung wird also als eine entscheidende Ressource betrachtet. Die Schule wirkt auf die Lebensläufe. Ohne dass in Schulbildung investiert würde, scheint eine zufriedenstellende Karriere nicht mehr möglich. Die kumulative Struktur einer Karriere (das Erreichte ist Voraussetzung für Weiteres) regt die Einzelnen an, in ihre Ausbildung und die 'rechtzeitige' Entwicklung des „Humankapitals" zu investieren (siehe Luhmann 1989, S. 232–236; Luhmann 2002, S. 70–73; Luhmann & Schorr 1988, S. 277–282). Sie regt dazu an, sich auf karrierewirksame Opportunitäten und Erfolge zu fokussieren – trotz der Tatsache, dass die Zukunft ungewiss bleibt.

Immer mehr Erwartungen richten sich jetzt an Schulen und Universitäten. Immer wieder werden Listen publiziert, in denen die Vorteile der Schulerziehung aufgeführt werden; immer wieder dienen solche Listen auch dazu, staatliche Subventionen für und Eingriffe in die Schulerziehung zu rechtfertigen. So behauptet Darling-Hammond, deren Formulierungen für einen weit verbreiteten Standpunkt innerhalb des Erziehungssystems stehen können: „more expenses for schools will translate into societal savings in lower rates of crime, incarceration and welfare and higher rates of employment, wages and taxes".[6] Der viel disku-

---

5   Bourdieu spricht in ähnlicher Weise von illusio, d.h. von dem Glauben, dass die von uns geschaffenen Fiktionen Realität sind (dazu Böning 2014).

6   Siehe https://www.forbes.com/sites/lindadarlinghammond/2019/08/05/americas-school-funding-struggle-how-were-robbing-our-future-by-under-investing-in-our-children/#6b6b087d 5eaf.

tierte Aufstieg der ‚Wissensgesellschaft' (und insbesondere der ‚Wissensökonomie') steigert die Erwartungen an die Erziehung. Gerade unser Zeitalter scheint davon zu profitieren, dass ständig besonderes Wissen hervorgebracht wird. Natürlich wurden in den letzten Jahrzehnten einige Zweifel an der raschen Expansion von Schulen und Universitäten geäußert, aber im Hinblick auf einen bevorstehenden Digitalisierungsschub können wir erneut fragen, wie Erziehung in der Gesellschaft funktioniert und wie sich mehr Erziehung auf die Gesellschaft auswirkt. Wir sollten auch fragen, wie die Probleme minimalisiert und die Chancen maximiert werden können.

4   Eine geschulte Gesellschaft?

Die Beteiligung an Schulen und Universitäten hat in den meisten Teilen der Welt erheblich zugenommen, insbesondere seit der zweiten Hälfte des 20. Jahrhunderts. Nicht nur die Einschulung in die Primar- und Sekundarstufe ist in den meisten Ländern obligatorisch geworden, sondern auch die Beteiligung an Hochschulbildung hat rasant zugenommen. In den letzten Jahrzehnten lag der Anteil der Alterskohorte, die nach dem Sekundarschulabschluss mit einer Hochschulbildung anfängt, in vielen Ländern bei mehr als 50 Prozent – eine historisch beispiellose Situation. Nie zuvor haben weltweit so viele Individuen so viel Zeit, Energie und Mittel für Erziehung und Ausbildung aufgewendet. Basierend auf den verfügbaren Daten zur Bildungsexpansion kann überzeugend argumentiert werden, dass ein starker Glaube an schulische Erziehung in die Grundstrukturen der Weltgesellschaft integriert wurde (zur Diskussion dieser Verschiebung siehe Kagchelland & Vanderstraeten 2003; Baker 2014; Vanderstraeten & Van der Gucht 2015; Labraña & Vanderstraeten 2020). Schulische Erziehung ist heute eine Erfahrung aller, und das für lange Zeit.

Das vielleicht überzeugendste Argument, (mehr) Zeit und (mehr) Ressourcen in Erziehung zu investieren, wurde von Wirtschaftswissenschaftlern vorgebracht. Aus ihrer Sicht können Ausgaben für allgemeine und berufliche Bildung als Investitionen in Humankapital angesehen werden. In den letzten 50 Jahren wurden die finanziellen Erträge von den Bildungsausgaben oder -investitionen mehrfach berechnet oder geschätzt. Für eine Vielzahl von Ländern auf der ganzen Welt zeigen die verfügbaren Befunde, dass ein Bildungsjahr das Einkommen eines Individuums um 8 bis 11 Prozent erhöht (siehe u.a. Bills 2004; Psacharopoulos & Patrinos 2018; Caplan 2018).[7] Diese Sichtweise hat nicht nur zu einer

---

7   Die gesellschaftlichen Folgen der Schulbildung, wie sie von Wirtschaftswissenschaftlern konzipiert werden, sind jedoch weniger beeindruckend. Eine Erhöhung der Schulbildung in der Bevölkerung eines Landes um durchschnittlich ein Jahr pro Person erhöht das Nationaleinkommen

Betonung der künftigen Einkünfte geführt, die auf frühe Bildungsinvestitionen zurückzuführen sind. Sie hat auch in einem allgemeineren Sinne das Schul- und Erziehungswesen dazu gedrängt, sich vor allem mit der Zukunft zu beschäftigen.

Die konventionelle wirtschaftliche Sichtweise – Erziehung und Bildung zahlen sich aus – setzt dabei voraus, dass der typische Student viel Wissen erwirbt und behält. Schulen und Universitäten werden als Wissens- oder Fähigkeitsfabriken betrachtet. Es wird erwartet, dass Schulen und Universitäten für die heutige Welt relevant sind und auf die „nächste" Gesellschaft oder die „nächste" Wirtschaft vorbereiten (siehe Drucker 2012; Baecker 2007). Gerade weil die wichtigen Kenntnisse schnell veralten, müssen sie sich ständig neu orientieren. Von ihnen wird also auch erwartet, dass sie SchülerInnen und StudentInnen das Wissen und die Fähigkeiten vermitteln, die sie benötigen, um in der sich schnell verändernden digitalen Welt erfolgreich zu sein. Viele Lehrplanreformen scheinen erforderlich, um die Jugendlichen auf das zukünftige digitale Leben vorzubereiten, da ‚analoge' Fähigkeiten immer schneller veraltet sein werden.

Ist aber nicht mehr Skepsis angebracht? Wichtig ist, zu betonen, dass Lehrpläne häufig nicht eingehalten werden. Die SchülerInnen lernen nicht alles, was unterrichtet wird und vergessen häufig schnell, was sie gelernt haben. Sie wissen am Ende des Sommers weniger als am Anfang (Alexander, Pitcock & Boulay 2016). Dass die Schulen aufgrund der Corona-Krise für einen längeren Zeitraum geschlossen bleiben, wird aus ähnlichen Gründen bedauert. Dieser Lernverlust ist gleichzeitig nur ein Sonderfall des allgemeineren Problems des ‚fade-outs': Menschen haben Probleme, Wissen zu behalten, das sie selten nutzen.[8] „The education system is a waste of time and money", so argumentiert ein skeptischer Wirtschaftswissenschaftler, gemessen daran, woran sich ein durchschnittlicher Hochschulabsolvent Jahre später erinnert (Caplan 2018). Effiziente Wissens- oder Fähigkeitsfabriken sind die Schulen und Universitäten eindeutig nicht.

Gleichzeitig muss berücksichtigt werden, dass die Entwicklung von Lehrplänen und der Erziehungsprozess selbst Zeit brauchen – und im Fall von Erziehung sprechen wir über viel Zeit. Die digitale Welt verändert sich jedoch rasant. Es ist schwer vorstellbar, wie Lehrplaninhalte den Anforderungen der ‚nächsten' Gesellschaft entsprechen können. Um ein Beispiel von Jürgen Kaube zu zitieren:

---

nur um 1 bis 3 Prozent. Mit anderen Worten, Schulbildung bereichert den Einzelnen deutlich mehr als die Nationen (Bills 2004; Caplan 2018). Bei näherer Betrachtung sprechen daher nicht alle wirtschaftlichen Argumente für höhere öffentliche Investitionen in Bildung.

8   Dieser Befund liegt auch populären Quizsendungen zugrunde, in denen SchülerInnen und Erwachsene sich in Fragen messen, die zum Grundschullehrplan gehören. Nicht zufällig haben die Erwachsenen oft keine Ahnung, welche Antwort auf die Multiple-Choice-Fragen die richtigen sind.

„Hätte man die Schulen schon in den achtziger Jahren mit Computern versorgt, wären es Commodores gewesen; ein Zehnjähriger, der sich 1985 daran die digitale Welt erschlossen hätte, wäre 1995 schon in der Windows-Welt gewesen, in der er mit den Schulkursen am C64 – die Firma Commodore ging 1994 in die Insolvenz – nicht mehr viel hätte anfangen können, während jemand, der zu dem Zeitpunkt zehn Jahre alt war, mit fünfundzwanzig schon in der iPhone-Welt hätte tätig sein müssen." (2019, S. 199)

Es sollte aber auch hinzugefügt werden, dass die ‚digitale Verspätung' der meisten Schulen die Lebenslauf- und Karrieremöglichkeiten der neuen Generationen offenbar nicht negativ beeinflusst hat. „Überraschenderweise finden sich auch ohne entsprechenden Schulunterricht und ohne digitalisierte Schule die meisten Berufstätigen unschwer mit diesen Geräten zurecht" (ebd.).

Unwissenheit über die Zukunft der Wissensgesellschaft ist natürlich kein Argument gegen Bildungsreformen und gegen die Digitalisierung des Schulunterrichts. Wichtig ist aber, sich noch einmal zu vergegenwärtigen, dass die Schule nicht nur erzieht, sondern auch sozialisiert. Die Schüler lernen nicht nur das, was unterrichtet wird; der öffentliche Lehrplan ist nur ein Teil dessen, was Schüler in der Schule lernen. Die Ausdifferenzierung der Schulerziehung hat Effekte, die sich der pädagogischen Kontrolle entziehen. Diese Ausgangslage kann nicht, auch nicht annäherungsweise eliminiert werden. Trotz des Riesenaufwands an Planung und Programmierung findet die schulische Erziehung nicht so statt, wie sie vorgesehen ist. Es ist deshalb die Frage, ob die Schulen, wie u.a. Durkheim (1956) gemeint hat, eine Art Mikrokosmos der Gesellschaft sind (oder sein können). Eine solche Vermutung scheint mir theoretisch kaum haltbar und wenig evident. Weil das Schul- und Erziehungswesen Schulgebäude, Lehrer, Lehrpläne, Aufenthaltsregulierungen und anderes mehr organisiert, ist es für sich ein Sozialisationsfaktor ersten Ranges. Und weil sich dieses Schulwesen strukturell stark von der gesellschaftlichen Umwelt unterscheidet, liegt es auch nahe, dass schulische Erziehung nicht nur zur Konformität mit gesellschaftlichen Erwartungen und damit zu gesellschaftlichem Konformismus beiträgt.[9]

Mehr Unterricht heißt nicht nur, mehr nützliches Wissen und mehr trainierte Fähigkeiten. Immer müssen auch die nicht-intendierten Sozialisationseffekte mit in Betracht gezogen werden, die nicht an den erreichten Zielen abzulesen sind. Die Frage ist dann allerdings, ob und wie die nicht-intendierten Effekte der vielen

---

9 Traditionelle Skizzen des sogenannten heimlichen Lehrplans haben die Korrespondenz zwischen Schule und Gesellschaft bestimmt überschätzt (z. B. Zinnecker 1975). Die Diskrepanz zwischen aktuellen schulischen und zukünftigen gesellschaftlichen Anforderungen ist mittlerweile größer: „Instead of being socialized for lives of boring work in hierarchical organizations, they're being socialized for lives of play and self-expression… A week in modern college is a great way to teach students that life is a picnic" (Caplan 2018, S. 65–66).

Digitalisierungspläne auf die Zukunft vorbereiten können. Welche Sozialisationseffekte haben Versuche, Erziehung mit Verzicht auf Interaktion unter Anwesenden durchzuführen? Wie vollzieht sich die Sozialisation, und wie vollzieht sie sich nicht, wenn Einzelarbeiten am Rechner in den Klassenzimmern an Bedeutung gewinnen? Was wird gelernt, wenn Wissen und Können rasch obsolet werden, und die vielen Digitalisierungspläne keinen sicheren und dauerhaften Zukunftsbezug haben? Welche Sozialisationseffekte hat schulische Erziehung, wenn überhaupt unklar ist, ob die neuen Lehrpläne selbst auf die Zukunft vorbereiten? Meine Vermutung ist, dass sich unter diesen Umständen die Bedeutung der nicht-intendierten, extra-curricularen Lernprozesse nicht nur verstärken wird, sondern auch, dass diese nicht-intendierten Sozialisationseffekte die zukünftigen Möglichkeiten stärker limitieren werden als es von Unterricht erwartet werden kann.

Wäre es dann nicht sinnvoll, (erneut) den Schwerpunkt auf Formen von Wissen und Können zu legen, die eine Erleichterung der Kommunikation innerhalb der Gesellschaft ermöglichen? Wäre es nicht sinnvoll, sich auf die Kenntnisse und Fähigkeiten zu konzentrieren, die eine gemeinsame Grundlage für menschliche Kommunikation bilden: Lesen, Schreiben, Rechnen, Fremdsprachen usw.? Solche Fähigkeiten sind außerhalb des schulischen Kontextes schwer zu erlernen. Sie können nur erworben werden, wenn die „Koordination einer Vielzahl von Bemühungen" (Luhmann) stattfinden kann, wenn es also möglich ist, viel Zeit und Aufmerksamkeit auf den Erwerb und Erhalt dieser Fähigkeiten zu verwenden. Wenn Erziehung mit dem Problem der strukturellen Stabilität der modernen, funktional differenzierten Gesellschaft verbunden ist, dann sollten wir auch die kulturellen Traditionen, die die Autopoiesis der Gesellschaft ermöglichen und ihre psychische Umwelt mit genügend Redundanzen versorgen, stärker unterstützen.

Lassen Sie mich mit Blick auf die Sozialisationseffekte mit gesamtgesellschaftlicher Breitenwirkung der schulischen Erziehung, ein zusätzliches Argument hinzufügen. Die Expansion des Schulwesens wird häufig bejaht. Es ist aber nicht zu übersehen, dass die steigenden Erwartungen an die Sekundar- und Hochschulbildung eine Reihe von Exklusionsproblemen auslösen. Was vor ein oder zwei Generationen noch als eine normale Ausbildung galt, ist heutzutage völlig unzureichend. Weil es fast selbstverständlich geworden ist, an der Sekundar- und Hochschulbildung teilzunehmen, ist es auch problematisch geworden, die Schule eher zu verlassen. Die Konstruktion einer Kategorie des Schulabbrechers (dropouts) ist eine Folge des normativen Drucks, die Schule erfolgreich zu beenden. Der neue Glaube an Erziehung hat das ‚Problem des Schulabbrechers' für diejenigen Personen geschaffen, die die Schule vorzeitig und ohne Abschluss verlassen haben. Obwohl die Schulbeteiligung eindeutig steigt und immer mehr jüngere Menschen mehr Zeit ihres Lebens in Schulen verbringen, wird das ‚vorzeitige' Verlassen der Schule heutzutage sowohl als persönliches Versagen als auch als gesellschaftliche Bedrohung dargestellt (Dorn 1996; Vanderstraeten 1999; Baker 2014, S. 219–246; Vanderstraeten & Van der Gucht 2015). In diesem Sinne ist die heutige Gesellschaft keine Wissensgesellschaft, sondern eine „geschulte Gesellschaft".

Während von Schulen erwartet werden kann, dass sie Einzelpersonen auf die Beteiligung oder Inklusion in anderen sozialen Systemen vorbereiten, werden auf der anderen Seite Schulabbrecher in mehrfacher Hinsicht stigmatisiert. Früh- oder vorzeitiger Schulabbruch ist mit Exklusion in einer Vielzahl anderer Systeme verbunden. Die breitere gesellschaftliche Relevanz des Unterschieds zwischen hoch- und niedrig-geschulten Individuen hat zugenommen. So treten insbesondere neue Formen der geografischen Segregation und Clusterbildung an beiden Enden der Humankapitalverteilung auf, bei hochgebildeten Hochschulabsolventen und bei sogenannten ungebildeten Schulabbrechern. Einerseits weisen Sozial- und Wirtschaftsgeographen, aufgrund von Studien in mehreren Ländern, auf den geografisch ungleichmäßigen Aufstieg der Wissensökonomie hin. Hochschulabsolventen sind geografisch mobiler. Die geografische Konzentration von Hochschulabsolventen in ‚Smart Cities' hat deutlich zugenommen. Auf globaler Ebene entstehen ‚Hubs', die durch eine hohe Konzentration von Hochschulabsolventen gekennzeichnet sind (Glaeser & Saiz 2004; Moretti 2013).[10] Andererseits nimmt auch die geografische Segregation von Schulabbrechern zu (Vanderstraeten & Van der Gucht 2015, S. 55–71; Hsieh & Moretti 2019). Gentrifizierungsprozesse und steigende Immobilienpreise drängen den niedriggeschulten Teil der Bevölkerung jetzt an die Peripherie. Nach einem alten Sprichwort gesellt gleich und gleich sich gern. Aus sozioökonomischer Sicht werden einige lokale Arbeitsmärkte in mehreren Hinsichten attraktiv, aufgrund der Präsenz einer hohen Anzahl von hochgebildeten Hochschulabsolventen, während andere Arbeitsmärkte unter der Anwesenheit eines vergleichsweise hohen Anteils von ‚ungebildeten' Individuen leiden.

---

10 Die gleichen Prozesse sind auf den Arbeitsmärkten sichtbar. Wirtschaftliche Erwartungen an die Schulen waren während eines Großteils des 20. Jahrhunderts relativ gering. In den letzten Jahrzehnten hat die Nachfrage nach hochgebildeten Mitarbeitern jedoch erheblich zugenommen. Der Unterschied zwischen ikonischen Unternehmern wie Henry Ford und Bill Gates könnte diese Verschiebung veranschaulichen. Beide Personen waren selbst hochgebildet, aber Fords Produktionsmethode führte zur Beschäftigung einer großen Anzahl von kaum geschulten Arbeitern. Unter Verwendung der Managementprinzipien von F.W. Taylor konnten die Manager von Ford die Arbeit so organisieren und aufteilen, dass sie von großen Gruppen von kaum geschulten Arbeitnehmern am Fließband ausgeführt werden konnte. Im Gegensatz dazu beschäftigt das Unternehmen von Gates hauptsächlich hochgebildete Arbeitskräfte. Es ist jetzt auch unwahrscheinlich, dass wenig gebildete Arbeitgeber hochgebildete Arbeitnehmer einstellen (Glaeser & Saiz 2004; Bills, Di Stasio & Gërxhani 2017).

Jedes Urteil über die Vorteile von (mehr) Erziehung sollte die Exklusionsprobleme berücksichtigen, die durch die Expansion der Erziehung verschärft werden. Sofern das Problem der doppelten Kontingenz jetzt vereinfacht und verdeckt wird durch eine geografische Konzentration und Homogenisierung an beiden Enden der Humankapitalverteilung wird deutlich, dass die gesellschaftliche Relevanz der Bildungsunterschiede zunimmt. Individuen haben eine Präferenz für ‚Nachbarn' entwickelt, die auf ‚ähnliche' Weise erzogen und sozialisiert worden sind. Angesichts der Auswirkungen, die soziale Netzwerke auf die Entscheidungen haben, die Einzelpersonen treffen (einschließlich der Schulentscheidungen für ihre Kinder), ist es klar, dass diese Art Lösung für das Problem der doppelten Kontingenz ihre eigenen Probleme erzeugt. Da die Expansion des Erziehungssystems diese Unterschiede wahrscheinlich verstärken wird, sollten wir versuchen, die negativen unbeabsichtigten Auswirkungen auf die Gesellschaft und ihre persönliche Umwelt zu minimieren.

5 Schluss

Wir haben dieses Kapitel mit einer Reflexion über die Differenz zwischen sozialen Systemen und den Systemen in ihrer Umwelt angefangen. Erziehung durchläuft sozusagen die Filter zweier Systemreferenzen, die ihre direkte Intention brechen. Sie muss sich als Kommunikation im Unterrichtssystem durch- bzw. fortsetzen. Und sie muss als Umwelt der SchülerIn Lernprozesse in diesem personalen System anregen. Das strukturelle Defizit, das das Erziehungssystem kennzeichnet, ist eine Folge dieser Differenz zwischen Systemtypen oder Systemreferenzen. Luhmanns Sicht auf Sozialisation und Erziehung baut auf dieser Differenz auf. Seine Ansicht impliziert, dass Prozesse der (Selbst-)Sozialisation nicht durch intentionale Formen von Erziehung zuverlässig geplant, rationalisiert oder kontrolliert werden können. Trotz der Input-Output und Mittel-Zweck Schemata, mit denen das Erziehungssystem sich strukturiert, kann es nicht das erreichen, was es vorgibt zu erreichen. Eher gleicht es einer Black Box mit begrenzter Transparenz, die oft andere Wirkungen hat, als die vorgesehenen. Es kann nach bestimmten Ergebnissen oder Outputs streben (in Bezug auf das, was die SchülerInnen wissen oder können sollen), aber schon die Teilnahme an Erziehung ruft immer auch eine Reihe von ungeplanten und unvorhersehbaren Nebenwirkungen hervor.

Wir haben auch die Differenz zwischen Schulerziehung und Gesellschaft betont. Die Schulen sozialisieren zunächst für „life in classrooms" (Jackson 1990), nicht für die Gesellschaft insgesamt. In Klassenzimmern lernen die Schüler, was es bedeutet, ein guter Schüler zu sein (oder sich als solcher zu verhalten). Angesichts dieser spezifischen Erwartungen entwickeln sie jedoch häufig innovative ‚Opt-out' Strategien oder Praktiken. SchülerInnen lernen zu beobachten, ob sie beobachtet werden oder vorübergehend außerhalb der Sicht der Lehrkraft sind. Sie lernen, sich hinter dem Rücken eines anderen zu verstecken; so zu tun, als würden sie aufmerksam zuhören; so zu gucken, als ob alles, was gesagt wird, verstanden wird, und so weiter. Schulische Erziehung erfüllt nicht immer die ihn ausdifferenzierende Intention: nicht immer das und nicht nur das wird gelernt, was unterrichtet wird. Es muss hier nicht wiederholt werden, dass neue Technologien wie elektronische Geräte, mit denen SchülerInnen sich ohne große Probleme aus den gemeinsamen Aktivitäten im Klassenzimmer zurückziehen können, das Risiko solcher Nebenwirkungen erhöhen.

In der heutigen Gesellschaft zwingen Karrieremöglichkeiten und -bedrohungen den Einzelnen dazu, in seine Ausbildung zu investieren. In den letzten Jahrzehnten hat die Teilnahme an schulischen Formen von Erziehung erheblich zugenommen. Für das Erziehungssystem erscheint es ‚unnatürlich‘, sich Forderungen nach (mehr) Investitionen in Erziehung zu widersetzen. Weil Erziehung eben das Grundmotiv dieses Systems ist, kann es diese Forderungen kaum ablehnen. Das System scheint den Einzelnen eher zu veranlassen, mehr Erwartungen und Ansprüche geltend zu machen, sofern diese in seinen Zuständigkeitsbereich fallen. Man könnte jedoch auch sagen, dass die steigende Nachfrage nach Schulbildung vor allem auf Anspruchsinflation im Erziehungssystem hinweist (vgl. Luhmann 1983). Man könnte zugleich betonen, dass der starke Glaube an Erziehung es dem Erziehungssystem ermöglicht, ihr strukturelles Defizit unsichtbar zu machen (Luhmann 1987). Die Fokussierung auf mehr Erziehung scheint die stereotype Antwort auf neue gesellschaftliche Probleme und Herausforderungen zu sein. Aber ist das die Lösung? Die Dringlichkeit der Bedürfnisse der ‚nächsten‘ Gesellschaft und des digitalen Zeitalters wird weitere Forderungen in diese Richtung weiter legitimieren. Diese dringenden Bedürfnisse erfordern immer sofortiges Handeln und sofortige Reformen, aber keine sorgfältige Reflexion über die Möglichkeiten und Grenzen der Erziehung.

Aufgrund der verfügbaren Erkenntnisse ist es wenig sinnvoll zu erwarten, dass neue Lehrpläne die alte Verbindung zwischen Erziehung und Gesellschaft wiederherstellen können. Ausgehend von theoretisch und historisch sensiblen Analysen haben wir eher in eine andere Richtung gewiesen. Wir haben versucht, die Anforderungen in Klassenzimmern nicht sofort mit den Anforderungen in der heutigen Gesellschaft zu vergleichen. Schulen sollten nicht auf Korrespondenz mit (vorherrschenden Idealen) der Gesellschaft abzielen, sondern von ihrer eigenen Autonomie Gebrauch machen. Die spezifischen Anforderungen in Klassenzimmern führen zu einer Vielzahl von Einschränkungen; sie verhindern, dass das Klassenzimmer wie eine Art sozialer Mikrokosmos funktioniert. Unsere Schulen können aber ihre Differenz zur Gesellschaft nutzen, um auf sinnvolle Weise einen Beitrag zur Gesellschaft zu leisten. Das gelingt vermutlich am besten, wenn eine erfolgreiche Bearbeitung des Problems der doppelten Kontingenz hinreichend sichergestellt werden kann.

Literatur

Alexander, K. & Pitcock, S. & Boulay, M. C. (Hrsg.). (2016). The Summer Slide: What We Know and Can Do About Summer Learning Loss. New York: Teachers College Press.

Baecker, D. (2007). Studien zur nächsten Gesellschaft. Frankfurt/M.: Suhrkamp.

Baker, D. P. (2014). The Schooled Society: The Educational Transformation of Global Culture. Stanford: Stanford University Press.

Bills, D. B. (2004). The Sociology of Education and Work. Oxford: Blackwell.

Bills, D. B. & Di Stasio, V. & Gërxhani, K. (2017). The demand side of hiring: Employers in the labor market. Annual Review of Sociology, 43, S. 291–310.

Böning, M. (2014). Illusio (illusio). In: G. Fröhlich & B. Rehbein (Hrsg.), Bourdieu-Handbuch. Stuttgart: Metzler, S. 129–131.

Caplan, B. (2018). The Case Against Education: Why the Education System Is a Waste of Time and Money. Princeton: Princeton University Press.

Dorn, S. (1996). Creating the Dropout: An Institutional and Social History of School Failure. Westport, CT: Praeger.

Drucker, P. F. (2012). Managing in the Next Society. New York: Routledge.

Durkheim, E. (1956). Education and Sociology. Glencoe, IL: Free Press.

Glaeser, E. L. & Saiz, A. (2004). The rise of the skilled city. Brookings-Wharton Papers on Urban Affairs, 5, S. 47–94.

Hsieh, C. T. & Moretti, E. (2019). Housing constraints and spatial misallocation. American Economic Journal: Macroeconomics, 11 (2), S. 1–39.

Jackson, P. W. (1990). Life in Classrooms. New York: Teachers College Press.

Kagchelland, M. & Vanderstraeten, R. (2003). Die Anfänge der protestantischen Erweckung in den Niederlanden: Religionspädagogische Deutungen der Hochwasserkatastrophe von 1825. Zeitschrift für Pädagogik, 49, S. 695–717.

Kaube, J. (2019). Ist die Schule zu blöd für unsere Kinder? Berlin: Rowohlt.

Labraña, J. & Vanderstraeten, R. (2020). Functional differentiation and university expansion in Chile. Social and Education History, 9, S. 252-277.

Luhmann, N. (1981) Soziologische Aufklärung 3. Soziales System, Gesellschaft, Organisation. Opladen: Westdeutscher Verlag.

Luhmann, N. (1983) Anspruchsinflation im Krankheitssystem. Eine Stellungnahme aus gesellschaftstheoretischer Sicht. In: P. Herder-Dorneich & A. Schuller (Hrsg.), Die Anspruchsspirale: Schicksal oder Systemdefekt? Stuttgart: Kohlhammer, S. 28–49.

Luhmann, N. (1987). Strukturelle Defizite. Bemerkungen zur systemtheoretischen Analyse des Erziehungswesens. In: J. Oelkers & H. E. Tenorth (Hrsg.), Pädagogik, Erziehungswissenschaft und Systemtheorie. Weinheim und Basel: Beltz, S. 57–75.

Luhmann, N. (1989). Gesellschaftsstruktur und Semantik, Band 3. Frankfurt/M.: Suhrkamp.

Luhmann, N. (1992). System und Absicht der Erziehung. In: N. Luhmann & K. E. Schorr (Hrsg.), Zwischen Absicht und Person. Fragen an die Pädagogik. Frankfurt/M.: Suhrkamp, S. 102–124.

Luhmann, N. (1984). Soziale Systeme. Frankfurt/M.: Suhrkamp.

Luhmann, N. (1997). Die Gesellschaft der Gesellschaft. Frankfurt/M.: Suhrkamp.

Luhmann, N. (2002). Das Erziehungssystem der Gesellschaft. Frankfurt/M.: Suhrkamp.

Luhmann, N. (2017). Systemtheorie der Gesellschaft. Frankfurt/M.: Suhrkamp.

Luhmann, N. & Schorr, K. E. (1982). Das Technologiedefizit der Erziehung und die Pädagogik. In: N. Luhmann & K. E. Schorr (Hrsg.), Zwischen Technologie und Selbstreferenz. Fragen an die Pädagogik. Frankfurt/M.: Suhrkamp, S. 11–40.

Luhmann, N. & Schorr, K. E. (1988). Reflexionsprobleme im Erziehungssystem. Frankfurt/M.: Suhrkamp.

Moretti, E. (2013). The New Geography of Jobs. Boston: Mariner Books.

Parsons, T. (1959). The school class as a social system: Some of its functions in American society. Harvard Educational Review, 29 (3), S. 297–318.

Psacharopoulos, G. & Patrinos, H. A. (2018). Returns to Investment in Education: A Decennial Review of the Global Literature. Washington DC: World Bank.

Stehr, N. (1994). Arbeit, Eigentum und Wissen: Zur Theorie von Wissensgesellschaften. Frankfurt/M.: Suhrkamp.

Tyrell, H. & Vanderstraeten, R. (2007). Familie und Schule: zwei Orte der Erziehung. In: J. Aderhold & O. Kranz (Hrsg.), Intention und Funktion: Probleme der Vermittlung psychischer und sozialer Systeme. Wiesbaden: VS, S. 159–174.

Vanderstraeten, R. (1999). Educational expansion in Belgium: A sociological analysis using systems theory. Journal of Education Policy, 14 (5), S. 507–522.

Vanderstraeten, R. (2004a). Erziehung als Kommunikation – Doppelte Kontingenz als systemtheoretisches Grundbegriff. In: D. Lenzen (Hrsg.), Irritationen des Erziehungssystems. Pädagogische Resonanzen auf Niklas Luhmann. Frankfurt/M.: Suhrkamp, S. 37–64.

Vanderstraeten, R. (2004b). Interaktion und Organisation im Erziehungssystem. In: W. Böttcher & E. Terhart (Hrsg.), Organisationstheorie in pädagogischen Feldern: Analyse und Gestaltung (S. 54–68). Wiesbaden: VS Verlag für Sozialwissenschaften.

Vanderstraeten, R. (2008). Zwischen Profession und Organisation: Professionsbildung im Erziehungssystem. In: W. Helsper et al. (Hrsg.), Pädagogische Professionalität in Organisationen: Neue Verhältnisbestimmungen am Beispiel der Schule. Wiesbaden: VS, S. 99–113.

Vanderstraeten, R. & Biesta, G. (2006). How is education possible? Pragmatism, communication and the social organisation of education. British Journal of Educational Studies, 53 (2), S. 160–174.

Vanderstraeten, R. & Van der Gucht, F. (2015). De geschoolde maatschappij. Leuven: Acco.

Zinnecker, J. (Hrsg.). (1975). Der heimliche Lehrplan: Untersuchungen zum Schulunterricht. Weinheim und Basel: Beltz.

Interaktion im Unterricht

Jürgen Markowitz

Einleitung

Auch im Unterricht bezeichnet der Ausdruck Interaktion ein Geschehen, das auf zwei Prozessarten beruht, auf Kommunikation *und* auf Wahrnehmung.[1] In Pädagogik und Didaktik und vor allem auch in der unterrichtlichen Praxis spielte diese Doppelbasierung lange Zeit keine besondere Rolle. Das unterrichtliche Geschehen war an Texten orientiert, war – möchte man fast sagen – kommunikationsfixiert. Die zweite Prozessart, also die Wahrnehmung, erschien eher als Störfaktor, als Bedrohung der erforderlichen Disziplin. Erst in den zurückliegenden Jahrzehnten haben sich in der Unterrichtspraxis deshalb die Akzente verschoben, weil man von strikter Disziplinierung zunehmend abrückte und der zweiten Operationsebene, also der reflexiven Wahrnehmung breiteren Raum gewährte. Es könnte jetzt natürlich sein, dass diese Öffnung in der Unterrichtspraxis durch die zu erwartende Digitalisierung des Unterrichts sich wieder rückläufig entwickelt. Interaktion fände in der Tablet-Klasse nur in einem eingeschränkten Sinn statt. Was das für die Sozialisation bedeuten könnte, soll am Beispiel einiger Funktionskomponenten der Interaktion, die überwiegend aus dem Bereich der Wahrnehmung stammen, diskutiert werden.

1 Die Matrix

> „Die menschliche Frontaloptik bedingt, daß wir Wesen mit ,viel Rücken' sind und leben müssen unter der Bedingung, daß immer ein Großteil der Wirklichkeit uns im Rücken liegt und von uns hinter uns gelassen werden muß." (Blumenberg 2001, S. 193)

Dieses anthropologische Merkmal, das Hans Blumenberg als Frontaloptik bezeichnet, hat für alle Interaktionen, also auch für den Unterricht strukturbildende Konsequenzen.

---

1 „Es gibt zwar Grenzfälle von Systemen, die fast nur über Reden (wissenschaftliche Diskussionen) oder fast nur über Wahrnehmung (Fußballspiel) koordiniert werden. Diese verlangen dann Spezialistenleistungen. Im allgemeinen haben einfache Systeme ihre besondere Stärke darin, daß sie über zwei Prozeßarten verfügen." (Luhmann 1975, S. 25)

Soziale Interaktion beginnt dann, wenn wenigstens zwei Menschen wechselseitig wahrnehmen, dass ihr Wahrnehmen wahrgenommen wird. Dieses Wahrnehmen des Wahrgenommenwerdens bedeutet gegenseitige Zuwendung. Wahrnehmung setzt Zuwendung voraus. Und die ist nur unter der Voraussetzung von Abwendung zu haben: Zuwendung zu diesem Objekt geht nur unter der Voraussetzung der Abwendung von allem anderen. Zuwendung erfordert also einen sehr breiten Rücken.

Natürlich ist solche Abwendung riskant; sie bedarf ständiger Kontrolle. Diese beiden sich wechselseitig bedingende Seiten, Zuwendung und Abwendung, erfordern ein unaufhörliches Hin und Her. Abwendung von Etwas heißt nicht Vergessen dieses Etwas. Benötigt werden vielmehr Vorstellungen, Erwartungen darüber, im welchem Modus dieses Etwas verweilen wird, bis man sich ihm wieder zuwenden kann. In Schulklassen zum Beispiel pendeln Zuwendung und Abwendung – nicht nur, aber vor allem – zwischen den anwesenden Personen hin und her. Dieser Sachverhalt ist derart selbstverständlich, dass „kein Mensch" darüber redet. Er erscheint derart trivial, dass er scheinbar keine Zuwendung verdient.

Das ist die lebensweltliche Perspektive. Aber zu ihr gibt es unvermeidlich eine andere, eine systemische Seite. Alle Interaktionen, auch die im Unterricht, werden durch das Verhalten der beteiligten Menschen ermöglicht. Aber Vorsicht: Die Trivialität dieser Feststellung verliert sofort ihr ironisches Lächeln, wenn man danach fragt, ob alles unterrichtliche Geschehen den beteiligten Bewusstseinen zuzurechnen ist, oder ob es – nicht nur auch, sondern überhaupt erst Leistungen der beteiligten Gehirne sind, die das Interagieren tragen, die sich aber den Bewusstseinen zumindest teilweise entziehen.

Zwei Beispiele mögen diesen Gedanken belegen: Die Wahrnehmungen der beteiligten Personen – immerhin ein Konstitutivum der Interaktion – zerlegen die Gehirne in Prozess und Resultat.[2] Die Prozesse der Wahrnehmung leisten die Gehirne. Ihren Bewusstseinen teilen diese Gehirne aber lediglich die Resultate mit. Von den fundierenden Prozessen der Wahrnehmung bekommen die Bewusstseine im strikten Sinn nichts mit. Das zweite Beispiel, ebenfalls wahrnehmungsnah: Im Pendeln zwischen Abwendung und Zuwendung ist jede konkrete Zuwendung ein originärer Akt der Wahrnehmung. Müsste diese Tatsache exakt berücksichtigt werden, resultierte aus dem Pendeln zwischen Abwendung und Zuwendung eine Komplexität, von der jedes Verhalten in kürzester Zeit überfordert wäre. Stattdessen setzt das Gehirn auf den Kunstgriff der Identifikation. Es

---

2   Viele dieser Resultate verfügen jedoch nicht nur über einen neuronalen oder einen innerpsychischen Akzent, sondern schlagen sich auch im Verhalten nieder und sind so womöglich der Beobachtung ausgesetzt. Das gilt zum Beispiel für den gesamten Bereich der unwillkürlichen Reflexe.

gibt dem Bewusstsein die an sich je einzigartigen Korrelate der Zuwendung als eben nicht einzigartig, sondern als die Bezugspunkte, bei denen das Aufmerken eben schon war und zu denen es jetzt nur einfach zurückkehrt. Die völlig unüberschaubare Vielfalt der originären Wahrnehmungskorrelate wird reduziert auf die überschaubare „Einfalt" der Teilnehmer am Unterricht.

Das Pendeln der Wahrnehmung von einem Unterrichtsteilnehmer zum anderen wird dann erheblich vereinfacht, wenn sich die Teilnehmer in interaktionsrelevanten Hinsichten gleichsetzen lassen. Im Unterricht zum Beispiel als altersgleich. Wenn nur einer der Teilnehmer, der Lehrer, sich dieser Gleichsetzung nicht fügt, ist das keine Störung, sondern eine spezifische Akzentuierung des Pendelns. Es hat gewünschte Konsequenzen für die daraus resultierende Praxis des Unterrichts. Im Übrigen bleibt noch anzumerken, dass die Gleichsetzung keineswegs als einzige Kategorie der Relationierung der Teilnehmer fungiert. Nur ändern sich halt mit anderen, mit differenzierenden Relationen auch die Anforderungen an die Orientierung der Teilnehmer. Die Teilnehmer einer Interaktion sowie die Relationen zwischen ihnen kann man als die Matrix des Systems bezeichnen. Sie fungiert wie eine Projektionsfläche, in der alles, was in der Interaktion geschieht, seinen Niederschlag findet.

2 Person, Rolle, Norm

Das schon mehrfach angesprochene Pendeln der Zuwendung lässt sich nur unter bestimmten Voraussetzungen als problemlose Grundlage ganz normaler Alltäglichkeit etablieren. Die alles andere ermöglichende Voraussetzung trägt den Namen Erwartbarkeit. Weshalb? Weil die Abwendung vom momentanen Bezugspunkt des Aufmerkens nur dann als Versuch angesehen werden kann, sich einen Überblick zu verschaffen, wenn dieser aktuelle Bezugspunkt eine Erwartung darüber ermöglicht, was während der Zuwendung zum nächsten Bezugspunkt mit dem Objekt der Zuwendung geschehen wird.[3] Wird er sich selbst verändern, während man von ihm absieht? Oder wird er etwas anderes in dieser Zeitspanne verändern? Könnte er gefährlich für mich werden?

Die Abwendung als Bedingung der Möglichkeit der Zuwendung kann nur dann als Kontrollverhalten, als Aufbauen oder Erhalten eines Überblicks verstanden werden, wenn Erwartungen darüber möglich sind, was mit den verschiedenen

---

3 „Gibt man den Begriff des Subjekts auf, muß man den Begriff des Objekts rekonstruieren; denn er verliert seinen Gegenbegriff. Geht man statt dessen vom Gegenbegriff des ‚unmarked space' aus, sind Objekte wiederholbare Bezeichnungen, die keinen spezifischen Gegenbegriff haben, sondern gegen ‚alles andere' abgegrenzt sind. Also Formen mit einer unbestimmt bleibenden anderen Seite." (Luhmann 1995, S. 80)

Referenten geschieht, wenn man sich ihnen nicht zuwendet, weil man sich gerade auf jemand anderen bezieht. Übersicht entsteht nur, wenn ein Bezugspunkt des Aufmerkens beim Absehen von ihm räumlich lokalisiert und zeitlich in eine Verweilform deponiert werden kann. Solche Verweilformen sind prinzipiell nur im kognitiven Modus von Hypothesen, also nur als Erwartungen möglich.

Bei unbelebten Bezugspunkten lassen sich Verweilformen unter anderem auf der Basis physikalischer Kenntnisse gewinnen. Bei belebten Bezugspunkten, zum Beispiel bei Mitschülern kommt an dieser Stelle das Problem der Kontingenz ins Spiel. Mit welchen Veränderungen an diesem oder durch diesen Klassenkameraden ist zu rechnen, während man sich von ihm abwendet? Man kann weder auf Unmöglichkeit noch auf Notwendigkeit setzen.

Ob man will oder nicht: man muss kooperieren. Man kann andere Menschen nur dann halbwegs enttäuschungsfrei in Verweilformen deponieren, wenn diese anderen Menschen bereit sind, sich in ihrem Verhalten durch das Kriterium der Erwartbarkeit disziplinieren zu lassen. Und da jeder Mensch für alle anderen Menschen auch nur ein anderer Mensch ist, gilt diese Notwendigkeit der Kooperationsbereitschaft für alle Menschen. Schüler, die sich schlecht in Verweilformen deponieren lassen, weil ihr faktisches Verhalten schlecht antizipiert werden kann, werden eben deshalb rasch mit dem Status des potentiellen Störers belegt. Aus dieser Notwendigkeit resultiert unvermeidlich ein mehr oder weniger sanfter Konformitätsdruck. Das ist eine der beiden Quellen aller Normgenese: Nur eine unmerklich sich vollziehende Normbildung macht es möglich, dass Menschen in den ungezählten Begegnungen des Alltags beim ebenso unvermeidlichen wie unablässigen Pendeln ihrer Zuwendungen einander scheinbar ohne weiteres und unbemerkt wechselseitig in Verweilformen deponieren können, obwohl solches Deponieren seinen rein hypothetischen Status und die darin liegende Riskanz prinzipiell nicht vermeiden kann.

Jene Routinen, die sich in diesem hochkomplizierten Prozedere über Evolution und über Sozialisation einspielen, bilden das Fundament der Lebenswelt. Aber: Diese Routinen werden in der Lebenswelt nicht als komplex konstituiert gewusst und erlebt, nicht als Ergebnisse voraussetzungsvoller Normierung, sondern als selbstverständlich gegeben, als vollkommen natürlich, also nicht als normiert, sondern als normal.[4] Was aus dem Rahmen dieser Routinen fällt, wird nicht als

---

4   „Die wahrgenommeneWelt ist [...] nichts anderes als die Gesamtheit der ‚Eigenwerte‘ neurophysiologischer Operationen. Aber die dies bezeugende Information gelangt nicht aus dem Gehirn ins Bewußtsein. Sie wird systematisch und spurlos ausgefiltert. Das Gehirn unterdrückt,wenn man so sagen darf, seine Eigenleistungen, um die Welt als Welt erscheinen zu lassen. Und nur so ist es möglich, die Differenz zwischen der Welt und dem beobachtenden Bewußtsein in der Welt einzurichten." (Luhmann 1995, S. 15)

Normverstoß erlebt, sondern gilt als nicht normal. Es wird wie ein Defekt aufgefasst, als komisch, blödsinnig, pervers, als krank oder gar als bösartig. Bevor die Frage behandelt wird, ob diese eigentümlich aggressiven Reaktionen als unverständlich eingeschätzt werden müssen, soll der bis jetzt vorgetragene gedankliche Weg noch einmal abgeschritten werden, allerdings dieses Mal mit ganz kleinen Variationen, mit einem etwas gesteigerten Auflösungsvermögen, also gleichsam mit einer Lupe, die noch mehr Einzelheiten sichtbar macht.

Angenommen, die momentane Aufmerksamkeit eines Schülers sei in diesem Augenblick auf den Lehrer gerichtet. Im nächsten Augenblick wendet er sich seinem Nachbarn zu, weil der fragt: „Weißt Du, wie spät es ist?" Unser Schüler gibt Antwort und wendet sich danach wieder dem Lehrer zu. Objektiv gesehen liegen drei Wahrnehmungen vor: Die erste vom Lehrers, dann die vom Nachbarn und schließlich die zweite vom Lehrer. Der Schüler hat vom Lehrer also zwei Wahrnehmungen, nämlich die vor dem Nachbarn und die nach dem Nachbarn. Was macht das Gehirn aus diesen zwei Wahrnehmungen des Lehrers? Es zieht die beiden Wahrnehmungen zusammen. Und zwar mithilfe eines listigen Tricks: Das Gehirn liefert dem Bewusstsein als Ergebnis seines Wahrnehmens ein Bild und „verkauft" dem Bewusstsein das Bild als Objekt. Unser Bewusstsein aber sieht das Bild als Objekt, und zwar als externes Objekt, außerhalb seiner selbst, also als das Objekt dort vor sich, neben sich, hinter sich, als den externen Gegenstand.[5]

Mit diesem bemerkenswerten Trick, also mit der Verknüpfung von Reifikation und Externalisierung beschafft sich das Gehirn die Möglichkeit, verschiedene Einzelwahrnehmungen zu integrieren: Es benutzt dazu seine Erfindung des externen Objekts als Integrationsfigur. In dem obigen kleinen gedanklichen Experiment wurde unterstellt, der Schüler hätte drei Wahrnehmungen: eine vom Lehrer, eine von seinem Nachbarn, der wissen will, wie spät es ist, und eine zweite vom Lehrer. Da das Gehirn sein Bild vom Lehrer zu einem Objekt reifiziert und mit diesem Schritt zugleich externalisiert verfügt das Bewusstsein über eine vom Gehirn hergestellte Adresse, der es alle einzelnen Wahrnehmungen vom Lehrer zurechnen kann. Es ist ähnlich, wie im Fall eines Sparschweins: Man wirft nach und nach verschiedene Münzen ein. Das Gehirn braucht sich nicht zu merken,

---

5   René Magritte, der belgische Maler, hat diesen Zusammenhang für seine Kunst genutzt, indem er mit der Unterscheidung zwischen Bild und Objekt spielte. Eines seiner Werke trägt den Titel „La trahison des images". Es zeigt das naturalistische Abbild einer Pfeife. Die Zeile unter der Pfeife lautet: „Ceci n'est pas une pipe." Nicht nur Irritationen dieser Art fungieren als Herausforderungen für Interaktionen. Die Teilnehmer müssen sich interaktiv auf Varianten des Umgangs mit den jeweiligen Irritationen verständigen. Es sind vor allem die vielfältigen Unbestimmtheiten, die sich in den Miniaturen des Alltags ereignen und dadurch für die Entstehung geteilter Deutungsmuster sorgen. Die sozialisatorischen Effekte, die auf diese Weise entstehen, sind wohl kaum zu überschätzen.

wie viel Mal eine Münze und welche Zahl auf der Münze. Die Münzen sammeln sich in der Spardose. Und erst, wenn der klamme Haushalt es verlangt, holt man den Hammer und zählt das Geld.

In der Wahrnehmung des gedanklichen Experiments fungiert der Lehrer als Sparschweinchen. Ebenso, wie das Schweinchen die Einzelbeträge zu einer Sparsumme integriert, integrieren sich in dem Bild vom Lehrer die einzelnen Wahrnehmungen vom Lehrer, eben dadurch, dass das Gehirn seine einzelnen Wahrnehmungen dem Bild des Lehrers zurechnet, ganz so, wie man seine Münzen ins Sparschweinchen steckt. Vermutlich leuchtet schon auf den ersten Blick ein, dass dies alles völlig unbewusst geschieht. Und es wird auch einleuchten, welch unglaubliche Entlastung sich das Gehirn mit dieser kunstvollen Konstruktion verschafft – von Entlastungseffekten für das Bewusstsein gar nicht zu reden.

Aber wie alles im Leben, so hat auch diese geniale List des Gehirns ihren Preis. Denn der Entlastungseffekt beruht ganz wesentlich darauf, dass die einzelnen Wahrnehmungen, die zu einem Objekt integriert werden sollen, zueinander passen. Nur deshalb, weil wir uns alle in einer alltäglich geordneten, eben in einer Lebenswelt eingerichtet haben, fällt uns die Zumutung, man könnte auch sagen: fällt uns der Druck gar nicht auf, den wir aufeinander ausüben, um wechselseitig füreinander erwartbar zu sein.

In der analytischen Einstellung wird jedoch deutlich: An dieser Stelle – also beim Integrieren einzelner Wahrnehmungen zu einem Objekt – tritt das auf den Plan, was man als Identitätsdruck bezeichnen kann. Beispiel: Wenn der Schüler sich in seiner Zuwendung zum Lehrer noch einmal von seinem Nachbarn ablenken lässt, weil der schon wieder wissen möchte, wie spät es ist, und wenn er bei der Rückkehr seines Aufmerkens zum Lehrer den Lehrer auf den Händen stehend anträfen, hätte er mit seiner Orientierung vermutlich ein Problem. Obwohl eine Unterrichtsstunde auf den Händen nicht unbedingt gegen den Inhalt sprechen muss, müsste man sich an diese Art der Abwechslung zumindest erst einmal gewöhnen. Sie kann in der uns vertrauten unterrichtlichen Lebenswelt nicht ohne weiteres als normaler Bestandteil der Identität des Lehrers angesehen werden. Objekte als Zurechnungsadresse entwickeln erst dann ihre entlastenden Effekte, wenn sie gleichsam als eine Sammlung von zueinander passenden, sich wechselseitig stützenden und ergänzenden Einzelwahrnehmungen fungieren, eben wie ein Sparschweinchen, durch dessen Schlitz nur Münzen und keine Brotkrusten gesteckt werden dürfen.

Unter der Identität einer Person verstehen wir das Wesentliche einer Person. Und das Wesentliche ist dasjenige, was uns die Richtschnur dafür liefert, mit welchem Verhalten dieser Person wir von Fall zu Fall zu rechnen haben. Die Frage, ob wir „von Hause aus" so etwas wie Identität besitzen, kann man getrost offenlassen. Dass wir uns aber im alltäglichen Leben Identität gegenseitig zumuten, um uns die Orientierung zu erleichtern, also die Bildung von Erwartungen zu ermöglichen, sollte durch die bisher absolvierte Analyse deutlich geworden sein. Alltag, Lebenswelt, diese so außerordentlich kompliziert sich herstellende Vereinfachung, erzeugt – um die Vereinfachung zu ermöglichen – einen unmerklichen Druck in zwei Richtungen: 1. In Richtung auf Konformität – das haben wir im ersten Durchgang gesehen. 2. In Richtung auf Identität – wie der gerade absolvierte zweite Durchgang zeigt. Konformität meint Erwartbarkeit im Kontext der jeweiligen Situation. Identität meint Erwartbarkeit im Kontext der je bestimmten Person.

Beide Erwartungsformate – also sowohl Konformität wie Identität – arbeiten im alltäglichen Leben zusammen. Die Notwendigkeit der Konformität artikuliert sich vor allem in Rollen. Das Ansinnen der Identität bündeln wir im Begriff der Person. Das Ergebnis des Zusammenwirkens ist ein Normen-Fundament. Es fungiert als Kontaktstelle zwischen Lebenswelt und System, und zwar deshalb, weil es in der Lebenswelt gar nicht als Norm-Gefüge erlebt wird, sondern als alltägliche Normalität, als unbefragte, weil selbstverständlich erscheinende, gleichsam natürliche Gegebenheit.

Kommen wir jetzt zu der bereits angedeuteten Frage wie wir die augenfällige Aggressivität einzuschätzen haben, die man bei Devianz im Bereich des Normen-Fundaments immer wieder beobachten kann. Die Antwort kann nur lauten: Von der Aggressivität wird die Seite des Systems im Bereich der Lebenswelt repräsentiert. Diese Art der Aggressivität verteidigt ein hoch komplexes, sehr voraussetzungsvolles Gefüge, dessen Eigentümlichkeit darin besteht, nicht begrifflich-bewusst, nicht sprachlich verfügbar, also nicht Bestandteil der Lebenswelt zu sein. Auf der lebensweltlichen Seite ist das Normen-Fundament also nur in Gestalt von Schutzreflexen präsent. Das Ergebnis dieser Analyse führt hoffentlich nicht zu verharmlosenden Missverständnissen. Keineswegs ist angesichts dieses Ergebnisses der Gedanke erlaubt, Aggressivität sei jetzt gewissermaßen hoffähig geworden. Das glatte Gegenteil ist der Fall: Im Aufweis der sozialen Funktion jener Aggressivität, die im Bereich des Norm-Fundaments entsteht, wird die Aggressivität nicht nur nicht verharmlost. Vielmehr kann sich auf diese Weise überhaupt erst ein analytisch fundiertes Verständnis dessen entwickeln, was uns in unserer Gegenwart unter dem Schlagwort des Fundamentalismus und des Totalitarismus begegnet und beunruhigt.

3   Funktionsparadox

Zum Begriff der Lebenswelt gibt es im Werk Niklas Luhmanns widersprüchliche Positionen. In seinem Buch mit dem Titel Macht, das er 1975 erstmals veröffentlicht, sieht Luhmann in „der Lebensweltlichkeit des alltäglichen Lebens" eine

„Grundbedingung", die „nicht aufgehoben werden" kann. „Sie beruht auf den engen Schranken der Fähigkeit zu bewusster Erlebnisverarbeitung" (Luhmann 1975b, S. 70). In diesem Sinne auch der Brockhaus multimedial 2004: „Lebenswelt bezeichnet den Typ einfachster menschlicher Orientierung; sie vollzieht sich vortheoretisch, praktisch und in einem überschaubaren Verkehrskreis konkreter Subjekte. Sie erweist sich als eine stets präsente Schicht auch in entwickelteren Formen der Orientierung und bildet genetisch die Vorstufe höherer Entwicklungen."

In seinem Aufsatz Gesellschaftliche Struktur und semantische Tradition, der einige Jahre später erscheint lehnt Luhmann das Konstrukt Lebenswelt jedoch ab. Er geht davon aus, „daß der Übergang zu funktionaler Gesellschaftsdifferenzierung das Auflöse- und Rekombinationsvermögen in Bezug auf die Umwelt der Gesellschaft in einer Weise steigert, die historisch alle älteren Weltsichten hinter sich läßt. Die Welt wird für diese Gesellschaft zum Horizont endlos möglicher Progression in die Weite und in die Binnentiefe der Substanzen. Grenzen reflektieren daher nur noch operative Notwendigkeiten, nicht mehr Letztgegebenheiten, Sphären oder Atome oder Individuen der realen Welt. Damit wird ein gesamtgesellschaftlich fungierender Konsens über das, was ist und was gilt, schwierig und eigentlich unmöglich; was als Konsens benutzt wird, fungiert in der Form eines erkannten Provisoriums" (Luhmann 1980, S. 33).

In einer Fußnote wird das Argument fortgesetzt:

„Es war eine eigentümliche Entscheidung der Husserl'schen Philosophie mit erheblichen Folgewirkungen in der soziologischen Diskussion, diesem Provisorium mit dem Titel ‚Lebenswelt' die Position einer letztgültigen Ausgangsbasis eines konkreten Apriori zu verleihen [...]. Jedenfalls dürfte es soziologisch kaum haltbar sein, für die Lebenswelt eine Art ‚Seinsvorrang' vor den semantischen Strukturen funktionsspezifischer Provenienz in Anspruch zu nehmen."

Das verbietet sich zum Beispiel deshalb, weil die phänomenale Welt schon lange „nicht mehr so, wie sie erscheint, abgenommen (wird J.M.). Es werden Hinter-Szenen-Begriffe gebildet, und diese werden allmählich diszipliniert im Dienst einer Neuarrangierbarkeit von Welt" (Luhmann 1980, S. 37).

Einerseits ist also die „Lebensweltlichkeit des alltäglichen Lebens" eine „Grundbedingung", die „nicht aufgehoben werden" kann. Andererseits wird lebensweltlicher Konsens vor dem Hintergrund des neuzeitlichen Analysevermögens als ein Provisorium angesehen, dem keinesfalls die Position einer letztgültigen Ausgangsbasis zugebilligt werden kann. Jedenfalls wird der Lebenswelt jede Art von „Seinsvorrang vor den semantischen Strukturen funktionsspezifischer Provenienz" abgesprochen.

Und nun? Einige Jahre später folgt wieder eine Korrektur:

„Die Wahrnehmungsdichte der Orientierung in alltäglichen Situationen lässt für Wissenschaft keinen Platz, allenfalls für die nur auf Grund von Wissenschaft möglichen technischen Artefakte, Geräte, Medizinen, Materialien. Man sieht Menschen, nicht strukturelle Kopplungen autopoietischer Systeme. Und es hilft auch nicht, wenn man nebenher weiß, worum es sich ‚eigentlich‘ handelt: um praktisch leeren, mit Energie aufgeladenen Raum. Auch die Verständigung läuft nicht über Wissenschaft, nicht einmal über Argumentation, sondern weitestgehend über Dinge, denen ein Sinn unterstellt wird, der nur, allerdings jederzeit, durch extrem zeitaufwendige explizite Kommunikation in Frage gestellt werden kann. Die Auflöse- und Rekombinationsleistungen der Wissenschaft sind auf Produktion neuen Wissens spezialisiert; und daran besteht nur in sehr wenigen, dann freilich auch alltäglichen, gesellschaftlichen Situationen ein Interesse. Diese Überlegungen erklären die semantische Karriere der Phänomenologie des ‚Alltags‘ in der neueren Literatur, ausgelöst durch die Paradoxie von Dominanz und Irrelevanz der Wissenschaft." (Luhmann 1992, S. 654)

Von Vorstellungen eines Seinsvorrangs der Lebenswelt können wir uns getrost verabschieden. Und auch Widersprüche zwischen einer Semantik der Lebenswelt und den semantischen Strukturen funktionsspezifischer Provenienz müssen uns nicht lähmen. Es ist nicht irgendeine Art von Seinsvorrang, der uns nötigt, uns mit Lebensweltlichkeit zu beschäftigen. Nicht ontologisch begründeter Vorrang, sondern funktionales Erfordernis, eine „Grundbedingung" in Luhmanns Formulierung. Und zwar eine, die nicht aufgehoben werden kann, eben, weil sie funktional erforderlich ist. Allerdings enthält Luhmanns Begründung – sein Hinweis auf die „engen Schranken der Fähigkeit zu bewusster Erlebnisverarbeitung" – kein besonderes analytisches Potential. Ein solches Potential kann man erst durch die formgebende Unterscheidung zwischen Bewusstsein und Gehirn gewinnen und daran einen Begriff des Menschen binden.[6] Analytisches Potential wird zweitens dadurch gewonnen, dass man Lebensweltlichkeit zwar nicht als „letztgültige", aber doch unvermeidliche Ausansbasis einschätzt. In diesem Sinn ist Lebenswelt im Gegensatz zu Luhmanns Auffassung doch ein „konkretes Apriori", und zwar ein sehr konkretes Apriori des gesellschaftlichen Lebens. Eines der eben erwähnten Beispiele, nämlich der tägliche Schulunterricht, gehört zwar auch zu diesen merkwürdigen Formen. Aber dieses Beispiel markiert zugleich eine Sonderstellung. Es gibt nämlich Formen der Interaktion, die von der Gesellschaft nicht sich selbst überlassen bleiben, sondern in Anspruch genommen und politisch organisiert werden, um mehr als nur routinierte Orientierung zu ermöglichen. Die lebensweltlich vertrauten Formen der Interaktion stehen deshalb unter evolutionärem Druck, weil Lebensweltlichkeit – wie schon mehr-

---

6   Die Arbeit mit dieser Unterscheidung bzw. mit dieser Form führt zu einer Relativierung des Bewußtseins und steht deshalb nicht mehr in einer direkten phänomenologischen Tradition.

fach betont – einerseits funktional zwingend erforderlich, andererseits aber auch dysfunktional ist, wenn es um anspruchsvollere Problembezugspunkte geht. Es ist eben dieses Funktionsparadox, das zur Entstehung von Interaktionsformaten führen kann.[7] Vor allem anderen haben Interaktionsformate die Funktion, die Form *Sozial* in ihrer Entstehung zu unterstützen, also zwischen Lebenswelt und System lebensweltfreundlich einerseits und systemerhaltend andererseits zu vermitteln.

Wenn man mit der Unterscheidung zwischen Gehirn und Bewusstsein beobachtet, sieht man: Lebenswelt erscheint als eine vertraute Welt, eine Welt der selbstverständlichen, der natürlichen Ordnung. In der Lebenswelt steht Evidenz anstelle von Kontingenz, Person anstelle von Kommunikation, Linearität anstelle von Zirkularität. Die Lebenswelt ist eine ontologische Welt, eine Cartesische Welt der Subjekte und Objekte; sie ist akteurssemantisch codiert und final konzipiert, sie ist wahrnehmungsverbürgt und über Gewissheiten integriert. Für eine lebensweltliche Orientierung benötigt man nicht unbedingt Verständnis; zumeist reicht Gedächtnis.[8]

Diese lebensweltliche Vertrautheit, Selbstverständlichkeit, Erwartbarkeit, Anschaulichkeit fungiert tatsächlich als das unverzichtbare Apriori des individuellen und des sozialen Lebens. Und durch dieses Apriori ist auch jede Unterrichtsstunde grundiert. Lebenswelt und System konstituieren kein Entweder-oder – entweder Habermas oder Luhmann (Habermas 1981, S. 182ff.). Lebenswelt und System fungieren als die beiden Seiten einer Medaille. In diesem Sinn bilden sie eine Form; derart grundlegend, dass man sie auch entsprechend bezeichnen sollte, vielleicht als „Form-Sozial"? Jedenfalls ist der sich einspielende Name die Bezeichnung dafür, wie der Umgang mit dem Funktionsparadox, also seine jeweilige Entparadoxierung gelingt.

Wenn Anschaulichkeit, relative Einfachheit, Erwartbarkeit, Ordnung, wenn also Lebensweltlichkeit funktionsnotwendig ist, dann steht zu erwarten, dass diese Notwendigkeit, dass also Lebensweltlichkeit sich gegen analytische Gefährdungen verteidigt. Wenn man diesen Gedanken erst einmal zulässt, wird man empirisch sofort fündig. Lebensweltproduzierende Interaktionen wehren sich mit teilweise vehementen Reflexen gegen solche Beiträge, die die etablierte Zugänglichkeit bedrohen.

---

7   Die Formulierung „führen kann" hält Kontakt zu Max Webers Frage nach den Gründen des okzidentalen Rationalismus.

8   Wer diesen Satz als „zu schnell" empfindet, der denke zum Beispiel an jenen Schluss-Modus, der mit dem Ausdruck Kausalität bezeichnet wird. Jeder Schüler erfährt im Unterricht, dass – nicht nur im unterrichtlichen – Alltag Wenn-Dann-Verbindungen routiniert benutzt werden, und zwar allenthalben und unentwegt. Das Gedächtnis muss sich merken: Wenn Ursache A, dann Wirkung B. Weshalb B auf A folgt, spielt jedoch zumeist keine Rolle.

Typische Beispiele solcher lebensweltlicher Reflexe findet man etwa in der ausgesprochenen Theorie-Feindlichkeit lebensweltlicher Interaktionen.

Andere Beispiele: In der familialen oder in der vereinsbezogenen Interaktion werden Themen, aber auch Argumentationsformen ausgeschlossen, denen nicht alle folgen können, die sich also mit dem lebensweltlichen Jedermann nicht vertragen. Generell kann man feststellen, dass zum Beispiel Konversationslexika vor allem solche Empfehlungen geben, die keine lebensweltlichen Reflexe hervorrufen. Eine erste systematische Formulierung des Begriffs lebensweltlicher Reflex benutzt die Unterscheidung vertraut/unvertraut und kann mit ihrer Hilfe sagen: In der Lebenswelt wird die Unterscheidung zwischen vertraut und unvertraut dazu genutzt, mit vertrauten Mitteln das Unvertraute abzuwehren.

Es dürfte sich bei den lebensweltlichen Reflexen um ein interessantes Forschungsfeld handeln. Und auch die Pädagogik als Profession ist notwendig darauf angewiesen, systematische Verzeichnisse solcher Reflexe anzulegen, um auf sie vorbereitet zu sein. Denn man darf bei all dem nicht vergessen, dass in der Lebensweltlichkeit ein paradoxes Funktionserfordernis zu sehen ist: Lebensweltliche Vereinfachung ist beides zugleich: einerseits funktionsnotwendig, andererseits wegen dieser Vereinfachung in vielen Lebenszusammenhängen funktionshinderlich. Deswegen ist davon auszugehen, dass im Verlauf der soziokulturellen Evolution – jedenfalls in sich entwickelnden Kulturkreisen – sozialtechnische Instrumente entstanden sind, deren Funktion genau darin zu sehen ist, die Unmittelbarkeit lebensweltlicher Ansprüche zu mediatisieren.

Vor allem dieser Gedanke ist es, der die Entwicklung von Professionalität fundiert. Er dient als deren Problembezugspunkt. Aber: In den avancierten Kulturkreisen der Gesellschaft sind zwar Instrumente entstanden, deren Funktion genau darin besteht, Lebensweltansprüche und deren Routinen zu mediatisieren. Im Licht dieses Funktionserfordernisses, also als Instrumente zur Mediatisierung von Lebenswelt, sind diese Instrumente bislang jedoch nicht reflektiert worden. Also hat man über sie auch nicht funktionsstrategisch verfügen können.

Ein Beispiel für mangelnden funktionsstrategischen Durchblick, das auch im Unterricht immer wieder eine Rolle spielt, liefert ein Blick in die Deutungsgeschichte. Dort findet man zum Beispiel folgenden Fall von Fehlinterpretation, der sich auch im Unterricht als bedeutsam erweist: Dieses Beispiel thematisiert den Wechsel vom Geozentrismus zum Heliozentrismus: Im Geozentrismus war die Welt – lebensweltlich – ein Universum, in dem sich alles um die Erde drehte. Der Heliozentrismus ordnete das Universum anders: In seiner Sicht bildete die Sonne das Zentrum des Universums. Erbitterte Streitereien waren zu bestehen, bevor diese Sicht Anerkennung fand. Immerhin widersprach dieser Heliozentrismus jedem unmittelbaren Augenschein. Jeder vernünftige Mensch konnte sehen, dass Sonne, Mond und Sterne sich um die Erde drehen und nicht die Erde um etwas anderes.

Und jetzt kommt die Fehlinterpretation: Man hat später die Hartnäckigkeit, mit der der Geozentrismus verteidigt wurde, als eine Frage der menschlichen Eitelkeit kommentiert. Diese Auffassung ist nicht überzeugend. Es ging nicht um eitle anthropozentrische Vormacht-Ansprüche, sondern vielmehr darum, die Gültigkeit des Prinzips der Anschaulichkeit und den Wert der anschauungsnahen Deutung eigener Erfahrung zu verteidigen gegenüber den unverständlichen Deutungsansprüchen von Experten. Es ging in diesem Reflex um nicht mehr und nicht weniger als darum, das Prinzip Lebenswelt in ihrer vertrauten Erscheinung zu retten.

Zurück zu den Instrumenten der Mediatisierung: Hier ist vor allem die Erfindung der Schrift zu nennen. Diese Erfindung und ihre Verbreitung hat „das Kommunikationspotential der Gesellschaft über die Interaktionen unter Anwesenden hinaus immens erweitert und es damit der Kontrolle durch konkrete Interaktionssysteme entzogen …" (Luhmann 1975a, S. 6). Luhmanns Rückblick auf die Erfindung der Schrift ist im hier behandelten Problem-Kontext von Interesse deshalb, weil er zeigt, dass nicht erst durch die Erfindung der Panels die Reichweite der Interaktionssysteme beschnitten wird. Wenn man davon ausgeht, dass die als Lebenswelt bezeichneten Deutungsroutinen sich vor allem in Interaktionssystemen reproduzieren, kann man den von Luhmann angesprochenen Entzug der Kontrolle auch als Begrenzung der Wirksamkeit lebensweltlicher Reflexe interpretieren. Die historischen Effekte sind gewaltig. Der „Entzug der Kontrolle durch konkrete Interaktionssysteme" hat vor allem die Ausdifferenzierung einer neuen Ebene der Systembildung ermöglicht, nämlich die der Organisation.

Organisationen unterscheiden sich von Interaktionen vor allem dadurch, dass das Geschehen nicht nur auf Anwesenheit – definiert durch Wahrnehmbarkeit – beruht, sondern dass die Teilnahme an Mitgliedschaft gebunden wird, und zwar an eine Mitgliedschaft, die an Bedingungen geknüpft wird (vgl. Luhmann 1975b S. 9ff; 1976). Organisationen werden per Entscheidung gegründet; sie sind und bleiben an Entscheidungen gebunden. Auf dieser Basis kann ein Strukturaufbau stattfinden, an den in Systemen der Interaktion nicht einmal zu denken wäre: Stellen, Dienstpläne, Hierarchien usw. Auf den Begriff der Struktur kommt es jetzt an, wenn der Blick auf das Interaktionssystem Unterricht gelenkt werden soll.

4   Unterricht ist ein Interaktionsformat

Die Unterscheidung zwischen Interaktion und Organisation ist im hier diskutierten Problemkontext bedeutsam, weil die Beschreibung des Unterrichts als Interaktion nur die halbe Wahrheit ausspricht. Einerseits findet der Unterricht – die Interaktion – in der Schule – der Organisation – statt. Andererseits – und darauf liegt jetzt der Akzent – handelt es sich beim Unterricht nicht um eine Ansammlung elementarer Interaktionen. Unterricht müssen wir vielmehr als ein Format der Interaktion begreifen.

Formate der Interaktion können entstehen, wenn Strukturen anderer Systemebenen – aus der Organisation oder aus den Funktionssystemen der Gesellschaft – in Interaktionssysteme importiert werden. In diesem Sinne ist der Unterricht ein Interaktionsformat. Generell kann man sagen: Der eben angedeutete Strukturimport gelingt nur mithilfe von Anknüpfungspunkten. Diese findet das Geschehen in Funktionskomponenten der Interaktion. Das vielleicht wichtigste Beispiel ist die Komponente der Anwesenheit. Im Fall des Schulunterrichts dockt an diese Komponente als Import die Mitgliedschaft an. Neben einer Reihe weiterer Strukturimporte wird das Interaktionsformat Unterricht auf diese Weise in die Organisation Schule eingeordnet.

5   Die Form *Sozial* in der Unterrichtspraxis

Der Ausdruck Praxis bezeichnet die Tatsache, dass keine der beiden Seiten der Form Sozial ohne die je andere Seite vorkommen kann, dass die beiden Seiten also in einem Verhältnis der Vermittlung stehen müssen. Aber der Ausdruck Praxis besagt noch nicht, *wie* sich diese Vermittlung de facto vollzieht. Das bekommt man erst zu sehen, wenn man in der Form *Sozial* kreuzt, also die Seiten wechselt, zunächst von der Seite Lebenswelt auf die Seite des Systems kreuzt und danach wieder zurück. Auf die Seite des Systems kreuzt man, wenn man vom lebensweltlichen Frage-Format, also vom Fragen nach dem „Wer?" oder dem „Was?" umschalte auf das systemisch-analytische Frage-Format, also auf die Frage nach dem „Wie?"

Diese beiden Frage-Formate lassen sich in einzelnen „Punkten" bündeln. Genau das kann jetzt geschehen, weil wir uns klar machen können, dass das eben angesprochene Konstrukt des Objekts offenkundig auf beiden Seiten der Form *Sozial* vorkommt: Auf der systemischen Seite, also auf der Seite der wahrnehmungsinduzierten Interaktion – genauer: im Zusammenhang mit dem Pendeln zwischen Zuwendung und Abwendung – fungiert das Konstrukt des Objekts als eine Art Akkumulator, der die „unzähligen" einzelnen Wahrnehmungen dieses Objekts hinter der postulierten Objektivität dieses Objekts gleichsam verschwinden lässt. Man erinnere sich an die Metapher des Sparschweins.

Auf der lebensweltlichen Seite wird aus dem Akkumulator ein Indikator. Die Prozeduren der Wahrnehmung des Objekts verschwinden hinter der Objektivität des Objekts.[9] Es geht jetzt um Wahrnehmbarkeit, Benennbarkeit, Verwend-

---

9   In einer anderen Problemperspektive hat sich George Herbert Mead mit dem „permanenten Objekt" befasst. Siehe seine beiden Aufsätze: „Eine behavioristische Erklärung des signifikanten

barkeit. In dieser Aufbereitung wird das Objekt nicht mehr als externalisiertes Konstrukt der Wahrnehmung, sondern als extern vorhandene Gegebenheit der Lebenswelt erfahren. Genau dieser Doppelakzent ist es, der Objekte dazu befähigt, die Seite der systemischen Konstitution mit der Seite der lebensweltlichen Verwendung zu vermitteln. Und in eben diesem Sinne ist die Kategorie des Objekts eine Komponente der Praxis.

Evolutionäre Errungenschaften dieser Art kann man als Hybride bezeichnen. Anders formuliert: Hybride sind semantische Komponenten, die dadurch eine soziale Praxis ermöglichen, dass sie die Seite des Systems mit der Seite der Lebenswelt vermitteln. Sie ermöglichen diese Vermittlung, indem sie systemische Funktionserfordernisse gleichsam in lebensweltliche Routinen hineinschmuggeln. Die so vermittelten Erfordernisse sind lebensweltlich eingespielt; sie brauchen in der Lebenswelt der Schüler nicht durchschaut, sie müssen nur befolgt werden.

Die Identifikation der Objekte als Hybride kann man als einen Schlüssel ansehen. Denn im Anschluss stellt sich natürlich sogleich die Frage, welche weiteren Hybride sich identifizieren lassen. Hier nur einige weitere Beispiele: Vor der Eröffnung einer exemplarischen Aufzählung erst noch ein systematischer Hinweis. Er besagt: Die hybride Kategorie des Objekts ist hoch variabel. Objekt kann die Tür sein, auf die ich aktuell referiere, weil dort gerade jemand geklopft hat. Objekt kann dann als nächstes dieser Jemand sein, der geklopft hat. Mit anderen Worten: auch Person ist ein Objekt, das als Hybrid in der sozialen Praxis fungiert.[10]

Ein weiterer hoch bedeutsamer Hybrid ist das, was mit dem Ausdruck Sinn bezeichnet wird. Sinn fungiert deshalb als Hybrid, weil er in lebensweltlicher Einstellung durch Finalität bestimmt ist, im systemischen Zusammenhang jedoch Selektivität „transportiert." In dieser Sicht – Sinn als Hybrid – könnte man die einschlägige Diskussion zwischen Luhmann und Habermas neu interpretieren.[11] Natürlich fungiert auch die Kategorie der Rolle als Hybrid. Lebensweltlich präsentiert jede Rolle ein bestimmtes Bündel von Erwartungen und Erwartungs-Erwartungen. Der systemische Akzent ist dadurch bestimmt, dass diese Erwartungen durch bestimmte Funktionserfordernisse strukturiert werden. Das Wort Thema markiert ein weiteres Beispiel für Hybride. In lebensweltlicher Einstellung wird Thema final verstanden: Das Thema gibt an, worum es jeweils geht.

Symbols" und: „Die Genesis der Identität und die soziale Kontrolle" (Mead 1980, S. 290–298 und 299–328).

10 Siehe hierzu den Aufsatz von Luhmann „Die Form Person" (Luhmann 1995, S.142–154).

11 Siehe hierzu den Aufsatz von Luhmann „Sinn als Grundbegriff der Soziologie". In: Jürgen Habermas und Niklas Luhmann „Theorie der Gesellschaft oder Sozialtechnologie. Was leistet die Systemforschung?" (Luhmann 1971, S. 25–100).

Systemisch „fungiert" das jeweilige Thema unter anderem als Zentrum der gemeinsamen Aufmerksamkeit.

Als letztes Beispiel für Hybride sei das Konstrukt der Intention genannt. Lebensweltlich wird Intention als dasjenige verstanden, worum es jemandem jeweils gerade geht. Systemisch bezeichnet das Wort Intention ein Konstrukt, mit dessen Hilfe Interaktionspartner versuchen, sich wechselseitig füreinander erwartbar zu machen. Das geschieht dadurch, dass Intentionen – anders als Normen – als Selbstfestlegungen angesonnen bzw. erwartet werden. Ein Beispiel für solches Ansinnen ist die Frage: „Was machst Du da?" Oder die Klage: „Du hast mir doch versprochen, …" Das Konstrukt der Intention ist funktional unverzichtbar, weil wir uns ohne dieses Konstrukt gar nicht aneinander orientieren könnten. Interaktion, so wie wir sie gewohnt sind, wäre ohne die „Erfindung" von Intention nicht möglich. Um das Konstrukt der Intention hat sich auch jene Sprache gebildet, die man als Akteurssemantik bezeichnen kann, und die auch grundlegend ist für das, was nicht nur in der phänomenologischen Tradition, sondern auch in der Alltagssprache als Lebenswelt bezeichnet wird.

Intention wird nicht schon im Bezug des Bewusstseins auf sich selbst evoziert; man denke an das sogenannte Appetenzverhalten.[12] Intention ist vielmehr ein evolutionär entstandenes Konstrukt, mit dessen Hilfe Disponenten versuchen, das Verhalten von Referenten erwartbar zu machen. Intention in der uns geläufigen Distinktheit erweist sich beim Pendeln des Aufmerkens, konkret beim Deponieren und Identifizieren als derart funktional, dass Interaktion und Sozialisation immer wieder neu für eine Reproduktion dieses Konstrukts sorgen.

Alle diese und viele weitere Hybride setzen in der Praxis des Unterrichts bei den Schülern kaum je Funktionsverständnis voraus. Sie eignen sich jedoch – eben wegen ihrer „Doppelbödigkeit" für die Didaktik, für deren Planung und Reflexion als Bestandteile ihres Werkzeugkastens. Es sind nicht zuletzt die Hybride, auf denen die Praxis der Vermittlung zwischen Lebenswelt und System beruht. Für die interdisziplinäre Kommunikation sind diese Hybride deshalb von grundlegender Bedeutung, weil nicht nur der Mann oder die Frau auf der Straße, sondern auch die Vertreter der Disziplinen – wenn es nicht um die eigene, sondern um andere Disziplinen geht sich mithilfe der Form sozial mehr oder weniger ausschließlich lebensweltlich orientieren. Weil aber die Hybride lebensweltlich etabliert sind, deswegen kann man mit ihrer Hilfe die Vertreter anderer Disziplinen bei ihrer lebensweltlichen Einstellung „abholen" und – je nach Problemstellung

---

12   Dieser Satz markiert natürlich eine gewisse Distanz zur Phänomenologie Edmund Husserls und zur Soziologie im Sinne von Alfred Schütz.

des jeweiligen Projekts – mit Vorsicht, mit Geschick und Geduld mit den Funktionsbezügen der verschiedenen „eigenen" Hybride vertraut machen.

Die grundlegende Voraussetzung für diese Art der kommunikativen Begegnung ist darin zu sehen, dass nicht nur der Unterricht oder die Soziologie mit Hybriden operiert. Nicht nur die Undurchschaubarkeit sozialer Systeme, sondern zum Beispiel auch die Kompliziertheit biochemischer Systeme ist darauf angewiesen, grundlegende Funktionsanforderungen lebensweltlich zu etablieren. Wenn man es so sieht, muss man etwa auch Nahrungsmittel und vieles andere mehr als Hybride einstufen.

Anders, nämlich schlussfolgernd gesagt: Nicht nur die Soziologie argumentiert mit Bezug auf Hybride. Andere Disziplinen tun das auch – nur schon viel länger und viel selbstverständlicher als die Soziologie. Zwar unterscheiden sich die Praxen der verschiedenen Disziplinen, zum Beispiel die medizinische, die religiöse, die Verfahrenspraxis von Gerichten usw. Aber all diese Praxen sind deshalb Praxen, weil sie Funktionsnotwendigkeiten des Glaubens, des Rechts, des Organismus usw. mit der Seite der Lebenswelt vermitteln. Für Versuche der Interdisziplinarität ist deshalb die Lebenswelt – in diesem Text die Lebenswelt der Interaktion im Unterricht – der gemeinsame Ort, an dem man sich trifft und von dem aus man sich wechselseitig seine Praxis und die darin fungierenden Hybride zugänglich machen kann.

6 Schluss

Dieser Text ist ein Beispiel absichtlicher Einseitigkeit: Weil die „Doppelbödigkeit" der Interaktion – Wahrnehmung *und* Kommunikation – oft auf Kommunikation reduziert wird, ist hier gleichsam gegenteilig verfahren worden. Interaktion ist de facto ein *operatives Kontinuum*, in dem Kommunikation und Wahrnehmung zusammenwirken. Wenn aber die Wahrnehmung zu wenig beachtet wird, gerät kaum in den Blick, welche Bedeutung Interaktion – hier die im Unterricht – für die Entstehung von Lebensweltlichkeit und damit für Prozesse der Sozialisation hat.

Die Problemperspektive, die mit dieser Formulierung angedeutet werden soll, und die das Interaktionsformat Unterricht durchaus miteinschließt, ist am prägnantesten durch den Terminus „Weltgesellschaft" charakterisiert. Die Faktizität der Weltgesellschaft (Rudolf Stichweh, Die Weltgesellschaft. Soziologische Analysen. Frankfurt/M. 2000) führt zu vielfältigen Konfrontationen sehr unterschiedlich akzentuierter, nicht selten auch antagonistisch strukturierter Lebenswelten. Daraus resultieren Notwendigkeiten der Vermittlung, die zur Entstehung neuartiger Formate der Interaktion führen dürften. Die Flexibilität des Interaktionsformats Unterricht dürfte es ermöglichen, diese sozio-kulturellen "Turbulenzen" didaktisch zu begleiten, zum Beispiel auf dem Wege spielerischer Simulation.

Literatur

Blumenberg, Hans (2001) Arbeit am Mythos. 6. Auflage. Frankfurt/M.: Suhrkamp.

Habermas, Jürgen (1971) Theorie der Gesellschaft oder Sozialtechnologie? Eine Auseinandersetzung mit Niklas Luhmann. In: Habermas, Jürgen/Luhmann, Niklas (1971) Theorie der Gesellschaft oder Sozialtechnologie? Frankfurt/M.: Suhrkamp.

Habermas, Jürgen (1981) Theorie des kommunikativen Handelns. Band 2. Zur Kritik der funktionalistischen Vernunft. Frankfurt/M.: Suhrkamp.

Markowitz, Jürgen (1986) Verhalten im Systemkontext. Diskutiert am Beispiel des Schulunterrichts. Frankfurt/M.: Suhrkamp.

Mead, George Herbert (1980) Gesammelte Aufsätze Bd. 1, Frankfurt/M.: Suhrkamp.

Luhmann, Niklas (1975a) Einfache Sozialsysteme. In: Ders.: Soziologische Aufklärung Bd.2. Opladen: Westdeutscher Verlag.

Luhmann, Niklas (1975a) Interaktion, Organisation, Gesellschaft. In: Ders.: Soziologische Aufklärung 2. Opladen: Westdeutscher Verlag.

Luhmann, Niklas (1975b) Macht. Stuttgart: Ferdinand Enke Verlag.

Luhmann, Niklas (1980) Gesellschaftliche Struktur und semantische Tradition. In: Ders.: Gesellschaftsstruktur und Semantik, Studien zur Wissenssoziologie der modernen Gesellschaft. Bd. 1 Frankfurt/M.: Suhrkamp.

Luhmann, Niklas (1984) Soziale Systeme. Grundriß einer allgemeinen Theorie. Frankfurt/M.: Suhrkamp.

Luhmann, Niklas (1992) Die Wissenschaft der Gesellschaft. Frankfurt/M.: Suhrkamp.

Luhmann, Niklas (1995) Soziologische Aufklärung Bd. 6. Die Soziologie und der Mensch. Opladen: Westdeutscher Verlag.

Sozialisation und die Verinnerlichung sozialer Erwartungen

Timo Bautz

1   Die Integration von psychischen und sozialen Prozessen

Kommunikationen und ihre Verläufe sind nicht berechenbar, aber erwartbar. Diese einfache Ausgangsthese hat weitreichende Folgen für die Un-Sicherheit, mit der sich Menschen darauf einlassen. Am Anfang eines Textes formuliert, unterliegt sie selbst eben dieser Voraussetzung besonders deutlich. Denn wie unsicher oder selbstverständlich jemand eine Mitteilung versteht, hängt stark davon ab, welche Kommunikationserfahrungen vorausgingen. Für Zäsuren und kausale Unterbrechungen dieser endlosen Verkettung psychischer und sozialer Prozesse sorgt u. a. Erziehung. Sie versucht, Verhalten und Einstellungen zu formen und zu verändern, indem sie Erwartungen kommuniziert, die andere erfüllen sollen. Sozialisation bezeichnet demgegenüber den eigenen Umgang mit fremden Erwartungen, unter anderem im Kontext von Erziehung.[1]

Auch jenseits von Erziehung und pädagogischen Instruktionen besteht Anlass, um nicht zu sagen Druck, auf fremde Erwartungen zu reagieren. Mitgeteilt oder am Verhalten beobachtet, stellen sie uns unweigerlich vor die Alternative, das eigene konform oder abweichend zu wählen. Ausweichmöglichkeiten mag es geben, doch nur dann, wenn es gelingt, eine solche Differenz zu erzeugen bzw. zu berücksichtigen, ist soziale Abstimmung möglich. Erwartungen sind das Scharnier, über das wir uns psychisch auf die Unsicherheiten sozialer Prozesse im Voraus einstellen und aus denen diese umgekehrt ihre Strukturen aufbauen können, trotz psychisch wechselnder Orientierungen und Eskapaden. Das schließt ein indifferentes nebeneinander Agieren von Menschen nicht aus, aber jede soziale Abstimmung läuft über dieses Gelenk: über Erwartungen, die wir unterstellen, beobachten oder mitgeteilt bekommen und eigene, die wir daraufhin bilden, oder in ähnlichen Situationen schon gebildet haben. Der letzte Fall wird als *Sozialisation* bezeichnet. Die Soziologie hat den Begriff früh eingeführt (Durkheim 1902) und zwar im Zusammenhang mit der wichtigen Frage, wie so-

---

1   Soziale Erwartungen sind intentional auf das Verhalten anderer ausgerichtet. Dass jemand in Eile schneller geht, ist keine soziale Erwartung, dass er dabei niemanden umrennt, schon.

ziale Normen und kulturelle Werte von einer Generation auf die nächste übertragen werden können.[2]

Nun haben Erwartungen, so lässt sich mit Luhmann einwenden, „ihre wichtigste Eigenschaft darin, dass sie enttäuscht werden können" (Luhmann 1987, S. 176). Weit davon entfernt, für das wiederauferstandene Ausgangsproblem eine angemessene Lösung zu sehen, nehmen wir den Einwand ernst und besonders für die Schule an, dass ihre Erwartungen nicht nur erfüllt, sondern oft auch abgelehnt werden und beides verinnerlicht werden kann. Wenn soziale Erwartungen also immer auch enttäuscht werden können, ist die „Verteilung von konformer und abweichender Sozialisation...eine empirische Frage, unter anderem ein Problem des Alters und des Kontextes, in dem die Sozialisation stattfindet. Der Prozess reproduziert immer beide Möglichkeiten, und gerade darauf, dass man sich für oder gegen eine Erwartung selbst einstellen muss, beruht der Internalisierungseffekt der Sozialisation." (Luhmann 2004, S. 95).

Das Wort *Internalisierung* bedeutet so viel wie Verinnerlichung, was älter klingt und auch vager, vielleicht, weil es darauf verweist, dass der psychische Prozess, den es bezeichnet, empirisch doch nicht so leicht zu fassen ist. Nur sehr ungenau können wir feststellen, wann und wo er einsetzt, wie zögerlich und in welchen Abstufungen, wie dauerhaft er besteht und ob er vielleicht überhaupt seltener wird. Sehr viele und sehr unterschiedliche Erwartungen machen es unwahrscheinlicher, sich in Bezug auf jede mit einer bestimmten Einstellung festzulegen. Andererseits wird es umso wahrscheinlicher, je öfter und direkter wir mit ähnlichen Erwartungen konfrontiert werden. Aber selbst im Rahmen dieser Unterscheidung reagieren Menschen sehr verschieden. Egal, ob eine Erwartung auf der Basis von praktischen Gründen, Opportunität, Sympathie, Gewohnheit oder ganz unbewussten Motiven verinnerlicht wurde, der Vorgang entzieht sich einer direkten Beobachtung von außen und auch einer synchronen Introspektion. Verinnerlichung bzw. Internalisierung ist ein psychischer Vorgang der meistens nebenbei, gedankenlos und unbewusst abläuft. Die Psychologie kann deshalb chronischen Aufklärungsbedarf reklamieren, aber eben nur retrospektiv. Rückblickend steht uns allerdings selbst auch eine Probe zur Verfügung, und die ist sehr einfach. Wer eine Erwartung verinnerlicht hat, wird auf sie bezogen nicht das eine mal so und bei der nächsten Gelegenheit ohne Grund ganz anders erleben und handeln.

---

2   Die Beschleunigung des kulturellen Wandels hat die Hoffnung umgedreht bzw. die neue geweckt, Sozialisation ließe sich für gesellschaftliche Reformen pädagogisch steuern. Auch diese Hoffnung ist gesunken und mit ihr das soziologische Interesse an dem Phänomen, das es weiterhin gibt.

Dass sich die Verinnerlichung von Erwartungen schwer beobachten lässt, hängt auch mit ihrem Ereignischarakter zusammen, den sie mit allen anderen psychischen Realitäten teilt. Wie alle Gedanken, Gefühle, Absichten oder Entscheidungen, sind Erwartungen Ereignisse, die entstehen und vergehen. Das gilt auch für diejenigen, die regelmäßig wiederkehren und dadurch Strukturwert bekommen, dass sie Anschlussstellen für bestimmte Folgeereignisse festlegen; bis hin zu einer Erwartung, die wir als typisch für uns oder eine andere Person ansehen. Je bindender und verpflichtender eine Erwartung erlebt wird, umso mehr kann es verwundern, dass sie keine andere Existenzform hat als die Wiederholung und die sinnhafte Verknüpfung mit anderen psychischen Ereignissen. Fast ein Jahrhundert nach Freud und Husserl erinnert Luhmann daran, dass wir in Bezug auf diese selbstreferenziellen Vorgänge „noch nicht einmal über Ansätze einer empirischen Theorie verfügen" (Luhmann 1987, S. 174). Wohl auch deshalb bezeichnet er den Begriff Sozialisation als den „dunklen Gegenbegriff" zur Erziehung, den er nicht oft und fast nur im Zusammenhang mit ihr verwendet (vgl. Luhmann 2002, S. 48ff.; 2004, S. 13ff. und 111ff.).

Das ist aus soziologischer Perspektive konsequent, die sich auf soziale Prozesse fokussiert und nicht auf psychische. Erst recht, wenn ihr ein systemtheoretischer Ansatz zugrunde liegt, dem zufolge sich soziale und psychische Ereignisse als Elemente niemals vermischen können, auch dann nicht, wenn das Bewusstsein sie nicht immer sauber auseinanderhalten kann. Besonders in der Familie, in der exemplarisch von Sozialisation und Verinnerlichung auszugehen ist, kann sich das im Erleben verschleifen und Verwirrung stiften, aber auch das Gefühl entstehen lassen, in diesem Kreis aufgehoben zu sein, weil die Erwartungen anderer nicht immer bewusst so lokalisiert werden. Vermutlich ist es auch diese Intransparenz der Verinnerlichung, die eine Übernahme von fremden Erwartungen erleichtert. Mit einem genauen Blick auf die psychische Integration, wäre das vermutlich schwerer. Denn dann wäre der Versuch naheliegend, Verinnerlichung zu steuern, und das würde bedeuten, dass wir an enttäuschten Erwartungen weniger gut festhalten könnten, weil wir uns immer auch selbst als Ursache der Enttäuschung mit sehen müssten. Eine rationale und realistische, weil erfolgversprechende, Erwartungshaltung würde vielleicht auf Verinnerlichung verzichten und stattdessen immer wieder neu aus der letzten Erfahrung lernen. Aber die Projektion in die Zukunft will doch immer die Unsicherheit in Bezug auf das soziale Verhalten anderer überbrücken, sonst bräuchte es ja keine Erwartungen. Sie sind der adäquate, weil vereinfachende Umgang mit unterschiedlichen und unsicheren sozialen Situationen, die dann im Nachhinein vielleicht rationalisiert werden.

Für Erwartungen allgemein gilt, dass sie enttäuscht werden können. Für *soziale* bedeutet das allerdings nicht, dass sie sofort fallen gelassen werden. Vielmehr erweist sich jetzt erst ihr eigentümlicher Stabilisierungseffekt. Wird die Erwartung erfüllt, zeigt sich, dass sie realitätsnah war – Zufall wird ausgeschlossen. Wird sie enttäuscht, kann *normativ* an ihr festgehalten werden – die anderen liegen falsch (vgl. Luhmann 1987, S. 176). Sicher gibt es auch die dritte Möglichkeit, eine enttäuschte Erwartung aufzugeben und zu ändern – aber nur um den Preis einer aktuellen Instabilität, bis eine neue gebildet wurde. Dafür sind neue soziale Erfahrungen nötig, die zu einer neuen Erwartung kondensieren. Das Prinzip lautet also nicht, sobald eine soziale Erwartung enttäuscht oder eine neue Erfahrung gemacht wurde, wird sofort „umerwartet". Vielmehr geht es um eine latente psychische Strukturbildung, die nach innen opak ist. Mit ihrer Hilfe können wir uns psychisch auf soziale Prozesse einstellen und gleichzeitig selbständige Akteure bleiben. Vor dem Hintergrund der Flüchtigkeit psychischer Prozesse und der Unberechenbarkeit fremden Verhaltens in sozialen Kontexten, ist die Intransparenz der Verinnerlichung eine Voraussetzung für die Koppelung psychischer und sozialer Systeme. Beide operieren getrennt, aber in hohem Maße abhängig voneinander und entwickeln je eine Innenansicht ihrer wechselseitigen Abhängigkeit:

„Die soziale Seite geht von Personen aus, um sich eine Erfassung der Details ihrer körperlichen und psychischen Operationen zu ersparen". Das Korrelat auf der psychischen Seite, formuliert Luhmann vorsichtiger, „dürften die Resultate von Sozialisation sein…mit denen diese dem Umstand Rechnung tragen, dass sie ihr Leben in sozialen Zusammenhängen zu führen haben… eine Mischung von (meist gedankenloser) Konformität und Abweichung." (Luhmann 2002, S. 51)[3]

Ein Beispiel dafür mag die Information einer angezeigten Zugverspätung sein. Sie verursacht schnell sachliche Erwartungsänderungen in Bezug auf die zeitliche Verschiebung. Aber auf der sozialen Ebene erwarten wir Auskunft über die Gründe, und zwar auch dann, wenn sie ausbleibt. Das zeigt, dass wir nur mit der Enttäuschung *sozialer* Erwartungen *normativ* umgehen, nicht aber mit sachlichen, die wir lernend überprüfen und austauschen (z. B. in Bezug auf technische Innovation oder Technikversagen). Würden wir auch bei jeder sozialen Enttäuschung einfach umdisponieren, würde sich Erwarten erübrigen. Die schnelle Enttäuschungsverarbeitung kann zu einer schnellen Anpassung an die neue Situation beitragen, aber sie verhindert die Übertragung der Erfahrung auf eine zukünftige. Liegen die Erwartungshorizonte und Sozialisationen in Kontakten sehr weit auseinander (kulturell, institutionell oder persönlich), fehlt das für die Abstimmung notwendige gegenseitige Verstehen und muss mit Lernen kompen-

---

3   Zunächst hat die Biologie für bestimmte Abhängigkeiten zwischen Organismen (z. B. Symbiosen) den Begriff strukturelle Koppelung eingeführt. Die allgemeine Systemtheorie erweitert und überträgt ihn auf psychische und soziale Systeme. Weil „soziale Strukturen nichts anderes sind als Erwartungsstrukturen", kann die Koppelung auch von der psychischen Seite strukturell werden (Luhmann 1984, S. 396).

siert werden. Gelingt auch das nicht, entsteht ein gegenläufiger Zirkel. Dann können soziale Erwartungen nicht mehr erwartet, vielleicht nicht einmal mehr verstanden werden, was psychisch nicht zwangsläufig destabilisiert, aber dazu führt, dass sich soziale Strukturen entdifferenzieren und auflösen. Das gilt für private Beziehungen genauso wie für Institutionen und den Unterricht in Schulklassen.

Soziale Erwartungen begrenzen und dirigieren Verhaltensoptionen in einer erwartbaren aber nicht berechenbaren sozialen Welt. Empfindlich gegenüber Enttäuschung setzten wir sie der Bewährung aus und reagieren damit auf die *doppelt kontingente* Grundkondition aller sozialen Prozesse, in denen die Akteure ihr Verhalten auch anders wählen können und das meistens das voneinander wissen (vgl. Parsons 1964; Luhmann 1984, S. 362ff.; Vanderstraeten 2004, S. 37ff.; Baecker 2005, S. 85ff.). Je nachdem, wie konform oder eigenwillig erwartet wird, ist eine Bestätigung oder eine Enttäuschung mehr oder weniger wahrscheinlich. Aber sicher vorhersehbar sind sie auch dann nicht, weil und solange doppelte Kontingenz die „conditio socialis" ist.[4]

Dem entspricht, dass Sozialisation und Verinnerlichung keineswegs mit der *Übernahme* fremder Erwartungen identisch sind, sondern die Bildung einer eigenen betreffen, die auf fremde konform oder abweichend bezogen ist. Wir können

> „bei Sozialisation an ein ganz allgemeines Geschehen [denken, T.B.] …nämlich daran, dass jemand, der mit sozialen Erwartungen konfrontiert ist, entweder konform oder abweichend reagieren kann und dadurch eigene Erfahrungen akkumuliert… dass man unterschiedliche Erfahrungen sammelt, je nachdem, ob man eine konforme oder abweichende Linie verfolgt. Wenn der Begriff so gesetzt ist, wird es zur Frage, ob und wie man Sozialisationsprozesse als Erziehung intentionalisieren kann." (Luhmann 2004, S. 13; vgl. 95ff. und 1987, S. 177)

Die Frage drängt sich auf, weil es keinen Erwartungstransfer aus einem Erleben in ein anderes gibt. Stattdessen schafft jede pädagogische Erwartung immer wieder die Möglichkeit der Abweichung, offen oder verdeckt, teilweise oder ganz. Täglich damit konfrontiert, verinnerlichen SchülerInnen die Erwartungen der Lehrkräfte und bilden daraufhin ihre eigenen Einstellungen und Verhaltensroutinen.

Wir sagen, dass die Lehrkraft, die Schulklasse oder der Freundeskreis sozialisiert und dass Menschen sozialisiert *werden*, aber das ist sprachlich eigentlich nicht

---

4   Luhmann & Schorr 1988, S. 121. Dieser zentrale Ausdruck betont, anders als der emphatische Begriff Freiheit, die soziale Perspektive, in der die Freiheit des einen immer auch die Unsicherheit des anderen bedeutet.

korrekt. Wir bilden unsere Einstellung in Bezug auf fremde Erwartungen selbst, weil es keinen Erwartungsimport gibt und auch keinen Transfer in die andere Richtung. Fremde soziale Erwartungen sind Ausgangs- und Bezugspunkt, und dann sind es die „Sozialisanden" selbst, die sie wahrnehmen, interpretieren und in ihren Horizont integrieren. Dauerhaft organisiert wie in der Schule und im Arbeitsteam, oder nicht frei wählbar, wie in der Familie oder auch in Notlagen, verursachen fremde Erwartungen mit der Zeit Selbstsozialisationen, weil Erwartungen, die wiederholt kommuniziert werden, eigene Erwartungsbildung in Bezug darauf anregen.[5]

> „Der Prozess der (Selbst-)Sozialisation kann mithin als Prozess der Bildung von *Erwartungen* begriffen werden, die ihrerseits dann regulieren, welche Ereignisse für das psychische System möglich sind" (Luhmann 1987, S. 176). Er „ist ein immer und unbemerkt laufendes Geschehen der Integration von psychischen und sozialen Prozessen", bei dem „psychische Systeme ihre Strukturen anhand von sozialen Erwartungen aufbauen. Sei es, dass sie diese Erwartungen übernehmen, sei es, dass sie sie durchkreuzen und sich auf Abweichung festlegen." (Luhmann 2004, S. 94f.). Sozialisation hat „es nicht einfach mit der Übertragung von Konformitätsmustern zu tun, sondern mit der durch Kommunikation ständig reproduzierten Alternative von Konformität und Abweichung, Anpassung und Widerstand." (Luhmann 1987, S. 175; 2004, S. 114; 187)

Von Kleinkind an sozialisieren wir uns, ohne dass ein Ende abzusehen wäre (Familie, Kindergarten, Schule, Freunde, Beruf, Hobby, Sport, Ehrenamt, Seniorentreffen). Da die Sozialisationseffekte z. T. interferieren, ergibt sich auf das ganze Leben gesehen ein unüberschaubarer, individueller Mix von Strukturen. Einiges verstärkt sich, vieles relativiert sich und wird innerhalb einer Biografie wieder ausgelöscht. Dass die Dynamik im Alter nachlässt, ist anzunehmen, nicht nur, weil sich bestimmte Einstellungen gefestigt haben, sondern vielleicht auch, weil soziale Integration oder Abweichung nicht mehr so existenziell erlebt werden. In dynamischen Gesellschaften sind jedoch auch alte Menschen länger mit neuen Erwartungen konfrontiert.[6] Wo und wann wir sie zum Ausgangspunkt für eigene nehmen, ist uns selten bewusst. In standardisierten Situationen am Bankschalter, an der Ladenkasse oder im Amt reicht es aus, das eigene Anliegen mitzuteilen und bei Orientierungsbedarf nachzufragen. Aber auch bei diesen alltäglichen

---

5 Im Rahmen der Schulerziehung macht die transitive Verwendung des Wortes Sinn.Hier lässt sich der Unterschied wiederholen und sagen, dass Stunden und Fächer mit weniger Konformitätserwartungen auch weniger sozialisieren als solche, die eng geführt werden, oder wo die Konformität sichtbar bzw. hörbar ist, wie bei Sport oder im Schulorchester (vgl. T. Bautz 2013).

6 Deshalb wurde zu den drei Sozialisationsphasen (Familie, Schule, Beruf) etwas umständlich eine vierte als „Sozialisation der jungen Alten vor und nach der Berufsaufgabe" vorgeschlagen (Schäuble 1995, S. 85ff.), die mit einem Verschwimmen der Generationsunterschiede einhergeht.

Kontakten werden z. B. Höflichkeit und ein angemessenes Tempo erwartet, dem man sich anpassen kann oder nicht. Der Ausgangspunkt der Überlegungen war, dass die Un-Sicherheit in Kommunikationen nicht unabhängig ist von den Erwartungen und Vorerfahrung in früheren.[7] Der kausale Zirkel lässt sich an keinem Punkt fixieren, aber wo Erziehung ansetzt, kommt es sicher zu einem neuen Impuls.

Ob Abweichung dann wiederum mit negativen Reaktionen beantwortet wird und konformes Verhalten wieder positive auslöst, sodass sich der Prozess verstärkt, ist eine Frage, die nicht nur im Erziehungskontext eine wichtige Rolle spielt. Zu ähnlichen Verstärkungen kann es auch im Arbeitsteam oder im Freundeskreis kommen. Aber in pädagogischen Situationen *müssen* die Erwartungen deutlich markiert werden, und die Reaktion auf die Reaktionen konditional ausfallen – wenn auch nicht unbedingt sprachlich. Blicke reichen dafür oft aus, mit denen die Einordnung des Antwortverhaltens als solches demonstriert werden kann. Das geht nur mithilfe gegenseitiger Wahrnehmung – d. h. ohne Anwesenheit und Interaktion geht es nicht. Erziehung muss das gewünschte Verhalten zur Übernahme empfehlen, sonst könnten die Betroffenen die Absicht gar nicht als solche erkennen. Das gilt auch im Klassenzimmer, wo die Kommunikation auf Erziehung spezialisiert ist. Aber damit wird ihr Erfolg eben auch fraglich. Jeder, der die Absicht bemerkt, kann „sich ihr zum Schein fügen, kann auf seine eigene Weise einsehen, kann auf Nebenaspekte reagieren, kann offen rebellieren […]. Vom Effekte her wird diese mitlaufende Sozialisation daher nicht selten die Erziehung überholen und das Ergebnis mehr prägen als die noch so durchgeplante pädagogische Absicht." (Luhmann 2004, S. 103).

Würde nur die Übernahme fremder Erwartungen als Sozialisation bezeichnet, müsste für Abweichung ein anderer Begriff gefunden werden. Auch *Außenseiter* orientieren sich ja an den Erwartungen (vielleicht mehr als sie wahrhaben wollen), aber sie sozialisieren sich in eine andere Richtung und fallen dadurch in dem betreffenden Kontext mehr auf. Nur indifferente Erwartungslosigkeit wäre ein Fall von Nicht-Sozialisation, die es gegenüber Erziehungszumutungen eigentlich nicht geben kann. Sozialisation als Einstellung *für* oder *gegen* die fremde Erwartung ist deshalb ein ständiges Begleitphänomen jeder Erziehungsbemühung.[8]

---

7   Die Koexistenz von Sozialisation und Kommunikation entsteht mit den ersten Zuwendungen. Eltern entfachen Erwartungen, die über Blicke und Nachahmung zur aktiven Teilnahme an Kommunikation befähigen. Die so veranlasste Sozialisation erzeugt Erwartungen, die wieder die Kommunikation beeinflussen.

8   Indifferenz ist eine typische Reaktion auf eine Vielzahl anonymer sozialer Erwartungen. Bis zum Film- oder Programmende im Fernsehsessel sitzen bleiben, oder das Buch zu Ende lesen, muss

2 Standardisierung und Technisierung

Prinzipiell kann man von anderen alles Mögliche er-warten, aber muss dann ab-warten, ob es erfüllt oder enttäuscht wird. Aus beiden Reaktionen lassen sich verschiedene, jedoch nicht beliebige Schlüsse ziehen, so dass im Laufe der Zeit Verhaltensmuster und bestimmte Erwartungen wahrscheinlicher werden. Anpassung und Abweichung sind grobe Koordinaten, zwischen denen es unendlich viele individuelle Abstufungen und Akzente gibt. Aber erinnert und eingebunden in die Bewusstseinsgeschichte, bekommt die Selbstsozialisation mit der Zeit eine Richtung. Wie individuell sie sich auch fortschreibt und fortspinnt, je länger sie passiert, umso wahrscheinlicher wird es, dass sich die Erwartungen nicht beliebig mal so mal so ausrichten.

Es kommt in verschiedenen Kontexten zu Verstärkungen, sei es durch wiederholte Bestätigung oder Enttäuschung, die irgendwann zu einer Enttäuschungserwartung führt. Wird eine Erwartung häufig erfüllt, kann sie sich zu einem *Anspruch* verdichten, dessen Enttäuschung dann mehr irritiert (weil mehr Selbstbindung in Frage gestellt wird). Wo eigene Erwartungen durch Bestätigung zu Ansprüchen verdichtet werden, erhöht sich allerdings auch das Risiko der Enttäuschung, denn sie müssen im Kontakt plausibel begründet bzw. ausbalanciert sein (Verdienst, Alter), weil sie sonst leicht irritieren. Das ist zwar ein soziales Erfordernis, aber eben eines, das auch sozialisiert und die Erwartungsrichtung mitbestimmt.[9] Ähnlich wie in evolutionären Prozessen werden soziale Erwartungen durch Sozialisation ohne bewusste Steuerung selegiert und konsolidiert. Immer bleibt die psychische Verankerung von sozialen Erfahrungen auch von fremden Erwartungen als Selektoren abhängig.[10]

Soziale Erwartung stellen sich im Nachhinein als mehr oder weniger realistisch heraus, aber wie wichtig sie erlebt werden, wie hoch das Interesse an Konformität, Sicherheit oder Integration ist, bzw. Abstand und Abweichung in Kauf genommen werden, das ist von außen nur über längere Zeiträume am Verhalten zu erahnen. Warum stellt sich jemand auf die eine Erwartung so anpassungsbereit ein, während eine andere so großen Widerstand hervorruft? Welche Rolle spielen dabei frühere soziale Erfahrungen und wie verstärken oder relativieren sie sich später? Solche Fragen lassen sich schon im Einzelfall nicht vollständig

---

nicht als Zustimmung zum Informations- oder Unterhaltungsangebot erlebt werden. Wenn wir trotz Werbung im Supermarkt ein Produkt nicht kaufen, ist das selten ein Akt der Ablehnung. Wie solche Erfahrungen sozialisieren, wird im nächsten Kapitel thematisiert.

9 Das moderne Individuum, bemerkt Luhmann lapidar, „wird keine Schwierigkeiten haben, wenn es Ansprüche hat, sich Verdienste hinzuzudenken", aber kommunikativ kann genau das irritieren (Luhmann 1984, S. 365).

10 Dass wir mit der Wahl der Schule, der Freunde und des Berufes die Richtung auch mitentscheiden, kann schwer bestritten werden.

rekonstruieren, Sozialisation wird von außen veranlasst, ja verursacht, aber die Kausalität folgt keinem programmierbaren Input-Output-Modell. Stattdessen kommt es durch alle Kombinationen und Abstufungen von Konformität und Abweichung zu unterschiedlichen Erwartungsbiografien, die sich als „struktural drift" allenfalls rückblickend vage verstehen lassen. Das legt den Schluss nahe, dass Sozialisation empirisch schwer zu fassen ist, weil sich die Einflussfaktoren kaum künstlich isolieren lassen.[11] Andererseits müssen wir täglich darauf vertrauen, in dieses Geflecht von fremd- und selbst-selektiven Verstärkungen eine soziale Erwartung so zu platzieren, dass ihre Erfolgsaussichten abschätzbar sind, auch über den Kreis persönlicher Bekanntschaft hinaus. Jahrelange Teilnahme an Unterrichtsinteraktionen bereitet genau darauf vor.

Zweifellos besitzen wir für größere Radien eine Kommunikationshilfe, die Erwartungen durch *Standardisierung* so kanalisiert, dass sie voraussehbar (wenn auch nicht berechenbar) sind und sogar aufeinander aufbauen können. Standardisierte Kommunikationen werden dafür thematisch begrenzt und selektiv mit klaren Annahme- bzw. Ablehnungsregeln konditioniert. Beides zusammen lenkt die Kommunikation in feste Bahnen und steigert die Erwartungssicherheit im jeweiligen Geltungsbereich einer sehr überschaubaren Anzahl von Standards, die sich deutlich genug voneinander abheben. Wichtige Kommunikationssphären wurden so nach und nach ausdifferenziert, organisiert, mit typischen Rollen ausgestattet und unabhängig voneinander (religiöse, wirtschaftliche, politische, rechtliche, wissenschaftliche, ästhetische, intime und zuletzt die pädagogische).[12] Standardisierung macht Sozialisation nicht überflüssig, sondern einfacher, weil sich die Kommunikationsteilnehmer auf konturierte Erwartungshaltungen und Rollen einstellen können. Verbreitung und Erfolg begünstigen sich irgendwann gegenseitig und regen Verinnerlichungsprozesse an.

Für intime und pädagogische Kommunikation gelten diese Standardisierungshilfen jedoch nur begrenzt. Zwar können auch hier die Institutionen Ehe und Schule vieles regulieren und Erwartungen über Rollen kanalisieren, aber

---

11 Nach Piagets Modell werden kognitive und sensomotorische Schemata entweder einer neuen Situation angepasst (Akkommodation), oder die Situation bzw. ihre Wahrnehmung einem vorhandenen Schema (Assimilation), beides entwicklungsbedingt stufenförmig und mit abwechselnden Schwerpunkten. Angesichts lebenslanger Sozialisation lässt sich ein Entwicklungsmodell schwer auf die sozialen Erfahrungen übertragen. Aber dass verinnerlichte Erwartungen solange assimiliert und generalisiert werden, bis Akkommodation (durch soziale oder psychische) Konflikte unvermeidlich wird, lässt sich sehr wohl annehmn (vgl. Bautz 1991).

12 Die funktionale Differenzierung von Kommunikation und Gesellschaft über generalisierte Medien taucht als zentrale These in fast allen Texten Luhmanns auf (vgl. als Hauptquelle ausführlich: „Die Gesellschaft der Gesellschaft" Bd. I. S.707ff. und 743ff.). Eine anachronistische Erfahrung ist vor diesem Hintergrund der Besuch eines Flohmarktes oder eines orientalischen Basars, wo die Kommunikation diesen eindeutigen Konditionen nicht, oder nur mit Umwegen folgt.

nicht situations- und personenunabhängig. Beide Bereiche sind auf persönliche Kontakte angewiesen und verlieren mit dem Situationsbezug in die Ferne die für sie unverzichtbare Feinabstimmung.[13]

Kommunikationen, die sich auf erziehenden Unterricht spezialisieren, sind nur bis zu einem gewissen Grad standardisierbar. Sie orientieren sich immer an dem Ziel der Vermittlung von Wissen und Können in Kombination mit Erziehung, die versucht, die Lernerfolge zu sichern. Zudem legt die asymmetrische Rollenverteilung auch fest, dass nur die Lehrkraft die SchülerInnen erzieht, nicht umgekehrt – selbst wenn beide Seiten voneinander lernen. Und nur die Erfolge und Misserfolge der einen Seite werden nach einheitlichen Konditionen verbucht und benotet. Trotz dieser Regeln lässt sich ein solcher Kommunikationstyp schwer standardisieren und technisieren, weil seine Erfolge erst im Nachhinein beobachtet und zur Steuerung des weiteren Fortgangs benutzt werden können. Sofortkontrolle bedeutet immer eine Unterbrechung der Vermittlung. Zur Orientierung des Fortlaufs der Interaktion dient die Unterscheidung „verstanden – (noch) nicht (ganz) verstanden, bzw. gekonnt – (noch) nicht (ganz) gekonnt". Aber wie sich die Erfolge bei den einzelnen SchülerInnen einstellen, darauf kann nicht unmittelbar reagiert werden, darauf hat die Kommunikation keinen direkten Zugriff, weshalb sie oft im Vagen operiert und improvisieren muss.[14]

Vor diesem Hintergrund nun sollen Tablets und programmierte Lernangebote den Unterricht technisch effizienter machen. Sie wecken die Hoffnung, dass mit ihnen der Informations- und Unterstützungsbedarf besser lokalisiert, die Lernangebote individueller zugeschnittenen und die Lernzielkontrolle oder das Feedback schneller durchgeführt werden können. Die Frage, die die folgenden Überlegungen leitet, ist allerdings nicht, wie gut mit diesem Instrument gelernt werden kann, sondern ob und wie unter diesen Voraussetzungen der Unterricht noch erzieht und sozialisiert.

Die Relevanz der Stoffe entsteht um 8:00 im Klassenzimmer nicht aus einer akut gegebenen Problemlage heraus, die Informations- und Lösungsbedarf erzeugt und so Lernen motiviert, weshalb die Motivation über Erziehung abgesichert werden muss. Kinder und Jugendliche sollen sich in jeder Stunde ein Wis-

---

13 Zufällige Begegnungen mit privaten Personen können in Höflichkeitsstandards Sicherheit gewinnen und Orientierungspunkte für den weiteren Fortgang. Trotzdem geraten sie beim Themenwechsel leicht ins Stocken, weil die funktionalen Standards eben gerade nicht benutzt werden können.

14 Luhmann und Schorr sprechen in diesem Sinn von Technologiedefizit im Unterricht, weil er letztlich etwas Unmögliches versucht, wenn er Bewusstsein oder/und den Körper durch Kommunikationsangebote gezielt d. h. direkt verändern will (vgl. Luhmann & Schorr 1988, S. 120ff und 230ff.).

sensdefizit zu eigenmachen, von dem sie vor der Stunde noch gar nicht wissen konnten, dass es existiert. Allein das schon macht Erziehung im Unterricht parallel zur Stoffvermittlung immer wieder unverzichtbar. So unterschiedlich der Bedarf im Einzelfall liegen mag, Schulen sind gezwungen, durch Erziehung das gewünschte Verhalten zu empfehlen und zu kontrollieren, auch wenn sie sich damit immer wieder neue unkontrollierbare Sozialisationseffekte erzeugen.[15]

Sowohl standardisierte als auch nicht standardisierte Fernkommunikation wird im Alltag mehr und mehr von schnellen Algorithmen unterstützt. Das wirft die Frage auf: ob und wie weit künstlich intelligente Selektoren, Filter und Lernprogramme, die in der Kommunikation benutzt werden, Erwartungsbildung und Verinnerlichung verändern oder gar suspendieren. Wenn Sozialisation darin besteht, fremde Erwartungen zu erwarten, werden technische Akzeptanzverstärker und Erwartungshilfen diesen Prozess verändern. Erkennen lassen sich Verinnerlichungsprozesse nur am Verhalten, und in Fernkommunikationen fallen psychische Motive weniger auf. Aber dort, wo soziale Erwartungen noch an konkrete Personen gerichtet und gebunden sind, wie im Freundeskreis, in Partnerschaften, Familien und Schulen, aber auch in kommunaler und medial personalisierter Politik werden Änderungen in der Erwartungshaltung spürbar.

In einer bemerkenswerten Entsprechung dazu wächst die Nutzung elektronischer Anwendungen, die dabei helfen, Unsicherheit beim sozialen Erwarten für genau diese Fälle abzufedern. Partner-Börsen, Erinnerungs-Apps, Messenger-Vorschläge für konsenssichere Themenwahl, Wahl-O-Maten und Lernprogramme unterstützen (ersetzen?) die Erwartungsbildung von Menschen, indem sie Daten speichern, selektiv verarbeiten und in Erinnerung bringen. Dabei werden Erfolgschancen von Kommunikationsangeboten nicht nur errechnet, sondern auch gesteigert. Denn je mehr Nutzer auf solche *Sozialtechnologien* setzen, umso mehr Daten können daraufhin ausgewertet und in die Verhaltensempfehlung einbezogen werden, so dass mit mehr Akzeptanz zu rechnen ist.[16]

Auf den ersten Blick scheint damit allen geholfen, aber auf dem Weg dieser künstlich intelligenten Unterstützung geht die Möglichkeit verloren, nach einer Enttäuschung an der eigenen Erwartung *beweglich festzuhalten*. Die Wortkombination klingt paradox, aber sie bezeichnet den dynamisch stabilen Prozess der

---

15 Frühe und berühmte Beispiele streng erziehenden Unterrichts ist die Stuttgarter Karlsschule und das Tübinger Stift, auch wegen der Berühmtheit ihrer rebellierenden Zöglinge: Schiller bzw. Hegel, Hölderlin und Schelling. Der Unterschied zu noch älteren Lerninstitutionen basiert auf der hauswirtschaftlichen und handwerklichen Erziehung einerseits und den Universitäten andererseits, die Erzogensein schon voraussetzen.

16 Der Begriff, gegen den sich Luhmann in Bezug auf seine Theorie oft verteidigen musste, triff hier eher zu. Vgl. Habermas & Luhmann: Theorie der Gesellschaft oder Sozialtechnologie. Frankfurt/M. 1971.

psychischen Verinnerlichung. Je nachdem ob eine soziale Erwartung mehr emotional, rational, gewissenhaft, opportun, gedankenlos und nur gewohnheitsmäßtig gebildet wurde, werden Enttäuschungen auch unterschiedlich verarbeitet.

Dieser einfache Sachverhalt rückt einen weiteren Problemkreis ins Blickfeld. Vielleicht sind die diffusen Verschwörungsängste und heftigen Empörungswellen im Netz und auf der Straße ein Anzeichen für die schwindende Fähigkeit, Erwartungsenttäuschungen flexibel, auf mehreren Ebenen zu verarbeiten. Die Stabilität der Erwartung verschiebt sich von der Verinnerlichung hin zu einer Frage der Verteilung von Wahrscheinlichkeit und von Rechenkapazität, zu denen eine normative Einstellung ziemlich sinnlos ist. In einer statistisch errechneten sozialen Umwelt werden Erwartungen vielleicht weniger enttäuscht, aber passiert es dennoch, kann nicht mehr so selbstverständlich daran festgehalten werden, weil sie mit weniger und weniger flexiblen „Selbstanteilen" gebildet wurden. Enttäuschungen erzeugen dann mehr Unverständnis. Das hat auch damit zu tun, dass Algorithmen bei der Anwendung notwendig intransparent sind, ähnlich wie die neurologischen Prozesse beim Denken. Künstlich intelligente Erwartungshilfen senken die Fähigkeit, Enttäuschung emotional und kognitiv zu verarbeiten, sodass die Abweichungen unverständlicher werden und leichter polarisieren.[17]

Ein Unterricht, der den Stoff primär über Tablets vermittelt, schleicht mit der Interaktion nicht nur Ablenkung und Störpotentiale aus, sondern auch soziale Abstimmung. Die Lernenden sind zwar anwesend, aber werden mit schriftlichen Erwartungen einzeln am Bildschirm konfrontiert. Wird dann noch ein Lernprogramm eingesetzt, sind „seine" Erwartungen kaum noch als *soziale* identifizierbar. Dafür fehlt auf der Seite der Programme die Zurechnungsadresse. Unbeeindruckt von Motivationsschwankungen, Unsicherheit und Störung, geben Sie Erklärungen, Anweisungen und Feedback, das wissen eigentlich Alle und darauf hoffen Viele. Mit großer Distanz zum eigenen Reflexionsideal „Bildung" werden schon im traditionellen Unterricht Lernende oft genug als triviale Maschinen behandelt.

„Natürlich sind alle psychischen Systeme, alle Kinder, alle Schüler, alle Lernenden nicht triviale Maschinen. Daran besteht auch für Pädagogen kein Zweifel. Wenn die Pädagogik das, was sie in Menschen vorfindet, vervollkommnen will, bestünde also aller Anlaß ... die nicht-triviale Funktionsweise auszubauen. Das hieße vor allem: den

---

17 Auch dieser Prozess verstärkt sich selbst. Ein erhöhtes soziales Sicherheits- bzw. Konformitätsbedürfnis setzt auf künstlich intelligente Entscheidungshilfen, die beides weiter befördert. Mit einem deutlichen Fokus auf Angst, Hass und Häme in den Sozialen Medien und einer tendenziell autoritären politischen Konsequenz vgl. A. Kreye: „Berührungspunkte" SZ vom 24.11.2018, S. 13f.

Spielraum des „Selbst" in seiner Entwicklung...zu vergrößern und mehr Freiheit, das heißt mehr Unzuverlässigkeit zu erzeugen." (Luhmann 1987, S. 193)

Lernprogramme verstärken die entgegengesetzte Tendenz, sie reagieren zuverlässig „selbstlos" und diese Kontrollerwartung wird dann verinnerlicht, entsprechend unpersönlich, schicksals- oder maschinenhaft. Das beeinflusst dann auch die Fehlertoleranz gegenüber anderen und über die Schule hinaus. Auch sogenannte *interaktive* Programme machen aus einer *doppelt* kontingenten sozialen Situation (beide Seiten können ihr Verhalten anders wählen) eine *einfach* kontingente, denn vonseiten des Programms ist (zum Glück) keine freie Wahl zu erwarten.[18]

3 Sozialisation und Kommunikation

Um soziale Erwartungen zu erkennen, ist nicht unbedingt *sprachliche Kommunikation* erforderlich. In sportlichen und handwerklichen Kooperationen, können sie allein schon durch Verhaltensbeobachtung verstanden und wohl auch verinnerlicht werden. Über *Nachahmung* kann sogar aktive Teilnahme gelingen, indem Erwartungen im richtigen Moment berücksichtigt werden. Worte sind dabei nicht unbedingt nötig, aber ohne Blickkontakt und Zeichen bleiben die Handlungsketten auf ein sehr starres Schema eingeschränkt. Variationen und Rücksichten sind auf Zeichengebung angewiesen, weil Aufmerksamkeit, Kraft, Geschicklichkeit, Ausdauer von den Beteiligten nur mithilfe von Zeichen individuell ausgehandelt und angepasst werden können. In Familie und Handwerk kann Nachahmung nonverbal sozialisieren.[19] Auch Verkehrsregeln werden lange vor dem Besuch der Fahrschule durch Beobachtung verinnerlicht, wie regelkonform oder abweichend zeigt erst die Fahrpraxis, oft an der Grenze zur Kommunikation.[20]

Umgekehrt ist jeder, der sich an Kommunikationen beteiligt auf einer allgemeinen Ebene schon mit der Erwartung konfrontiert, dass die Mitteilung ver-

---

18 Das gilt zwar auch für Bücher und Texte, aber die suggerieren keine Interaktion und werden im Unterricht besprochen.

19 Zur Bedeutung von Nachahmung ist mindestens auf drei Ebenen auszugehen: biologisch (vgl. Thomasello 2014), sozial (vgl. Tarde 2009) und entwicklungspsychologischen (vgl. Piaget 1998).

20 Biegt das Auto vor mir ab, ohne zu blinken, ist das nicht als Zeichengebung zu verstehen, aber als Anzeichen vage interpretierbar (für Eile, Vergessen oder Rücksichtslosigkeit). Blinken und Hupen teilen etwas mit. Fahren die Autos einmal autonom, wird die Notwendigkeit zur Abstimmung und Sozialisation außer Kraft gesetzt. Der Punkt verdient Beachtung, weil er einen hohen Anteil direkter sozialer Abstimmungen im Alltag ausmacht und vor diesem Hintergrund nicht unbedingt nur begrüßenswert erscheint.

standen wird. Die Sprache erhöht die Expression von Erwartungen, indem sie über den Einsatz von Negationen zur bestimmteren Bezeichnung von Sachverhalten, die Möglichkeit auf Zustimmung und Ablehnung zuspitzt.[21] Sicher sozialisiert eine beiläufig formulierte Erwartung weniger als wiederholt geäußerte in Familien, Klassen oder unter Freunden, das Treffen mit Kollegen aus anderen Abteilungen weniger, als der tägliche Kontakt im eigenen Arbeitsteam. Und sicher macht die Wiederholung direkter Kontakte, gerade wenn die Teilnahme verpflichtend ist, Sozialisation unausweichlich.

a) *Interaktion* realisiert sich unter Anwesenden, die sich dabei wechselseitig wahrnehmen – auch, dass sie wahrgenommen werden (vgl. Luhmann 1997; Kieserling 1999). Die Inflation von Kurznachrichten, bei denen alle selbst entscheiden, wem sie wann etwas mitteilen bzw. von wem sie wann etwas lesen, hat deutlich gemacht, wie psychisch anspruchsvoll es ist, Themen und Personen gleichzeitig zu berücksichtigen. Trotz ihres Rückgangs zugunsten fernkommunikativer Alternativen, bleibt Interaktion nicht nur biographisch eine notwendige psychische und soziale Erfahrung, sondern eine Voraussetzung für soziale Prozesse überhaupt. Dass Kommunikation anfangs nur in Interaktionen gelernt werden kann, versteht sich von selbst, auch wenn ungeduldige Eltern für ihre Kleinkinder schon sprechende Automaten einsetzen (mit unabsehbaren Sozialisationsfolgen). Kundengespräche, Sitzungen und nicht zuletzt Unterrichtsinteraktionen führen zum Ziel, auch weil sie konditionierte Erwartungen über Zustimmung und Ablehnung dirigieren. In vielen Bereichen wird daran gearbeitet, solche erfolgsorientierten Interaktionen durch programmgestützte Fernkommunikation zu ersetzen. In der Schule wird die Stoffvermittlung über Tablets und Lernprogramme vorangetrieben, mit dem Argument, dass sie auf die digitale Gesellschaft vorbereiten. Das beflügelt die Hoffnung, störempfindliche Interaktionen zu minimieren und mit dem Tablet das Kontrollpotential zu erhöhen. Seltsam einmütig wird dabei das Erziehungspotential ausgeblendet.

Gegenseitige Wahrnehmung bedeutet, dass auch unbeabsichtigte Ausdrucksaspekte registriert werden, die die Kommunikation eindrücklicher aber auch irritierbarer machen. Während geschriebenen Instruktionen unweigerlich auf eine klare, zustimmungs- oder ablehnungsnahe Alternative zulaufen, zeigen gesprochene zusätzliche Ausdrucksakzente, die indirekte Informationen und Spielräume bieten, um fremde Erwartungen zu lokalisieren und eigene darauf aufzubauen. Gute persönliche Bekanntschaft vorausgesetzt, gilt das sogar für die Fälle, in denen erwartete Reaktionen in einer Situation ausblei-

---

21 Obwohl alle Sprachen dieses Mittel verwenden, um Eindeutigkeit herzustellen, ist davon auszugehen, dass schon die Muttersprachen verschieden sozialisieren.

ben.[22] Ein Ausdruck, Dringlichkeit unterstreicht, relativiert oder überspielt, schafft mehr Abstimmungsorientierung für konforme und ablehnende Reaktionen. Von einer vertrauten Lehrkraft kann ein minimaler Ausdruck schon sehr informativ sein und eine ganze Kette von Erwartungen provozieren. Vielleicht war er wirklich nicht so gemeint, aber zu anhaltenden Missverständnissen wird es im gemeinsamen Situationserleben selten kommen.[23] Auch bei erhöhtem Interaktionstempo kann der Status von emotionalen Akzenten als gegebenes Signal oder als interpretiertes Anzeichen verwischen. Und beides kann sich verstärken und vielleicht erklären, warum Jugendliche Interaktionsschnelligkeit als Vertrauensbeweis testen und zugleich den Effekt genießen. Die Vermutung liegt nahe, dass in emotional geführten Interaktionen sowohl die Übernahme- als auch die Ablehnungsbereitschaft gegenüber fremden Erwartungen wachsen. In Texten, zumal in Texten, in denen Sachverhalte geklärt werden, spielen Emotionen als Überzeugungsmittel keine große Rolle, aber im Gespräch lösen gerade sie konforme oder ablehnende Haltungen leichter aus und damit Sozialisation.

Obwohl Ausdrucksnuancen auch irritieren und psychische Reserven mobilisieren können, was dann überspielt, ausgehalten oder kommuniziert werden muss (Takt, Geduld, Konflikt), begünstigen Interaktionen unter Erwachsenen tendenziell mehr *konforme* Reaktionsmuster. Der Grund dafür ist die Vermeidung von Konflikten, die ohne organisatorische Stützen schwer sachlich limitiert, zeitlich vertagt oder sozial in eine andere Abteilung verschoben werden können. In Familien, unter Freunden oder Nachbarn entsteht Kontaktsicherheit durch die gegenseitige Bekanntschaft. Abseits von Freunden, Familie und Organisation werden deshalb eigene Erwartungen unter Anwesenden eher höflich mitgeteilt und fremde vorsorglich nachgefragt.[24] Diesen Konfliktschutz brauchen auch organisierte Interaktionen weniger, weil darin Mitgliedschaft, Hierarchie, Vorschriften und Erfolgskriterien die Erwartungen absichern, ja sogar bis zu einem gewissen Grad von persönlicher Verinnerlichung unabhängig machen. Wer was warum sagt oder tut, ist oft weniger wichtig, wenn eine Organisation das Erwarten von Erwartungen über Mit-

---

22 Bleibt die Reaktion der Lehrkraft aus, obwohl sie die Situation genau beobachtet hat, wird auch und gerade das wahrgenommen und zum Ausgangspunkt für das weitere Verhalten in der Klasse gemacht – eine Abstimmungs-und Erziehungsmöglichkeit, die es ohne Interaktion nicht gibt.

23 Das strenge psychoanalytische Setting verwischt die Grenzen von der anderen Seite, um latente Erwartungen auszulösen und als Projektion und Übertragung im weiteren Therapieverlauf bewusstwerden zu lassen. Für das dazu erforderliche freie Assoziieren wird die Kommunikation (fast gegenläufig zum Unterricht), in Therapeuten-Zuhören und lautes Patienten-Denken gesplittet, so dass Unschärfen beim Zurechnen von eigenen und fremden Erwartungen leichter entstehen, die oft in frühen Familieninteraktionen ihren Ausgangspunkt haben.

24 Interaktionen, die nicht organisiert sind, tendieren zu schnellem Themenwechsel und Bewertungskonsens in Bezug auf nicht anwesende Dritte.

gliedschaft reguliert. Unabhängig davon wirken Interaktionen wie ein Katalysator für Sozialisation, schon, weil Anwesende weniger Ausweichmöglichkeiten haben. Wie stabil eine Sozialisation verankert ist, wie stark und lange eine Einstellung hält, ist individuell verschieden, aber auch von der Wiederholung, Ähnlichkeit und Eindeutigkeit des Erwarteten abhängig. Umgekehrt ist dadurch aber auch ihre Geltung *lokal* begrenzt (vgl. Luhmann 2004, S. 117).[25]

Auf einer sehr allgemeinen Ebene ist die Bedeutung der Interaktion für Sozialisation noch tiefer verankert. Denn ohne „Interaktion gäbe es keine Gesellschaft, ohne Gesellschaft nicht einmal die Erfahrung doppelter Kontingenz. Anfang und Ende der Interaktion setzen Gesellschaft voraus." (Luhmann 1997, S. 817). So gesehen ist Interaktion nicht nur eine Bedingung für alle sozialen Prozesse der Gesellschaft, sondern auch ihr Differenzierungspunkt. Da keine Interaktion alle gesellschaftlich möglichen Kommunikationen in sich realisieren kann, führt die „Ausdifferenzierung von Interaktionssystemen und die Bildung von Systemgrenzen…zu einem Doppelzugriff der Gesellschaft auf Interaktion qua Vollzug und qua Umwelt…dem die Gesellschaft ihre eigene Evolution verdankt" (ebenda S. 817). Wirtschaftliche, politische oder juristische Interessen werden standardisiert und erfolgsorientiert kommuniziert, mit im Voraus sicher geltenden Annahme- und Ablehnungs-Konditionen. Durch sie bleiben Teilnehmererwartungen auch zwischen Personen, die sich nicht kennen, erwartbar – sogar im Enttäuschungsfall. Wie sehr jemand persönlich an den Erfolg eines Geschäfts, an ein Parteiprogramm oder ein Beweismittel glaubt, spielt keine so entscheidende Rolle mehr. Das ist aus der Distanz oft gar nicht erkennbar. Wichtiger ist, dass das Gegenüber darauf vertrauen (erwarten) kann, dass sein Interesse oder Anliegen sach- und zeitgerecht behandelt wird.

Wann dieses Vertrauen entsteht und verinnerlicht d. h. selbstverständlich wird, ist auch eine Frage des Alters, der Erfahrung, der Erziehung und eben auch der Schule. Geht es nach der KI-Industrie, werden immer mehr professionell standardisierte Interaktionen durch Expertensysteme und Programme ersetzt – unter der Prämisse, dass Menschen auf der Erwartungsebene mitziehen und in der Hoffnung, dass die Schule darauf vorbereitet. Vor diesem Hintergrund kann es konsequent erscheinen, wenn Schulen auf das Tablet setzten. Mit ihm wird aber nicht nur die Interaktion, sondern auch die Gelegenheiten für Erziehung reduziert, denn nun können Einstellungen und Motivationen weniger am Ver-

---

25 Das gilt auch für Schulsozialisationen im Einzelnen, aber nicht im Allgemeinen, weil und solange (nur) die Schule die psychischen Teilnahmevoraussetzungen von allen für alle weiteren sozialen Kontakte verbessert.

halten wahrgenommen, thematisiert und evtl. durch darauf bezogene Kommunikation beeinflusst werden.[26]

b) *Schriftliche* Mitteilungen können über zeitliche und räumliche Distanzen hinweg nicht nur Sachverhalte registrieren, sondern auch damit verbundene soziale Erwartungen platzieren. Das ist nicht selbstverständlich, weil die Absender konforme oder abweichende Adressatenreaktionen nicht beobachten können. Fernkommunikation ist aus diesem Grund für Sozialisationsanregung nicht ungeeignet, aber von Voraussetzung abhängig. Die Schule ist eine davon, und zwar nicht nur in dem Sinn, dass in ihr die Menschen Lesen und Schreiben lernen. Damit soziale Erwartungen auch über einen Bekanntenkreis hinaus schriftlich konserviert und reaktiviert werden können, müssen gut eingespielte Interaktionsmodelle darauf vorbereiten. Einkäufe, Gerichtsverhandlungen, Sitzungen und nicht zuletzt der Schulunterricht, sind dafür erforderlich. Er kombiniert themenzentrierte Interaktion mit schriftlichen Aufgaben und befähigt auf diese Weise natürlich überhaupt erst zur Teilnahme an schriftlicher Fernkommunikation. Aber nur indem er seine Stoffe auch weiter interaktiv vermittelt, dabei seine Lernerwartungen geltend macht und die Erfolge konditioniert, entsteht die Sicherheit und das dichte Sozialisationspotential im Hinblick auf seine Erwartungen. Zunächst auf der Basis von täglich ähnlich strukturierten Interaktionen, gestützt von einer starken Organisation, macht der Unterricht mit steigendem Einsatz von Schrift sicher auch von sich selbst unabhängig. Und die jahrelange Kombination macht es möglich, dass auch schriftliche Erwartungen so viel Rückhalt und Erfolg zumindest in standardisierten Kommunikationen haben. Aber ohne die fortlaufende Anbindung an tägliche Rituale des Ausfragens, Referierens, Erklärens, Motivierens fehlt dem Unterricht, wie jeder anderen Art der Ferninstruktionen, der erziehende Anteil, der auf interaktionsbasierte Kontakte angewiesen ist.[27]

c) Die *Mitteilung über schriftliche Kurznachrichten* ist einfacher geworden, als das Rufen über die Straße und der Blick auf das Smartphone schneller als die Bitte um Auskunft. Zweifellos werden auch über das Handy soziale Erwartungen kommuniziert, dabei fällt jedoch ein altersbedingter Unterschied auf.

---

26 Das gilt natürlich auch für den Rückgang von Sozialisation, der in diesem Unterricht gar nicht bemerkt wird.

27 Auf Schritt und Tritt mit Werbeschildern konfrontiert, können wir das meiste Beworbene nicht kaufen. Auch deshalb verhalten wir uns wirtschaftlichen Angeboten gegenüber überwiegend indifferent und opportunistisch. Welche Konsequenzen diese Nicht-Sozialisation gegenüber Werbung in Überflussgesellschaften hat, wird sichtbar, wenn es darum geht, nachhaltiges Konsumverhalten zu empfehlen.

Jugendliche wechseln zwischen Interaktion und SMS in sehr kurzen Intervallen hin und her. Das ermöglicht größere Abstimmungsdichte in zeitlicher Nähe zu hochfrequenten Interaktionen (Schule, Freunde), so dass die Erwartungen in die Ferne fast ohne Verlust weitergeführt werden können und die Sozialisation weiterläuft.[28] Außerhalb der Familie und dem Arbeitsplatz fehlt bei Erwachsenen diese Interaktionsdichte, deren Kontakte in die Ferne andererseits oft weiter reichen. Erst dadurch entsteht beim Simsen zwischen Absender und Adressat auch die Ungewissheit des Nicht-Beobachten-Könnens und die Sicherheit des Nicht-Beobachtet-Werdens. Außerhalb von Standards und eines gemeinsamen Situationskontextes verlieren Erwartungen schnell ihre Selbstverständlichkeit, was irgendwie überbrückt werden muss. Vermutlich werden frühere Interaktionen auch unter Erwachsenen erinnert, aber je weiter sie auseinanderliegen, umso aufwendiger wird ihre schriftliche Überbrückung. Was lange Briefe evozieren konnten und mussten, überspringt die SMS und verändert die Auswahl der kommunizierten Erwartungen. Das lässt sich an allen drei Sinnebenen ablesen: Erwartungen werden *sozial* unpersönlicher oder übertrieben individuell kommuniziert, *sachlich* zugespitzter und einfacher, *zeitlich* kurzfristiger bzw. situativer.

Sozial wird entweder eine Distanz oder eine Direktheit gewählt, die nicht selten überrascht. Sachlich geht in der Kürze die Differenzierung verloren, weil knappe Formulierungen die Zuspitzung auf einen Punkt und holzschnittartige Erwartungen erfordern. Schließlich verkürzen sich die zeitlichen Fristen des Erwartens schon dadurch, dass Optionen in letzter Minute widerrufen werden können. Was eben noch erwartet wurde, ist überholt, weil kurzfristig umdisponiert werden kann. Pünktlichkeit und Verlässlichkeit werden weniger verinnerlicht, als ein sportlich flexibles Engagement, mit der Bereitschaft, sich schnell abzustimmen.[29]

Das Thema *Mobbing* dürfte aktuell das meistdiskutierte soziale Problem in der Schule sein und es betrifft nicht zufällig Gruppen-Fern-Kommunikationen. Negative Kommentare über Dritte, die das mitlesen können und manchmal auch sollen, treffen härter, weil es keine Ausweich- und Reaktionsmöglichkeiten für

---

28 Emoticons sind für Jugendliche erfunden worden, deren Schriftverkehr in häufige Interaktionen eingebettet ist. Die typischen Abkürzungen und angedeutete Bezugnahme basieren auf gemeinsam Erlebtem, wobei Zustimmung als selbstverständlich gilt. Ohne diesen Rahmen der Vertrautheit der Jugend oder unter „alten" Freunden wirken solche verkürzten Ausdrucks-Ersatz-Bemühung naiv bis kindlich.

29 Die Faszination am Fußball und schnellen Wendungen in virtuellen Spielen am Bildschirm, könnte darin ihre Basis haben. Jede Verfolgungsjagd und jedes Zuspiel erzeugt laufend neue Erwartungen, die schon im nächsten Moment nicht mehr gelten und durch neue ersetzt werden. Ist die große Lust an der schnellen Regeneration von Kurzerwartungen auch eine Entlastung und ein Ersatz in Bezug auf schwindende normative Erwartungen?

die Betroffenen gibt, auch keinen spürbaren Reaktionsdruck für diejenigen, die nicht betroffen sind. Anders als bei Konflikten unter Anwesenden wird das Geschriebene eher weiterverbreitet als zurückgenommen. Die wachsenden Radien erhöhen die Wahrscheinlichkeit, dass etwas missverstanden wird und Dissens erzeugt. Zudem steigt mit der Frequenz schriftlicher Nachrichten subjektiv die Empfindlichkeit aus Kommunikationen herauszufallen. Wenn nicht am selben Tag auf eine SMS geantwortet wird, kann das schon als Anzeichen für Exklusion interpretiert werden. Erwachsene lassen sich durch Kontaktpausen weniger irritieren. Jugendliche müssen ihre Ablösung von der Familie und ihre Integration in die Peergruppe testen, das geht in Anwesenheit gut. Am Handy bleibt eine Restunsicherheit, weil es den anwesenden Freundeskreis mit wahrnehmbaren Grenzen unterbricht und überspielt. Die Grenzen von WhatsApp-Gruppen sind fließend, fluktuieren und überschneiden sich, wo der Ein- und Ausstieg über Knopfdruck reguliert wird.[30]

d) *Massenmedien* wie Bücher, Filme, Zeitungen, Streamingdienste, Onlineportale etc. unterhalten, informieren und werben. Dabei sprechen sie Zielgruppen an, deren Erwartungen sie ihrerseits antizipieren. Gerade erfolgsorientierte kommerzielle Angebote bedienen, was Kunden und Rezipienten erwarten und erhöhen so das Sozialisationspotential, weil Nachfrage und Angebote sich gegenseitig verstärken. Mit der zunehmenden Diversifikation der Massenmedien für bestimmte Ziel-Unter-Gruppen werden jedoch auch Überraschungen unwahrscheinlicher. Sendungen und Sachbücher spezialisieren sich auf Themenkreise. Dadurch ähnelt die Rezeption medialer Angebote dem Einkaufen in einem Kaufhaus: Je differenzierter die Abstimmungen sind, umso eher und leichter wird ausgeblendet, dass die meisten Angebote von jeder einzelnen Person nicht genutzt oder gekauft werden. Und das wiederum hat zur Folge, dass diese Form des Abblendens nicht als Ablehnung sozialisiert, und nur die Zustimmung als Erfahrung gespeichert wird und sich zum Anspruch verdichtet.[31]

Aber auch auf der konformen Seite schwächt ein Aspekt die Sozialisationseffekte solcher Medien ab. Rezipienten können immer nur punktuell sagen, in welcher Hinsicht sie einem Angebot zustimmen oder nicht. Was den Film angeht, bestreitet Luhmann dessen Sozialisationspotential sogar generell. Da

---

30 Was wie ein Schicksal erscheint, verdankt sich einer Technologie, die an den Schultüren nicht von alleine haltmacht. In Frankreich wurde das Handy an öffentlichen Schulen 2018 verboten, um das soziale Klima an der Schule zu verbessern. Eine mutige Entscheidung, die bei uns an die Schulen delegiert wird.

31 Das ist ein Argument für die Nutzung öffentlich-rechtlicher Medienangebote, die den Auftrag haben, in die Breite zu senden. Aber es lässt sich kaum noch vermitteln, warum Programme zahlungspflichtig sein sollen, die ich nicht selbst für mich ausgewählt habe.

die gezeigten Personen den sprachlichen Zuschnitt auf eine Annahme- und Ablehnungsmöglichkeit übersteigen, kann man „durch Filme positiv oder negativ berührt sein, kann sie gut oder schlecht finden, aber es fehlt im Gesamtkomplex des Wahrgenommenen jene Zuspitzung, die eine klare Distinktion von Annahme oder Ablehnung ermöglichen würde." (Luhmann 1998, S.307).[32]

Die *Identifikation* mit fiktionalen HeldInnen bedeutet nicht automatisch eine *Verinnerlichung* ihrer Erwartung über den Filmabend oder das Romanende hinaus. Um Rezipienten zu sozialisieren, müssen idealisierte Vorbilder, Bösewichter und ganz normale Sympathieträger wiederholt so präsentiert werden, dass die Erwartungen im eigenen Erleben *übernommen oder abgelehnt* werden. Der Unterschied zwischen inszeniertem Vorbild und eigener Realität kann zeitweise vergessen werden. Das normative Festhalten an Idealen, die vom echten Leben nicht bestätigt werden, mag dann realitätsfern sein oder eben typisch jugendlich. Die Möglichkeit, dass Erwartungen einer ganzen Generation von den Massenmedien geprägt, gebündelt und symbolisiert werden (auch weil sie von einer ganzen Eltern-Generation abgelehnt werden), ist in jedem Fall ein transitorisches Phänomen aus der Vergangenheit: Schon Massenmedien (und hier besonders der Film), aber noch kein so großes Angebot, so dass die Vorbilder pauschal für eine ganze Generation sprechen und von der älteren abgelehnt werden können. Mittlerweile sind die Angebote so unterschiedlich und spezialisiert, dass sie viel öfter gewechselt werden und ihre Sozialisationseffekte sich biographisch und auch zwischen den Generationen eher verschleifen.[33]

Der Punkt verdient Berücksichtigung, weil das Sozialisationspotential von Massenmedien *über- und unterschätzt* wird. „Mediensozialisation" setzt wiederholte Rezeption voraus, wobei Erwartungen übernommen oder abgelehnt werden. Aber je größer das Angebote wird, umso mehr muss wie gesagt ausgeblendet werden. Für die Erwartungsübernahmen wird unendlich geworben, damit es in der Flut nicht untergeht. Kommt es bei Jugendlichen zu Verinnerlichung und

---

32 Für das Thema Liebe hat Luhmann die sozialisierende Wirkung von Romanen ausdrücklich betont und historisch ausführlich nachgezeichnet. Weil intime Kommunikation sich der Beobachtung durch Dritte entzieht, ist eine Erwartungsbildung in Bezug auf ihre Ausdrucksmöglichkeiten im Voraus über Interaktion schwer. In diese Sozialisationslücke kann die fiktionale Ersatzerfahrung springen und Erwartungen erzeugen, die von der anderen Seite eventuell erkannt und dann vielleicht auch erfüllt werden (vgl. Luhmann 1982, S.49ff.).

33 Interviews und Talkrunden, die Interaktionsverläufe zeigen und dabei informieren oder/und unterhalten, haben ein Anregungspotential, das durch die Kamera selektiv verstärkt wird. Rezipienten verinnerlichen am ehesten (positiv oder negativ) eine mediengerechte Selbstdarstellung, kombiniert mit einer entsprechenden Skepsis oder Erwartung an öffentliche Personen, die das Spiel (zu schlecht oder zu gut) mitspielen.

Resonanz, dann vielleicht auch deshalb, weil sie sich darüber zusätzlich direkt konform und ablehnend austauschen. Ähnlich wie bei der Mode, die mehr über die Peergruppe sozialisiert als über Kataloge oder vor dem Spiegel. Fiktionale Lebensläufe, Erfolgstypen und Charaktere prägen sich nach wie vor ein, provozieren vielleicht Kopien, die neue Erfahrungen im sozialen Umfeld erzeugen, die dann auch neue soziale Erfahrung nach sich ziehen. Andererseits ist davon auszugehen, dass medial vermittelten Erwartungen die Sozialisationsprozesse aus direkten Kontakten relativieren. Das kann positive Effekte haben, wenn enge familiäre Erwartungsgrenzen dadurch aufgeweicht werden, aber auch negative, wenn die realen Erwartungen der Durchschnittsmenschen in Familie und Schule im Kontrast zu den dramaturgisch inszenierten Modellen weniger deutlich sichtbar werden.

e) Die *Sozialen Medien* sozialisieren in einem Umfang, der von vielen Seiten unterschätzt wurde. Zu den Massenmedien stellen sie eine neue Alternative dar, weil sie einen aktiven Austausch zwischen vielen Teilnehmern ermöglichen, den die „alten Medien" nicht bieten können. Wirtschaft und Politik versuchen damit vor allem junge Interessenten zu akquirieren, während die Werbung für das Medium selbst verspricht, der Freundeskreis wäre so immer nah dabei. Natürlich sozialisieren auch die sozialen Medien nicht nur konform, sondern auch abweichend. Gerade Abweichung und Kritik werden offenbar gut und gerne geteilt, natürlich in der Hoffnung auf Zustimmung. Diese Tendenz wird dadurch verstärkt, dass eine persönliche Mitteilung, die in weite Radien verschickt wird, eher auf Adressaten stößt, die das Mitgeteilte nicht so gut finden. Um das auszugleichen, müssten entweder sachlich die Themen oder sozial die Teilnehmer begrenzt werden. Beides ist in Netzgemeinden ohne Organisation schwer realisierbar. Es können sich Gruppen konform sozialisieren, die sich einem mittelalterlichen Lebensgefühl verbunden fühlen, mit unscharfen Grenzen zwischen Fiktion und Realität. Abweichungen sind auch dabei noch möglich und wirken auch sozialisierend. Das neue Medium erreicht trotz Fernkommunikation einen dichten Austausch, ohne Anwesenheit und ohne organisierte Teilnahmebedingungen, stattdessen mit häufig fluktuierenden und anonymen Teilnehmern.

Die Diversität der Familiensozialisationen wird in den Schulen homogenisiert, die dann in den Biografien wieder auseinanderlaufen. Mit den Sozialen Medien kommt ein neuer Akzent hinzu. Interessen, Überzeugungen und Erwartungen werden geteilt und verinnerlicht, aber wohl nicht mit der gleichen normativen Sicherheit. Dafür spricht zumindest indirekt die Heftigkeit der kommunizierten Ablehnungen gegenüber Dritten. Auch in Interaktionen sorgen negative Bezugnahmen für Konsens (Enttäuschung über Politik, Konsum, Massenmedien...). Aber in den Sozialen Medien geschieht das halb öffentlich. Die Empörung scheint proportional mit der Möglichkeit zu wachsen, eigene Enttäuschungserfahrungen auch in die Ferne kommunizieren zu können. Im Kontrast zu den Massenmedien, in denen das gar nicht möglich ist, erzeugt das neue Forum offenbar gerade über Ablehnung ein starkes Gefühl der Gemeinsamkeit. Unter Anwesenden ist das genau umgekehrt, hier wird Kritik eher konsensorientiert relativiert oder überhört, und kommt es wirklich zu einer Ausgrenzung, betrifft es eben den „Außenseiter". In den Sozialen Medien scheint Außenseitertum zu einer allgemeinen Erfahrung zu werden. Fernkommunikation, die sich nicht auf erfolgsorientierte Standards stützt, sondern persönliche Meinungen und Erwartungen mitteilt, kann sich nicht beliebig ausdehnen, ohne Enttäuschung zu provozieren. Was im Briefkontakt und in WhatsApp-Mitteilungen noch möglich ist, weil sie an Interaktionen und ihre Feinabstimmungen anknüpfen, geht ohne diesen Bezug verloren, wird vergröbert und leichter abgelehnt. Dafür spricht jedenfalls die Bedeutung expliziter Zustimmung und Ablehnung als Integrationsmittel: mehr Abgrenzung nach außen (Bashing) und mehr Bestätigung nach innen (Likes).[34]

Weil die Sozialisationseffekte auf der Erwartungsebene innerpsychisch interferieren, verändern SMS und Soziale Medien auch die Teilnahmevoraussetzungen an Interaktionen. In Familien, im Freundeskreis und in Sitzungen werden sie zunächst nur unterbrochen. Wie störend das wirkt, hängt weniger vom höflichen Management in Interaktionen ab oder von dem Hinweis, dass sich der Wechsel zur Fernkommunikation gerade nicht vermeiden lässt. Der beiläufig lässige Handyumgang wird selbst zum Ausgangspunkt der Sozialisation. Er wird unter Anwesenden beobachtet, erwartet und nachgeahmt. Die Intransparenz der Themen und Adressen erleichtert pauschale Akzeptanz und gibt Gelegenheit, selbst auf die Nachrichteneingänge zu schauen. Was von außen einen beschäftigten Eindruck macht, geht mit einer Änderung sozialer Erwartungen unter den Anwesenden einher. Kognitive Erwartung im Ausgang von physischer Präsenz wird abgesenkt, geteilte Aufmerksamkeit und Diskretion werden aufgewertet und Distanz als Erwartung normalisiert. Mit Blick auf die Ausgangsfrage, lässt sich sagen: Für Sozialisationsprozesse günstig und anregend sind Interaktionen, in denen Erwartungen wiederholt dazu herausfordern, konform oder abweichend zu reagieren. Das gibt es auch jenseits von Familie, Schulklasse, Freundschaft und Arbeitsteam aber die Effekte konzentrieren sich auf überschaubare und lokale Radien.[35]

---

34 Zur Beschreibung des Phänomens vgl. Wagner, Elke 2019: „Intimisierte Öffentlichkeit" Bielefeld: Transkript.

35 Das gilt auch für die Sozialisation von Emigranten, die sich nur in einer neuen Nachbarschaft neu sozialisieren können. Sind die Erwartungen an sie zu disparat, oder werden sie nur schriftlich mitgeteilt, erschwert das die neue Sozialisation und fördert Parallelgesellschaften.

4 In der Schule sozialisiert vor allem die Klasse

Wir können „bei Sozialisation an ein ganz allgemeines Geschehen denken, nämlich daran, dass jemand, der mit sozialen Erwartungen konfrontiert ist, entweder
konform oder abweichend reagieren kann und dadurch eigene Erfahrungen ak-
kumuliert" (Luhmann 2004, S. 13). Wäre Sozialisation steuerbar, wäre Erziehung
das richtige Mittel. Aber sobald Erwartungen und Ziele kommuniziert werden,
entsteht die Freiheit, zu folgen und sei es nur zum Schein, oder eben nicht. Eltern
können daraus den Schluss ziehen, mehr über Vorbilder als über Vorschriften zu
wirken, ohne kommunikative Zuspitzung auf ein Entweder/Oder. Sie setzten
dann mehr auf Zeit, Einsicht und Nachahmung, als auf Entscheidung und Sofortkontrolle. Aber weder im Unterricht noch im Familienalltag sind beide Wege
frei wählbar. Sollen Leistungen bewertet bzw. akute Gefahren vermieden werden,
müssen die Erwartungen kommuniziert werden. Im Familienleben laufen Sozialisation und Erziehung ungetrennt. Erst die Schule institutionalisiert die Kombination von Lernen und Erziehen, ohne im gemeinsamen Zusammenleben die
Effekte jederzeit nachjustieren und beobachten zu können. Das erzeugt chronischen Kontrollbedarf und erklärt auch das Interesse an Technisierung z. B. durch
digitale Endgeräte, selbst wenn diese die pädagogische Grundkonstellation verändern.

In Familien und Schulklassen sehen und hören die Betroffenen, wie ernst eine
Mitteilung gemeint ist, und dann wird das weitere Verhalten darauf bezogen
bzw. zurückinterpretiert. Erziehung ist abhängig von einem gemeinsamen Situationserleben, in dem fremdes Verhalten als Reaktion auf eigenes zugerechnet
werden kann. Schon die Forderung, sich den Stoff anzueignen, erzwingt eine eigene Einstellung gegenüber der Lernzumutung. Das gilt irgendwann auch für
Ferninstruktionen, aber nur, wenn es vorher täglich wiederholt gesagt, erwartet
und ausgehandelt wurde. Motivation und Einstellung zum selbständigen Lernen
bauen darauf auf, und der Weg dahin lässt sich nicht beliebig abkürzen. Die Erfahrung Homeschooling hat deutlich gezeigt, wie sehr das Lernen am Bildschirm,
zumal von den Jüngeren auf familiäre Erziehungsunterstützung angewiesen ist.
Unterricht lässt sich organisatorisch durchaus von Erziehung trennen, aber er ist
dann darauf angewiesen, dass sie anderswo in Interaktionen als Naherziehung
stattfindet.[36]

---

36 Vgl. dazu das Kapitel "Ferninstruktion oder Fernerziehung?" im Beitrag "Sozialisationswandel in
    der Tabletklasse" im zweiten Teil. Dass es das Wort Fernerziehung nicht gibt, ist kein Zufall. Es
    erinnert an Zwang, den die Pädagogik begrenzen muss, wenn sie an Selbstbestimmung festhalten
    will. Mit flächendeckender soziometrischer Überwachung des öffentlichen Raums können Re-
    gelverstöße aus der Ferne sanktioniert und Konformität belohnt werden. Deshalb ist mit Sozia-

Weil Erziehungsversuche, oder besser Erziehungszumutungen immer auch die Möglichkeit erzeugen, sich darauf abweichend einzustellen, sind ihre Effekte und Erfolge nie ganz zuverlässig. Erziehung will fremdes Verhalten ja nicht einfach nur längerfristig ändern, sondern dies soll *freiwillig* erfolgen und eben nicht wie bei Dressur bzw. unter Einsatz von Macht. Deshalb ist ein taktvolles Kommunizieren der Erwartungen wichtig. Weder darf die Stoffaneignung als reiner Vollzug eines Machtgefälles erscheinen, noch als technische Reproduktion und Informationsverarbeitung. Beide Rücksichten des erziehenden Unterrichts sind gerade dort wichtig, wo die Lernmotivation nicht, wie z. B. in berufsbildenden Kontexten, mit praktischen Sachplausibilitäten in der Vermittlung rechnen können. Die Hoffnung ist, dass Tablets dort eine Vermittlungshilfe darstellen, die freiwillige Stoffaneignung ermöglicht, aber gleichzeitig unkontrollierbare Nebeneffekte minimiert. Diese Spannung lässt sich wohl auflösen, aber nur, indem Erziehungsanteile zurückgehen. Das kann dazu führen, dass Stoffvermittlung via Tablet die Einheit des *erziehenden Unterrichts* tendenziell auflöst und Erziehung von Stoffvermittlung organisatorisch wieder trennt.[37]

Eine Pädagogik, die bei der Stoffvermittlung Erziehung und Sozialisation überspringt, kann und muss auf persönliche Erwartungen verzichten und auf ein Interesse daran, wie die Kompetenzen später in sozialen Kontakt zum Einsatz kommen sollen. Wenn und solange klassenöffentlich unterrichtet wird, entstehen bei den Betroffenen darauf bezogen eigene Erwartungen und Einstellungen. Typisch für Schulklassen ist es, dass in Bezug auf zwei komplementäre Erwartungshorizonte konform oder abweichend reagiert wird. Die Lehrperson kommuniziert viele Erwartungen explizit, während die der Klasse meistens implizit gelten und als selbstverständlich vorausgesetzt werden. Sozialisation im Klassenzimmer ist durch beide Erwartungsebenen geprägt, die pädagogischen und die der Klasse im Umgang mit diesen. In Bezug auf beide wählt jede Schülerin und jeder Schüler eigene Strategien der Anpassung, des Ausweichens oder des Widerstands. Die wechselseitige Wahrnehmung begünstigt, ja erzwingt Abstimmungen, wie gegenseitige Unterstützung, Rücksicht auf Selbstdarstellung, Loyalität bei Misserfolgen, bis hin zu Solidarisierungen gegen die Lehrkraft, wenn es nicht jederzeit eingefordert und überzogen wird.

---

lisationseffekten durch Sozial Credits zu rechnen, allerdings auch mit solchen, die bei Abweichung politisieren.

37 Wie früher, von der Antike bis zur Neuzeit gab es diese Einheit in der Hauswirtschaft und in der Werkstatt - bis die Schulpflicht ihre Erziehungsmonopole durchbricht. "Erst um 1800 wird man die hybride Idee eines erziehenden Unterrichts fassen und dessen Konzipierung der neuen Schulpädagogik zumuten." (Luhmann 1997, S. 951)

Mit der Zeit bilden sich Einstellungen und eigene Haltung zur sozialen Struktur von Unterricht und ein eingespieltes Maß an Konformität und Abweichung gegenüber beiden Erwartungsebenen, mit unterschiedlichen Akzenten. Auch die zweite, komplementäre Erwartungsebene der Klasse sozialisiert, nicht selten gegenläufig zu den Erziehungszielen. Erfahrene Lehrkräfte kennen diesen sogenannten „hidden curriculum", jüngere lernen mit ihm umzugehen (vgl. Dreeben 1980, Bernfeld 2000). Am Bildschirm und ohne Klassenöffentlichkeit spielt er keine Rolle und kann sich auch nicht versteckt realisieren. Das Versprechen, dass Ort und Personen mit der digitalen Vermittlung unwichtiger werden, trifft vielleicht für die Stoffpräsentation und sicher für die Sozialisation zu, aber nicht für die Erziehung, denn nun hängt alles davon ab, ob letztlich die Familie ausreichend Motivation und Lernstruktur mobilisieren kann, um das alte Erziehungspotential aus den Unterrichtsinteraktionen zu ersetzen.

Auch auf dem Schulhof und im Freundeskreis ist Erziehung weniger präsent. Aber hier spielt wiederum die Sozialisation eine wichtige Rolle. Diejenigen, die im Klassenzimmer sehr vorsichtig agieren, werden in der Pause wenig Anerkennung für kühne Ideen finden, und der Klassenclown muss sich anstrengen, damit er ernst genommen wird. Das Wissen um kontinuierliche Beobachtung im Klassenkontext erschwert Verhaltensbrüche und begünstigt eine konsistente Selbstdarstellung. Bewunderung, Anerkennung, Ironie, Skepsis und Ablehnung werden nuancenreich mitgeteilt und unterschiedlich verinnerlicht. Daraus erwächst die Selbstverortung in der Klasse und die Identifikation mit einer Rolle in ihr, deren Spielräume nach einiger Zeit nicht mehr beliebig interpretiert werden können.

Auch im Klassenzimmer kann niemand in fremde Köpfe schauen, aber alle können beobachten, wie auf Erziehungszumutungen reagiert wird, mit welchem Desinteresse, Engagement und Erfolg (auch beim Ausweichen). Gleichbehandlung vorausgesetzt, entstehen bei identischen Erziehungszielen zwar unterschiedliche aber nicht mehr so heterogene Sozialisationen. Dieser Effekt, der sich quasi von alleine einstellt, ist deshalb wichtig, weil Kinder familiär unterschiedlich vorsozialisiert sind und schon deshalb identische Erwartungen anders akzentuiert erleben und verinnerlichen. Nicht nur den Kompetenzen, die sie vermittelt, verdankt die Schule ihre gesellschaftliche Relevanz, sondern auch der Möglichkeit, die Begrenztheit der lokalen Sozialisationseffekte vor dem Schuleintritt (und parallel zu ihr) zu überwinden. Keine Lehrkraft kann Sozialisationen steuern, aber jede Erziehung versucht auf Menschen Einfluss zu nehmen und provoziert dadurch Sozialisation. Zunächst setzt die Familie ihre Akzente, und dann kommt die Schule, die mit Rücksicht auf diese Unterschiede alle im Hinblick auf ihre Lernziele wieder gleichbehandelt. So entstehen mit den Jahren, den Stoffen und dem Wechsel von Lehrpersonal typische und vergleichbare Sozialisationen. Dieser Effekt ist für die spätere soziale Anschlussfähigkeit von Bedeutung und deshalb ein politisches Grundmotiv der allgemeinen Schulpflicht. Weil Familiensozialisationen so unterschiedlich sind, muss die Schule sie ausgleichen und durch erziehenden Unterricht in Klassen so ergänzen und korrigieren, dass soziale Mobilität herkunftsunabhängig wird.[38]

Die Schulpflicht ermöglicht seit über 200 Jahren sicher nur ansatzweise vergleichbare weil familienunabhängige Ausgangschancen für soziale Teilhabe. Und sicher stand dahinter auch eine aufgeklärte, humanistische Bildungsidee. Aber ohne die Notwendigkeit, viele Menschen für sehr verschiedene Berufe und Herausforderungen sozial anschlussfähig zu machen, hätte einer solchen Idee vermutlich die Durchsetzungskraft gefehlt.

„Sozialisation hat immer nur lokale Bedeutung, wirkt immer nur für den sozialisierenden Kontext und reicht daher nur bei ohnehin geringer sozialer Mobilität aus. Will man übertragbare Resultate erreichen, muss man die ohnehin laufende und unvermeidliche Sozialisation durch Erziehung ergänzen. In diesem Sinn sind Erziehungseinrichtungen, was immer man von ihnen halten mag, heute unentbehrlich. Und je komplexer die Gesellschaft wird und je mobiler die Individuen in ihrer Teilnahme an einer Vielzahl sozialer Systeme, desto unausweichlicher wird auch die Ausdifferenzierung eines Erziehungssystems." (Luhmann 2004, S. 117)[39]

Für die Ergänzung der familiären Sozialisation durch schulische Erziehung mit homogenisierten Sozialisationseffekten sorgt seitdem zweierlei: *vergleichbare Lerninhalte und ihre Vermittlung in klassenöffentlichen Unterrichtsinteraktionen*. Es ist diese künstliche Kombination, die breitere Teilnahmechancen an mehr gesellschaftlichen Kommunikationen ermöglicht. Lernen am Bildschirm ist dafür kein Ersatz sein. Oft wird der Einstieg ins Berufsleben mit kritischem Blick auf den traditionellen Unterricht als Praxisschock beschrieben. Aber damit werden praxisferne Lerninhalte kritisiert und nicht die Formen ihrer Vermittlung.

---

38 Die Unplanbarkeit von Sozialisationseffekten ermöglicht es der Schule, an diesem Ziel festzuhalten, auch wenn es nie ganz erreicht wird. Sozialisation ist eben „nicht intentionalisierbar – zumindest nicht in der Weise, die der Intention entsprechen, nämlich Kontrolle über die Effekte einschließen würde" (Luhmann 2004, S. 95f.). Eine gewisse Homogenität und die Schulpflicht reichen aus, um soziale Teilhabe und Anschlussfähigkeit als Folge einer „selbstverschuldeten" Schulkariere erleben und gesellschaftlich behandeln zu können.

39 Für die sozialisierenden Effekte der Schulerziehung gilt die lokale Einschränkung deshalb weniger. Eine sehr frühe Sicht auf die Schulerziehung als Scharnier zwischen Familie und Gesellschaft dokumentieren Hegels Rektoratsreden am Nürnberger Gymnasium (Hegel 1970, Werke Bd. IV, S. 344).

5 Sozialisationswandel

Wie unverzichtbar Schulerziehung ist, lässt sich leichter beantworten, als die Frage, wie viel davon verpflichtend für alle nützlich und erforderlich ist. Der Schulungsbedarf variiert individuell und richtet sich auch nach den verschiedenen sozialen Erfordernissen. Qualifikationen lassen sich berufsspezifisch staffeln, aber wie lässt sich feststellen, ob jemand Erwartungen ausreichend verinnerlicht hat? Was wären die Indikatoren für einen Mangel? Qualifikationen werden eingefordert und ihr Fehlen früher oder später bemerkt. Sozialisationsdefizite fallen nicht so leicht auf. Auch in direkten persönlichen Kontakten lässt sich Erwartungsunsicherheit aus mehreren Gründen schwer lokalisieren. Zum einen stellt abweichendes und selbst deviantes Verhalten keinen Sozialisationsmangel dar, sondern eine Variante, die ihre Orientierung aus der abweichenden Selbstfestlegung gewinnt. Zum anderen kann die Unsicherheit schon beim Erkennen, Erinnern und Differenzieren fremder Erwartungen angelegt sein, und das wiederum kann kognitive und soziale Ursachen haben: z. B. dauerhafte Enttäuschung elementarer Erwartungen, oder sehr heterogene, instabile, ja widersprüchliche Erwartungssignale der Eltern. Nicht zuletzt verfügen wir in Interaktionen über viele Mittel, mit Erwartungsunsicherheiten (eigenen und fremden) umzugehen. Sei es, dass wir sie überspielen, die Kontrollen verstärken, kürzer angebunden sind, Entlastung im Spaß suchen, schnell die Themen wechseln, oder aufs Handy schauen, um in einem „Übersprung" nach Mitteilungen aus der Ferne Ausschau zu halten, mit denen leichter umgegangen werden kann.[40]

Die vielen Strategien der Unsicherheitsabsorption in Interaktionen, lassen wenig konkrete Rückschlüsse auf Probleme beim Umgang mit fremden Erwartungen zu, die ihnen zugrunde liegen. Zielführender ist es, insgesamt von der Zunahme schriftlich mobiler Kommunikation auszugehen und hier speziell vom Rückgang privater Interaktion zwischen Erwachsenen. Die Interaktion ist und bleibt historisch und biographisch *die Ausgangsform* von Kommunikation und das Zusammenleben in der Familie ihr Ursprungsort. Schulen schließen daran fast bruchlos an. Erst in der Folge verliert die Interaktion mit diesen beiden Stützen ihre sozial prägende Rolle und wird in vielen Berufsbiografien unaufhaltsam zurückgedrängt. So kommunizieren Kinder und Jugendliche noch überwiegend in direkten Kontakten, tauschen ihre Erwartungen unter gegenseitiger Beobachtung aus und können die daraus gewonnenen Erfahrungen und Erwartungen am Handy verlängern. Die durchschnittliche Praxis von Erwachsenen sieht anders aus. Sie

---

40 Neben der psychischen Ausgleichspraxis gibt es auch soziale Strategien, um Unsicherheiten aufzufangen. So sind Humor, Witz und Höflichkeit wichtige Hilfen, deren Wirkung natürlich von ähnlichen Sozialisationen abhängt.

kommunizieren auch privat über längere interaktionslose Intervalle, ohne direkten gemeinsamen Erlebnisbezug, mit mehr Enttäuschungsrisiken. Schriftlich wird eine Enttäuschung aus der Distanz vielleicht überlegter mitgeteilt, sicher aber von der anderen Seite zeitlich unbedrängt verarbeitet - sofern es nicht zu Kommunikationsstillstand führt, der schwer zu deuten und meistens bald wieder vergessen ist.

Dieser bequemen Disposition über Themen, Zeit und Personen verdankt die SMS ihren Erfolg. Jeder entscheidet selbst, was er wann wem mitteilt bzw. von wem er wann etwas liest. Der psychische Komfort kontrastiert mit dem Reaktionsdruck in Interaktionen, auf die man sich sofort einlassen muss, und deren Verlauf sich kaum kontrollieren lässt. Deshalb sind sie außerhalb von Organisation und guter Bekanntschaft störanfälliger. Je häufiger wir unter so sicheren, weil kontrollierbaren psychischen Teilnahmevoraussetzungen kommunizieren, umso schwerer fällt die Flexibilität in der Sofortabstimmung - ein Prozess der sich selbst verstärkt.[41] Die Fähigkeit, eigene Gedanken zu sortieren, mit Personen und Themenverläufen abzustimmen und eigene Beiträge im richtigen Moment mit Vorsicht bzw. dem erforderlichen Mut unter Anwesenden auszusprechen, wird am Handy nicht gebraucht und geht wohl häufig verloren. Kommunikationserfahrungen interferieren und verstärken sich bei jedem etwas anders, aber insgesamt wächst das Bedürfnis, unbeobachtet, unbedrängt und mit mehr psychischer Eigenregie kommunizieren zu können. Interaktionen, die auf Erwartungen schnell reagieren müssen, sind psychisch anspruchsvoller, zumindest, was die soziale und zeitliche Abstimmung betrifft. Werden sie durch schriftliche Kurz-Nachrichten ersetzt, kann die Sachebene nur in groben Fragen profitieren. Die sozialen Erwartungen und ihre Zumutbarkeiten ändern sich, und das Erwarten von Erwartungen wird unsicherer d.h. normativ weniger stabil.

Werden am Bildschirm pädagogische Erwartungen immer früher schriftlich mitgeteilt, bedeutet das weniger Erziehung und weniger Anregungspotential für Verinnerlichung, schon, weil die Lernenden sich auf Fernerwartungen unbeobachtet einstellen. Erwartungssicherheit entsteht nicht nur auf der Basis von direkten Kommunikationserfahrungen in der Familie, sondern eben auch in Unterrichtsinteraktionen, die für alle angeboten werden. Über Jahre praktiziert, machen sie es möglich, zu ahnen, was andere im Durchschnitt erwarten. Ein

---

41 Mit dem Handy wird kaum noch telefoniert (interagiert), sondern fast nur noch geschrieben, und Studierende schreiben lieber eine Mail an das Instituts-Sekretariat, als KommilitonInnen mit organisatorischen Fragen zu konfrontieren, die darauf nicht vorbereitet sind. Zum Rückgang der Interaktion und ihren Lernchancen vgl. Bautz 2018.

Äquivalent dafür gibt es in der Gesellschaft nicht, und würde eines erfunden, wäre es heute politisch kaum noch für alle verpflichtend durchsetzbar.

Vieles deutet daraufhin, dass die großen strukturellen Veränderungen der Gesellschaft parallel zu technischen und besonders kommunikationstechnischen Errungenschaften verlaufen. Wie auf unser Thema zugeschnitten formuliert Luhmann im zweiten Band seines Hauptwerkes:

> „Es versteht ich aber von selbst, daß eine evolutionäre Änderung der Gesellschafts-
> strukturen sich auf das Verhältnis von Interaktion und Gesellschaft auswirkt, und wir
> können vermuten, daß als historisch diversifizierende, Einschnitte bildende Faktoren
> hauptsächlich die Entwicklung von interaktionsfrei benutzbare Kommunikations-
> techniken…in Betracht kommen." (Luhmann, 1997 S. 819)

Für die wirtschaftliche Kommunikation deutet sich an, dass sich die Akzeptanz- und Erfolgsbedingungen verschärfen und ihre Aktionen riskanter und kurzatmiger werden. In der Politik wird durch die Temposteigerung der Entscheidungs- und Abstimmungsprozesse deutlich, dass langfristige normative Ziele (Visionen) fehlen, die in einer Gesellschaft mit funktionaler Binnendifferenzierung ohne repräsentatives Zentrum nicht mehr geben kann. Umso wichtiger ist es, dass die Menschen auf die Teilnahme an den Funktionssystemen in einem interaktionsbasierten Erziehungssystem vorbereitet werden. Seine Funktion ist es, die Teilnahmechancen für jeden einzelnen zu verbessern. Im Manuskript „Das Erziehungssystem der Gesellschaft", an dem er bis kurz vor seinem Tod gearbeitet hat, betont er diese Zubringerfunktion der Schule für die moderne Gesellschaft und verweist auch auf die Erziehungsfunktion im Hinblick auf nicht-standardisierte Kommunikation:

> „Will man genauer wissen, weshalb es sinnvoll und in komplexen Gesellschaften not-
> wendig wird, mit Erziehung über Sozialisation hinauszugehen, wird es notwendig
> werden, die Funktion der Erziehung zu klären. Die normal zu erwartende Antwort
> wird wahrscheinlich lauten, das Erziehung den Bereich des Könnens vergrößert. Er-
> ziehung ermöglicht einen Zugewinn an Komplexität. Das wäre eine sehr aufs Indivi-
> duum bezogene Antwort. Als Alternative dazu könnte man vorschlagen, daß Erzie-
> hung die Möglichkeit vergrößert, sich vorzustellen, was in den Köpfen der anderen
> vor sich geht. Sich vorzustellen – das muß nicht heißen, daß man wahre Einsichten
> gewinnt, denn was im Inneren eines anderen vor sich geht, bleibt (zum Glück könnte
> man sagen) undurchsichtig. Was man aber durch Erziehung gewinnt, könnte die
> Möglichkeit sein, sich darüber Vorstellungen zu bilden, auf die man sich bei der Wahl
> des eigenen Verhaltens stützen kann; und dies auch dann, wenn man den anderen
> nicht oder nicht gut genug kennt…Dafür ist es wichtig, dass man bei aller Intranspa-
> renz und Ungewissheit in einem Rahmen bleibt, der weitere Kommunikation nicht
> ausschließt, sondern ermöglicht. Konsens (im Sinne der Übereinstimmung der Be-

wusstseinszustände) zu erwarten wäre utopisch. Aber gespielter Konsens ist unerläß-lich....Und durch Erziehung lässt sich erreichen, daß dies auch in nichtstandardisier-ten Situationen möglich ist."(Luhmann 2002, S. 81)

Ein Rückgang von Erziehung im digitalen Klassenzimmer macht diese Vorstel-lung bzw. Konsensunterstellung brüchig, was andere (konfliktnahe) soziale Er-fahrungen und Sozialisationen nach sich ziehen, sowie das Bedürfnis nach ande-ren (autoritären) Sicherheitsgarantien wecken könnte. Noch werden fast alle Menschen zunächst in der Familie erzogen und sozialisiert und dann über diese lokale Grenze hinaus im Schulunterricht. Je weiter er sich von klassenöffentli-chen Interaktionen und Erziehung entfernt, desto weniger sicher können soziale Erwartungen in nichtstandardisierten Situationen erwartet werden, sodass ihre wichtigste Basis verloren geht. In seiner letzten Publikation „Die Gesellschaft der Gesellschaft" schreibt Luhmann am Ende des Kapitels über die Evolution der Gesellschaft, dass es in der bestehenden darauf ankommt, dass alle strukturellen Veränderungen *in ihr* gelingen müssen, weil es keine Redundanzen und keine Ersatzgesellschaften mehr gibt (Evolution in nur einem Fall). Für die Lösung die-ses spezifisch modernen Problems der Weltgesellschaft, hängt alles an „ihrer Fähigkeit, Tempo auszuhalten, für Ausfälle Ersatz zu finden, Reserven für Un-vorhergesehenes zu kapitalisieren und vor allem: mit diesen Erfordernissen sozi-alisierend zu wirken und die Bewusstseinssysteme der Menschen mit diesen Ge-gebenheiten vertraut zu machen. Denn es ist nur allzu verständlich, wenn Menschen, die in langer Kultur anderes gewohnt waren, unter solchen Bedin-gungen nervös werden" (Luhmann 1993, S. 497). Ob der immer frühere Einsatz digitaler Kommunikationsmedien in der Schule dies leistet, oder die Nervosität nur wiederspiegelt bzw. erhöht, ist eine Frage, die es weiter zu verfolgen gilt.

Literatur

Baeker, Dirk (2005): Form und Formen der Kommunikation. Frankfurt/M.: Suhrkamp.
Bautz, Timo (1991): Piaget. in: Nida-Rümelin, Julian (Hrsg.): Philosophie der Gegenwart. Stuttgart: Kröner
Bautz, Timo (2013): Selbstsozialisation im Kunstunterricht. in: Billmayer, Franz (Hrsg.): Schwierige SchülerInnen im Kunstunterricht. Flensburg: University Press.
Bautz, Timo (2018): Verstehen ohne Verständigung. Weinheim und Basel: Beltz-Juventa.
Bernfeld, Siegfried (2000): Sisyphos oder die Grenzen der Erziehung. Frankfurt/M.: Suhrkamp.
Dreeben, Robert (1980): Was wir in der Schule lernen. Frankfurt/M.: Suhrkamp.
Durkheim, Emil (1988): Erziehung, Moral und Gesellschaft. Berlin: Luchterhand.
Hegel, G.F.W. (1970): Werke Bd. IV. Frankfurt/M.: Suhrkamp.
Kieserling Andre (1999): Interaktion unter Anwesenden. Frankfurt/M.: Suhrkamp.
Luhmann, Niklas (1982): Liebe als Passion. Frankfurt/M.: Suhrkamp.
Luhmann, Niklas (1984): Soziale Systeme. Frankfurt/M.: Suhrkamp.
Luhmann, Niklas (1987): Soziologische Aufklärung Bd. 4. Opladen: Westdeutscher Verlag.
Luhmann, Niklas (1997): Die Gesellschaft der Gesellschaft. Frankfurt/M.: Suhrkamp.

Luhmann, Niklas (2002): Erziehungssystem der Gesellschaft (Hrsg. Lenzen, Dieter) Frankfurt/M.: Suhrkamp.

Luhmann, Niklas (2004): Schriften zur Pädagogik (Hrsg. Lenzen, Dieter) Frankfurt/M.: Suhrkamp.

Parsons, Talkott (1964): Beiträge zur Soziologischen Theorie. Berlin: Luchterhand.

Piaget, Jean (1988): Nachahmung, Spiel, Traum. Stuttgart: Klett.

Schäuble, Gerhard (1995): Sozialisation der jungen Alten vor und nach der Berufsaufgabe. Stuttgart: Klett.

Schorr, Karl, Eberhard und Luhmann, Niklas (1988): Reflexionsprobleme im Erziehungssystem. Frankfurt/M.: Suhrkamp.

Tarde, Gerard (2009): Die Gesetze der Nachahmung. Berlin: Suhrkamp.

Thomasello, Michael (2004): Eine Naturgeschichte des Menschlichen Denkens. Berlin: Suhrkamp.

Teil II
Sozialisation im
digitalen Klassenzimmer

Adlatus digitalis oder vom Unterrichten zur Optimierung der IT-Systeme

Ralf Lankau

Wer als Pädagoge und Wissenschaftler das Thema „Digitalisierung und Unterricht" kritisch reflektiert, stellt fest, dass nur Wenige die Tragweite der Transformation von Bildungseinrichtungen zu IT-konformen, algorithmisch gesteuerten Lernfabriken realisieren. Die Corona-Pandemie ist derzeit ein Anlass, die Digitalisierungsstrategien weltweit noch schneller umzusetzen auch und gerade in den Schulen. Dabei ist der Wechsel von ursprünglich pädagogischen Prämissen als Basis von Lehr- und Lernprozessen hin zum Paradigma der datengestützten Schulentwicklung und der empirischen Bildungsforschung wesentlich. Daten und Statistik dominieren die Sicht auf das Individuum und das Unterrichtsgeschehen. Es bedeutet möglichst viele Daten der Schülerinnen und Schüler zu sammeln, auszuwerten und zur Grundlage von Entscheidungen über Lerninhalte und Lernprozesse zu machen. Lehren und Lernen wird als steuerbarer Prozess gesehen, wie schon beim programmierten Lernen in den 1950er Jahren. Was sind mögliche Alternativen?

1   Fern- statt Präsenzunterricht

Ein Nebeneffekt der Corona-Pandemie ist der erzwungene Fernunterricht. Aus dem Selbstverständnis von Präsenz(hoch)schulen und Präsenzunterricht wird aufgrund einer Notsituation ein erzwungenes Beschulen zu Hause mithilfe von analogen und digitalen Medien. Grundschüler wie Studierende trifft es dabei gleichermaßen, obwohl die Voraussetzungen unterschiedlicher kaum sein könnten. Während Oberstufenschüler und Studierende in der Lage sein sollten, zumindest zeitweise mithilfe von konkreten Arbeitsanweisungen, zur Verfügung gestellter Medien und Lehrmaterial eigenverantwortlich und selbstorganisiert zu lernen, fehlt kleinen Kindern in der Regel diese Struktur und die notwendige Selbstdisziplin noch. Gleiches gilt für Kinder und Jugendliche aus eher bildungsfernen Elternhäusern, denen die Unterstützung fehlt. Lernen in Corona-Zeiten wird so zu einem Glücksspiel. Wer in einem fürsorglichen Elternhaus mit (groß)elterlicher und/oder geschwisterlicher Begleitung, Betreuung und Unterstützung mitsamt den notwendigen technischen Geräten aufwächst, wird auch diese Notzeit halbwegs gut überstehen und weiter lernen können. Andere verlieren den Anschluss, selbst wenn sie zu Hause vor einem Display sitzen, Videos schauen und Arbeitsanweisungen per Web und Lernsoftware bekommen.

Lernen ist ja mehr als lesen oder Schauen. Lernen braucht ein Gegenüber. Die Präsenzlehre als Kern und Wesen des Unterrichtens gerade für Verstehensprozesse – statt dem rigiden Erlernen von Repetitionswissen für Abprüfbares, wie es digital möglich ist –, ist so elementar, dass Schulen und Hochschulen alleine aus Verantwortung gegenüber den Schülern und Studierenden bestrebt sein müssten, den regulären Präsenzlehrbetrieb so schnell wie möglich wiederaufzunehmen. Zum Denkenlernen brauchen wir ein Gegenüber und den Dialog, schreibt Immanuel Kant (Kant 1786), sonst bekommen wir nur leere Köpfe, die zwar das Repetieren (heute: Bulimielernen) trainieren, aber nicht zum selbständigen Denken und Fragen kommen.

Technische Hilfsmittel sind immer nur ein Notinstrument, aber niemals Ersatz für das persönliche Miteinander, welches technisch nicht abgebildet werden kann. Wir lernen in Beziehung, nicht am Bildschirm. Es ist daher erstaunlich, wie schnell und vor allem unreflektiert die Bedeutung des Sozial- und Schutzraums Schule vergessen wird und das automatisierte Beschulen am Rechner zum Normalfall umdefiniert werden soll. Gleich mehrere Lehrerverbände unterstützen z. B. eine Initiative der IT-Wirtschaft und ihrer Lobbyverbände, die „Offensive Digitale Schultransformation" (#Odigs), die den Schulalltag und die Lehrerausbildung ganz nach den Bedarfen der Informationstechnik und ihrer Anbieter umzuformen gedenkt:

> „Dazu gehört unter anderem die verpflichtende informatische und digitale Grundbildung in der Breite der Lehrkräfte - Aus- und Weiterbildung, verpflichtender Informatikunterricht für alle Schülerinnen und Schüler und mehr IT-Fachpersonal für die Schulen, das digitale Infrastrukturen aufbauen und dauerhaft pflegen kann." (GI 2020)

2 Deformation professionelle: Verkürzung auf IT

Informatikunterricht für alle ist schlicht Unsinn. Der PISA-Chef-Koordinator Andreas Schleicher hat z. B. Auf die Frage, ob alle Schüler/innen programmieren lernen müssen, verneinend geantwortet: „[…] damit bereiten wir junge Menschen eher auf unsere Gegenwart vor als auf ihre Zukunft. Denn in einer sich rasant verändernden Welt werden sie sich vielleicht noch vor dem Ende der Schulzeit fragen, was Programmieren eigentlich einmal war" (Schleicher 2018). Für Interessierte kann man entsprechende AGs auf freiwilliger Basis anbieten. Hilfreich für alle wäre hingegen Logik-Unterricht, also Mathematik- und Philosophie, weil logisches und strukturiertes Denken und das schlüssige Argumentieren an (Verbal)Sprachen und Zeichensysteme gebunden ist. Die philosophische Logik definiert, was gültige Aussagen oder zulässige Prämissen sind. Logisches Denken in Sprachsystemen (auch Mathematik ist ein Sprachsystem) sind Grundlage für die meisten Lernbereiche. Die Forderung nach mehr Sprachunterricht, nach Philosophie und Mathematik für alle wäre die sinnvolle Forderung, nicht die Verkürzung auf Informatikunterricht und binäres, also bereits dualistisch verkürztes, letztlich technisch determiniertes Denken. Wer Kindern und Jugendlichen selbstbestimmte Perspektiven öffnen möchte, schafft Räume für Neugier, Spieltrieb und Fantasie statt Ja-Nein-Schemata zu trainieren.

Das Argument der Lehrerverbände für die Kooperation bei dieser (seit Mitte der 1980er Jahre regelmäßig wiederholten) Verkürzung auf Informatik zu Lasten eines breit aufgestellten Fächerkanons ist die Hoffnung, Einfluss nehmen und „mitreden" zu können. Dabei genügt ein Blick auf die Webseiten entsprechender Unternehmen, um sich von der Illusion zu verabschieden. Das Ziel entsprechender IT-Anbieter ist nicht der *ergänzende Einsatz* von digitalen Medien im Präsenzunterricht, sondern der *IT-gesteuerte Unterricht*, der auf Handlungsdaten und Lernprofilen der Schülerinnen und Schüler basiert. So steht es auf der Website eines Open Source-Anbieters. Das steckt hinter Cloud-Konzepten, d. h. der Beschulung per Web. Christoph Meinel, Leiter des Hasso-Plattner-Instituts Berlin (HPI), das mit 7 Millionen Euro aus dem Wissenschaftsministerium (BMBF) die HPI-Schul-Cloud mit entwickelt, hat es vor der (Corona-bedingt abgesagten) didacta 2020 so formuliert „Viele dieser interaktiven Systeme funktionieren nur, wenn sie den Nutzer kennen. Das bedeutet, dass Daten protokolliert werden: Was hat der Betreffende gestern gemacht? Welche Frage konnte er nicht beantworten? Wo müssen wir wieder ansetzen?" (Meinel 2020)

IT-Systeme „kennen" ihre Nutzer nicht, sondern nur Daten, Datensätze und Relationen. Die Verknüpfung mit einer Person ist eine algorithmische Funktion wie andere auch. Die Pseudo-Personalisierung von IT-Systemen zeigt aber exemplarisch das zugrundeliegende Verständnis von Technik *und* Nutzern. Die Lernenden sind Datenspender, um die nächsten

„Bearbeitungsschritte" der optimalen Beschulung zu berechnen. Der Medienwissenschaftler Friedrich Kittler hat in einem Interview mit der Welt aus dem Jahr 2000 den Microsoft-Gründer Bill Gates, heute Philanthrop und Bildungsmäzen, mit dem Spruch zitiert: „In Zukunft werden wir Benutzer wie Computer behandeln: Beide sind programmierbar. „In the future we will treat users just as computers: both are programmable." (Die Welt 2000, o. S.).

3 Digital-Monopole und Fremdsteuerung

Zwei Systeme stehen zur Wahl. Das erste ist das US-amerikanische System aus dem Silicon Valley. Es steuert die Nutzer mit Techniken und Methoden der Werbepsychologie (persuasive technologies), um die Umsätze der Big Five der IT (Alphabet/Google, Apple, Amazon, Facebook, Microsoft) zu optimieren. Die Parameter der kommerziellen Daten-Ökonomie aus dem Valley sind: neoliberal, marktradikal und a-sozial. Das Ziel ist die Maximierung der Bildschirmzeiten der User, um möglichst viel Werbung schalten, Produkte verkaufen und immer mehr personalisierte Daten sammeln zu können. Dabei werden gezielt Suchtpotentiale adressiert, gesundheitliche Folgen und soziale Isolation ebenso in Kauf genommen wie die zunehmende Verrohung im Netz (Stichwort Filterblasen, Fake News). Es sind Märkte, die radikal zur Gewinnmaximierung bespielt werden. So verweigert etwa die YouTube-Chefin Susan Wojcicki selbst auf dringende Bitten von Mitarbeitern der Video-Plattform und deren Anwälten das Kennzeichnen oder Löschen von Hassvideos und Verschwörungstheorien mit dem Hinweis, dass dadurch Reichweite und Ertrag gemindert würden (Steinlechner 2019). Dass die digitale Technik auch für staatliche und militärische Überwachung genutzt wird, daran sei hier nur ergänzend erinnert.

Der zweite Weg, das staatstotalitäre chinesische Überwachungsnetz, ist keine Alternative. Alle Bürger werden komplett überwacht, der Staat hat Zugriff auf alle digitalen Geräte, auch die privaten und die Kommunikation im staatlich kontrollierten Netz. China hat darüber hinaus ein Sozialpunktesystem (Citizen Scoring) eingeführt, das erwünschtes Verhalten belohnt, unerwünschtes Handeln sanktioniert. Überwacht und bewertet werden alle Aktionen am Rechner und Smartphone, aber auch im Straßenverkehr und im öffentlichen Raum. Abhängig vom Punktestand bekommt man besser oder schlechter bezahlte Arbeit, gute, schlechte oder gar keine Schul- und Studienplätze für die Kinder. Auch wird besondere medizinische Betreuung je nach Punktestand gewährt oder verweigert usw.

Für Deutschland und Europa sollen, nach den Worten des Bundespräsidenten Frank-Walter Steinmeier auf dem Kirchentag 2019 in Dortmund, weder der „unbeschränkte Digitalkapitalismus nach amerikanischem Vorbild" noch die „orwelleianische Staatsüberwachung" eine Option sein. Europa müsse deshalb einen dritten Weg suchen bzw. gehen. Wir dürfen demnach nicht stehenbleiben bei Datenschutzverordnungen und vermeintlichen Sicherungsoptionen, wie es die IT-Wirtschaft propagiert, sondern müssen die Datensammelwut generell in Frage stellen. Was in der automatisierten Produktion (Industrie 4.0) von Vorteil sein kann – Qualitätsmanagementsysteme und Kennzahlenfixierung zur Effizienzsteigerung und Kostenreduktion – ist für soziale Systeme ungeeignet. Shoshana Zuboff hat bereits 1988 in ihrem Buch „The Age of Smart Machines", und damit lange vor dem Web und der Plattform-Ökonomie der heutigen Digitalmonopole, die drei Zuboffschen Gesetzte formuliert:

- Was automatisiert werden kann, wird automatisiert.
- Was in digitalisierte Information verwandelt werden kann, wird in digitalisierte Information verwandelt.
- Jede Technologie, die für Überwachung und Kontrolle genutzt werden kann, wird, sofern dem keine Einschränkungen und Verbote entgegenstehen, für Überwachung und Kontrolle genutzt, unabhängig von ihrer ursprünglichen Zweckbestimmung.

Die Einschränkung „sofern dem keine Einschränkungen und Verbote entgegenstehen" kann nach den Enthüllungen von Edward Snowden im Jahr 2013 revidiert werden. Der letzte Satz lautet dann: Jede Technologie, die für Überwachung und Kontrolle genutzt werden kann, wird heute für Überwachung und Kontrolle genutzt, unabhängig von geltendem Recht. Daraus folgt zwingend, dass es gar kein Ziel sein kann, immer noch mehr Daten zu speichern und in intransparenten Datensilos der IT-Monopole zu sammeln, um das Verhalten der Menschen zu manipulieren. Stattdessen ist es dringend geboten, andere Parameter einzuführen. Datenreduktion und -minimierung müssen das Ziel sein, nicht Datenmaximierung, wenn wir überhaupt weiter mit digitalen Netzwerkstrukturen arbeiten – und eine freie Gesellschaft bleiben wollen. Empirie, Statistik und Mustererkennung können und dürfen nur der Ausgangspunkt für den Diskurs über Entscheidungen durch Menschen sein, nicht zu Automatismen für Entscheidungen werden, die z. B. über Bildungs- und Erwerbsbiografien, die Zuteilung von Wohnungen oder medizinische Versorgung von Menschen. Zugleich müssen die Algorithmen transparent und die Rechen- als Entscheidungswege transparent werden (Gigerenzer 2018). Das Argument, es seien Geschäftsgeheimnisse zu schützen, sticht nicht, wenn Anwendungen über das Verhalten oder Lebenswege von Menschen bestimmen, diese ändern oder sogar (wie bei automatisierter Schul- oder Berufswahl) verhindern können.

Wer darüber hinaus realisiert, dass es keine fehlerfreien digitalen Systeme gibt, wird schon aus selbstverständlicher Skepsis gegenüber intransparenten technischen Systemen die Offenlegung der Berechnungen fordern. Sarah Spiekermann, Professorin an der Wirtschaftsuniversität Wien, schreibt dazu in der FAZ: „Jeder, der mit KI und Daten gearbeitet hat, weiß, dass die Daten nicht vollständig, dass sie oft falsch, dass sie selektiv sind und dass sie über Kontexte hinweg verbunden und verfremdet werden. Künstliche Intelligenzen machen die absurdesten Klassifikationsfehler. Wenn man mit diesen Fehlern weiterrechnet, entsteht noch mehr Unsinn" (Spiekermann 2018). Statt von sogenannter KI sollte man daher immer nur von komplexen, möglicherweise fehlerhaften Berechnungsautomatismen sprechen. Für den Physiker Max Tegmark ist das entscheidende Kriterium zur Beurteilung einer sog. „KI" ohnehin deren konkreter Anwendungszweck: „Welche Aufgaben kann sie bewältigen und kann sie das nach quantifizierbaren Maßstäben besser oder schlechter als der Mensch? Ob sie dabei tatsächlich ‚denkt‘, etwas empfindet oder sogar noch ganz andere Erwägungen anstellt, ist aus diesem Blickwinkel zweitrangig" (Armbruster 2018, S. 10).

4   Menschen als technische Systeme

Die Protagonisten aus dem Silicon Valley sehen das selbstredend anders. Menschen sind auch nur programmierbare Systeme, könnte man übersetzen, und die Erzeugung von KI das eigentliche Ideal. So, wie man „die Welt" durch Codierung zu einem besseren Ort zu machen behauptet, verspricht man auch, den Menschen mithilfe von Software zu formen und zu vervollkommnen. Informatiker wie Gates und Meinel verstehen Lernen immer noch (oder wieder) als mechanischen, technisch abbildbaren und automatisiert prüfbaren Prozess, wie beim „programmierten Lernen" aus den 1950er Jahren. Lernen ist nach diesem Verständnis Akkumulation von „Wissen", ohne Reflexion auf seine sinnhafte Verknüpfung. Dieser behavioristische Ansatz sieht wie die kybernetische Pädagogik, im „Messen, Steuern, Regeln" den Ansatzpunkt für Verstehen und den Ausgangspunkt für Vermittlung.

Der Mensch ist kein Apparat, Lernen und Verstehen sind komplexe, individuelle und soziale Prozesse. Behaviorismus und Kybernetik erreichen mit komplexeren digitalen Systemen mehr Lebensbereiche und deren Verdrahtung. Das Argument, höherer Rechenleistungen erlauben genauere Anwendungen, ist technisch, während die Gründe für ihre Unangemessenheit in den meisten sozialen Bereichen strukturell sind. Technische Modelle sind aus vielen Gründen ungeeignet, Menschliches und Soziales adäquat abzubilden. Informatiker denken aber in technischen Systemen und Kategorien. Ginge es nach solchen IT-Vertretern, würde z. B. die im Mai 2020 bereits das erste Mal gehackte HPI-Schul-Cloud (Scholl 2020; Heiser 2020) bundesweit zum Einsatz kommen und durch die Integration der Hochschulen sogar zur Bildungs-Cloud weiterentwickelt (Meinel 2017). Nach IT-Logik sind zentralisierte Systeme effizienter als dezentrale, die Optimierung dieser Systeme (und Geschäftsfelder) ist das übergeordnete Ziel, der Begriff dafür „Netzwerkeffekt". Mehr Daten sind besser als weniger Daten, zentralisierte Systeme sind einfacher zu administrieren als dezentrale, die technische Homogenität der Systeme reduziert Programmieraufwand, Fehlerquellen und Personalbedarf. „One size fits it all" heißt hier: ein System für alle und alles. Zu den 11 Millionen Schülerdatensätzen kämen nach dieser „Vision einer Bildungs-Cloud" (Meinel) die Daten von über 2 Millionen Studierenden und im nächsten Schritt noch sämtliche Weiterbildungsangebote.

„Daher besteht die Vision in ihrer Vollendung darin, eine umfassende Bildungscloud zu schaffen, in der sämtliche existierenden und zukünftigen Aus-, Weiter- und Fortbildungsinhalte frei und jederzeit verfügbar sind. Das Bildungscloud-Lernprofil würde so zum persönlichen Lebenslauf werden, der über die individuellen Fähigkeiten und Kenntnisse punktgenaue Auskunft erteilt und so die Bedeutung von weniger aussagekräftigen aggregierten Bewertungssystemen (z. B. Abiturnoten) abnimmt. […] Auf der Grundlage des digitalen Lebenslaufs kann die Wahl der Studien- und Ausbildungsrichtung vereinfacht werden und wäre nicht mehr von z. T. zufälligen Noten abhängig, sondern von tatsächlicher, individueller Qualifikation." (Meinel 2017)

Der „digitale Lebenslauf", ein Datensatz, bestimmt die gesamte Bildungs- und Erwerbsbiografie und den Lebensweg. Es ist dringend zu empfehlen, solche Beiträge von Informatikern und Digitalbefürwortern zu lesen, weil hier exemplarisch deutlich wird, dass auch bei Lernsystemen aus rein technischer und systemimmanenter Logik, nicht aus pädagogischer oder lernpsychologischer Perspektive argumentiert wird. Um es zugespitzt zu formulieren: Informatiker optimieren Datenerfassung, Datenverarbeitung und die Effizienz der IT-Systeme. Sie bleiben in der Systemlogik der Algorithmen stecken, die Prozesse mathematisch beschreiben und zu optimalen Lösungen kommen sollen. Lernen ist nach dieser Logik ein technisch steuerbarer und zu optimierender Prozess, der sich im Machine Learning oder Deep Learning perfektioniert. Dann wird der lernende Mensch sogar komplett obsolet, wie im Transhumanismus (eine technikgläubige Denkschule, die menschliche Grenzen und Schwächen, selbst Krankheit und Tod, durch technologische Verfahren verbessern und letztlich den Menschen selbst „überwinden" will).

Ärgerlich ist, dass diese Entwicklungen „modern und innovativ" erscheinen, obgleich sie sehr rückwärtsgewandte an alte Wurzeln anknüpft. Eine „Psychologisierung des gesamten menschlichen Lebens" hat der Vordenker der Allgemeinen Psychologie, William Stern, bereits um 1900 prognostiziert und postulierte, zusammen mit Kollegen wie Hugo Münsterberg bereits 1912 als psychotechnische Maxime: „Alles muss messbar sein." Psychometrik wurde zur Leitdisziplin des Psycho-Ingenieurs, der daraus die „Lehre der unbegrenzten Formbarkeit des Einzelnen" ableitete (Gelhard 2011, S. 100). Selbst Emotionen sind nach diesem Verständnis Kompetenzen, die man trainieren und zur Selbstoptimierung verändern kann. Der Psychologe David McClelland leitet aus dem Kompetenzbegriff gleich das „pädagogische Versprechen einer umfassenden Formbarkeit des Menschen" ab (ebd. S. 120). Das ist exakt die Basis der Psychotechniken heutiger App-Entwickler, die über Smartphones, Web&App menschliches Verhalten modifizieren (Nudging, Selftracking) oder manipulieren (Werbung, Influencing). Aus diesem Blickwinkel wurde mit dem kommerziellen Web, mit Mobile Devices und Apps „nur" die permanente Selbstvermessung der Nutzer durch mobile Geräte möglich. Social-Media-Kanäle sind, so gesehen, auf Dauer gestellte Assessment-Center und liefern rund um die Uhr Nutzer-Daten.[1]

5   Die pädagogische Perspektive

Für Pädagogen sind IT-Systeme im Unterricht hingegen nur mögliche, allenfalls ergänzende Werkzeuge im Präsenzunterricht und für Selbstlernphasen, die man bei Bedarf und situativ je nach Gruppe bzw. Thema einsetzen kann. Nicht Medium oder Technik stehen im Mittelpunkt, sondern das Bildungs- und Erkenntnisziel. Daher geht es gerade nicht um einen technisch gesteuerten und standardisierten (algorithmisch berechneten) Unterricht, sondern um das Lehren und Lernen in Beziehung, als zwischenmenschliche Interaktion. „Verstehen lehren" hat es der mittlerweile emeritierte Pädagogikprofessor Andreas Gruschka genannt. „Verstehen lehren" ist Aufgabe aller Lehrerinnen und Lehrer und Intention jeder pädagogischen Arbeit.

Anfangs steht daher bei jedem Medien- und Technikeinsatz immer die Frage: Ist das Ziel, Lern- und Verstehensprozesse des Individuums zu ermöglichen und/oder zu unterstützen – oder geht es um den Einsatz technischer Systeme? Der Pädagoge Edwin Hübner hat es in einem Aufsatz über Medienpädagogen und deren Fokussierung auf Medientechnik statt die Lernenden so formuliert:

> „Medienpädagogik fragt, wie der Mensch sich zu bilden hat, damit er sinnvoll mit Medien umgehen kann. *Pädagogik mit Medien* setzt Medien ein, um den Kindern ein bestimmtes schulisches Thema zu vermitteln, beispielsweise Mathematik, Deutsch usw. Hier ist die Sache umgekehrt: Es wird gefragt, wie Medien eingesetzt werden können, damit der Mensch etwas lernen kann" (Hübner 2020, o. S.).

6   Begriffsklärung: Was heißt digital und digitalisieren?

Digitale Systeme und der lernende Mensch: Die Grundsatzfrage ist immer, wer sich an was anpassen soll oder muss. Bei Netzwerktechniken lautet die Frage: Sind wir Fischer oder die Fische im Netz? Setzen wir digitale Systeme so ein, dass der lernende Mensch in seiner individuellen Situation unterstützt wird oder muss sich

---

1   Persuasive Technologies („überzeugende" Technologien) verändern mithilfe von Computertechnologie die Einstellungen und das Verhalten von Personen. Werden persuasive Technologien zu Werbezwecken genutzt, spricht man von „Persuasive Advertising", beim Einsatz von Lernsoftware und Lernmanagementsoftware von „Persuasive Technologies in Education".

der lernende Mensch der Systemlogik anpassen? Diese Frage ist nicht trivial und war z. B. der Grund, warum Steve Jobs und Steve Wozniak ihren ersten Apple-Computer gebaut und das Mac OS programmiert haben. Bis dahin war es notwendig, kryptische Befehle an der Konsole einzutippen, damit er Computer etwas macht. Das ist weder intuitiv noch anschaulich. Die Idee der beiden war: Warum nicht einen Schreibtisch als Arbeitsplatz nachbilden? Rank Xerox hatte Ende der 1970er Jahre eine grafische Oberfläche (Graphics User Interface; GUI) entwickelt und lizenzfrei ins Netz gestellt. Steve Jobs und Steve Wozniak haben damit eine benutzerfreundliche Oberfläche entwickelt, bei der man Icons und Dateien wie auf einem Tisch (Desktop) hin- und herschieben kann. Sie haben menschliches Verhalten aus der Alltagswelt kopiert, etwa den Mülleimer. Der Clou dabei: Wie im „echten Leben" ist die in den Mülleimer verschobene Datei erst dann definitiv gelöscht, wenn man den Mülleimer leert. Vorher kann man sie wieder herausholen und weiter benutzen. Solche Details sind entscheidend für die Akzeptanz von Benutzeroberflächen, weil sie alltägliches Verhalten nachbilden, auch wenn alle Systeme digital funktionieren. Was aber heißt „digital"?

Das englische „digit" ist die Zahl oder Ziffer. Als Adjektiv bedeutet „digital", „in Ziffern dargestellt oder auf Digitaltechnik oder -verfahren beruhend". Als Verb bedeutet „etwas zu digitalisieren", ein analoges in ein digitales Signal umzuwandeln und/oder Informationen in maschinenlesbare Daten umzuwandeln. Computer sind Rechenmaschinen und verarbeiten keine Informationen, sondern Daten. Es sind im Wortsinn Datenverarbeitungssysteme. Auch die sog. „Künstliche Intelligenz" (KI), die Basis z. B. für Lernprogramme, ist eine z. T. zwar hochkomplexe und mittlerweile extrem leistungsstarke automatisierte Datenverarbeitung, aber es bleiben Rechenoperationen. Die Microsoft-Deutschland-Chefin Sabine Bendiek präzisierte im FAZ-Interview: „Eine KI kann viele Dinge ganz toll, aber letztlich rechnet sie auf Basis von großen Datenmengen" (Armbruster 2019, o. S.).

Das relativiert den Begriff der „Intelligenz" von technischen Systemen, der vor allem im öffentlichen Sprachgebrauch schnell überhöht wird und korrekt mit „technischer Komplexität" übersetzt werden sollte. Aber wie komplex und schnell eine Maschine oder ein Netzwerk aus Computern auch immer rechnen mag, es bleiben mathematische Operationen. Rechner können extrem schnell und komplex rechnen, nicht mehr, nicht weniger. Die Grundlage jeder automatisierten Datenverarbeitung wiederum sind Algorithmen. Algorithmen sind mathematische Beschreibungen von Aufgaben und/oder Funktionen (was soll ein Programm tun). Es sind eindeutige Handlungsvorschriften zur Lösung (technischer, mathematischer) Probleme oder einer Klasse von Problemen.

Auch die komplexesten Algorithmen bestehen aus endlich vielen, exakt definierten Einzelschritten (Rechenoperationen). Alle Rechenschritte sind regelbasiert. „Maschinelles Lernen" bedeutet im Wesentlichen, dass ein komplexes mathematisches (algorithmisches) System die vorhandenen Regeln für eine Aufgabe um weitere, ebenso exakt definierte, Regeln erweitern kann, sofern es dafür programmiert ist. Die wesentlichen Funktionen der KI sind letztlich mit drei mathematischen Operationen zu beschreiben: Mustererkennung (in Bildern, Datenstrukturen, Bewegungs- oder Verhaltensmustern usw.), Statistik und Wahrscheinlichkeitsrechnung. Wer also über Digitalisierung und die sog. „Künstliche Intelligenz" spricht, sollte immer darauf verweisen, dass es um das Sammeln und Auswerten von (Nutzer-)Daten geht, um diese maschinenlesbar zu machen und anschließend automatisiert mithilfe von komplexen Rechenoperationen (Big Data Analysis oder neu, weil Big Data doch sehr nach Big Brother klingt, Data Sciences) auszuwerten.

Die notwendigen Folgefragen auch im Kontext von Schule und Unterricht sind daher: Welche Daten werden von wem und wozu gesammelt und verarbeitet? Wozu werden immer mehr Nutzerdaten gesammelt, nach welchen Kriterien und für welchen Zweck, mit welchem Ziel? Wer verfolgt welche Interessen damit – und korrespondiert das mit den Interessen der Nutzerinnen und Nutzer, die ja im Netz als Zwangs-Datenspender eingespannt sind? Damit stellt sich letztlich die „Gretchenfrage" der KI, so Armin Grunwald, Professor für Technikphilosophie und Technikethik am Karlsruher Institut für Technologie (KIT) und Leiter des Büros für Technikfolgen-Abschätzung beim Deutschen Bundestag: „Wie hältst Du es mit den Daten?" Das gilt umso mehr, wenn diese Systeme in Schulen mit Minderjährigen eingesetzt werden. Denn bei IT-Systemen hat man nicht nur mit technischen, sondern immer auch mit datenschutzrechtlichen Fragen und Problemen zu kämpfen. Personenbezogene Daten als Kapital des 21. Jh. sind so begehrt wie schwer zu schützen.

Selbst hier allerdings dient die Corona-Pandemie eher als Warnung vor der unbedarften Nutzung von IT z. B. in Schulen, erst recht, wenn eine Kultusministerin verkündet, der Einsatz bestimmter Software für Videokonferenzen sei zwar nicht datenschutzkonform, der Datenschutzbeauftragte des Landes habe dies bestätigt und die Nutzung in Schulen untersagt, aber in der augenblicklichen Situation werde man behelfsweise trotzdem damit arbeiten. So kann nur argumentieren, wer weder juristisch noch technisch gebildet ist. Denn die europaweit gesetzlich geregelte Europäische Datenschutzgrundverordnung (EU-DSGVO) schützt keine Daten, sondern Grundrechte. Diese können und dürfen nicht per Ministeriumsbeschluss außer Kraft gesetzt werden. Beispiel Schule: Welche Aufgaben haben Bildungseinrichtungen?

Damit sind wir bei der Kernfrage der Diskussion über Digitaltechnik in Schulen: Welche Aufgaben und welches Bildungs- und Erziehungsziel haben Hochschulen und Schulen? Sind bzw. werden Bildungseinrichtungen nur eine weitere Instanz der Daten-Ökonomie mit der Aufgabe, möglichst viele Daten von möglichst jeder Person zu sammeln, um sie für die „datengestützte Schulentwicklung" und letztlich der Beeinflussung per App und Web zur Verfügung stellen zu können? Ist die Zurichtung für einen ebenfalls digitalisierten Arbeitsmarkt das Ziel von Schule und Unterricht?

Solche Stimmen gibt es. Am 7. Mai 2020 veröffentlichte der Bürgermeister von New York, Andrew Cuomo, eine Partnerschaft mit der Bill & Melinda Gates Foundation. Das Ziel sei, ein „klügeres" Bildungssystem zu entwickeln. Die Pandemie habe eine Situation geschaffen, die es ermögliche, Gates visionäre Ideen einer rein digitalen Schule wahr zu machen (zit. n. Klein 2020). Seine Frage „Wozu all diese Gebäude, all diese physischen Klassenzimmer, wo wir doch diese Technologie haben?" mag rhetorisch überspitzt sein, zeugt aber von großer Digitalgläubigkeit. Nur einen Tag später verkündete er, zusammen mit dem per Video zugeschalteten Eric Schmidt (ehemals Google), dass Schmidt eine Kommission leiten werde, die New York für die Nach-Corona-Zeit „neu erfinden werde". In jeden Bereich des täglichen Lebens sollen die digitalen Technologien integriert werden. Die „ersten Prioritäten" seien Tele- Gesundheit, Fernunterricht und Breitband (ebd.). Gesundheits- und Bildungssysteme stehen aktuell auf der Agenda der IT-Monopole.

Daten, nicht Menschen, stehen nach dieser Logik im Mittelpunkt von Schule und Unterricht. Die Bildungsforscherin *Sigrid Hartong* von der Hamburger *Helmut Schmidt Universität* hat diese Entwicklung unter dem Titel „Wir brauchen Daten, noch mehr Daten, bessere Daten" kritisch beleuchtet. *Datengestützte Schulentwicklung* bedeutet, dass der Fokus notwendig weg vom Individuum und hin zur Quantifizierung auch des Persönlichen und Privaten führt. Am Beispiel der Stadt Hamburg, die diese Konzepte seit 2012/2013 umsetzt, zeigt sie auf, dass die Ressourcen statt in Stellen für neue Lehrer, Sozialarbeiter oder Schulpsychologen in IT- und Qualitätsmanagementstellen fließen (Hartong 2018).

Richtig ist, dass sich die Testergebnisse in Leistungsvergleichstests seither verbessert haben. Falsch ist die Annahme, das liege an immer mehr Tests und der Auswertung von immer mehr Daten. Die Gründe für bessere Leistungsergebnisse in den (mittlerweile jährlichen) Vergleichstests findet man auch in Hamburg in den Investitionen in Lehrerstellen und eine bessere Lehrer-Schüler-Relation (Bensinger-Stolze 2019; Brügelmann 2019). Aber statt pädagogisch zu argumentieren und vor allem kontextsensitiv zu begründen (!), haben empirische Bildungsforscherinnen und -forscher mit ihrem Regime der Kennzahlen *die Deutungshoheit über die Schulentwicklung übernommen*. Der Ausbau der Netze (Breitband, G5) und die flächendeckende Versorgung der Schülerinnen und Schüler mit Endgeräten, vom BMBF mit 500 Mio. Euro gefördert, ist schließlich kein Selbstzweck, sondern schafft bloß „die Grundlage für die digital organisierte Gesellschaft" (Martin-Jung 2020).

So setzen sich die Bausteine zusammen: Der IT-gesteuerte Unterricht, die digital verwaltete Gesellschaft, das lebenslänglich optimierte Kompetenz- und Wissensprofil in der Bildungs-Cloud, die Gesundheitsdaten in der Tele-Health-Cloud usw. Die Verzweckung des Menschen als Mittel folgt ökonomisch der bekannten neoliberalen Reduktion auf eine möglichst günstige Verwertung abhängig Beschäftigter. *Richard Münch* hat diese Denkmuster in den bildungshistorischen Kontext eingeordnet (siehe Tab. 1).

Heute bekommt diese Reduktion durch die umfassende Verdrahtung menschlicher Biografien resp. Auswertung des gesamten Verhaltens und psychometrischer Vermessung eine zunehmend autoritäre und deterministische Dimension. Algorithmen und intransparente Programme bestimmen zunehmend, was jemand tun oder lassen, lernen und wissen, was jemand können und letztlich: wer jemand werden soll. Eine neoliberale und marktradikale Daten-Ökonomie macht im digitalen „Überwachungskapitalismus" (Zuboff 2018), die Nutzer zu unfreiwilligen Datenspendern für Datenverarbeitungssysteme. Der Mensch selbst wird reduziert zum Datensatz mit der Aufgabe, zunehmend autonome Datenverarbeitungssysteme durch persönliche Daten zu optimieren.

Tab 1.: Seit Beginn der Aufklärung lässt sich der Gegensatz von Bildung vs. Ausbildung bei den entsprechenden Denkschulen nachweisen (Münch 2018, S. 44; Tab. 2.1: Reflexionstheorie der Erziehung Ende 18./ Anfang 19. Jahrhundert; angelehnt an Piaschinski 2009: 45, Abb. 5)

Bildung	vs.	Ausbildung/Qualifikation
Vollkommenheit	vs.	Brauchbarkeit
Mündigkeit	vs.	Funktionsfähigkeit
Alte Sprachen	vs.	Moderne Sprachen und Techniken
Von innen nach außen: Weltaneignung	vs.	Von außen nach innen: Gehorsam
Späte Spezialisierung nach Schulformen	vs.	Frühe Spezialisierung nach Schulformen
Schule als herrschaftsfreier Raum	vs.	Staatliche Kontrolle über Erziehung
Allgemeinbildung für alle Menschen, abgestuft nach Dauer	vs.	Ausbildung für alle Bürger nach Berufen spezialisiert

Im Ergebnis wird daraus ein immer engeres Kontroll- und Steuerungssystem für jeden Einzelnen, am Arbeitsplatz, in der Schule, im Gesundheitssystem, im Privaten. Steffen Mau hat die Quantifizierung des Sozialen in seinem Buch „Das metrische Wir" dahingehend plastisch ausformuliert: Der Mensch wird vermessen und auf seinen marktwirtschaftlichen Mehrwert im industriellen Produktionsprozess bzw. als Konsument reduziert. Er wird von extern definierten Rollen per (Lern-)Software nach den Anforderungen des Arbeitsmarktes „kompetenzorientiert" ausgebildet, d. h. auf automatisierte Prüfbarkeit statt auf Sachlogik modularisiert. Lernprozesse werden zu Akten der zweckgebundenen Konditionierung und der *Selbstentmündigung statt Selbstermächtigung*. Schulische (Allgemein-)Bildung wird nicht mehr im Hinblick auf Emanzipationsprozesse vermittelt, für ein selbstbestimmtes und selbstverantwortliches Leben, der eine möglichst breite gesellschaftliche und kulturelle Teilhabe ermöglicht (nicht erzwingt!), vielmehr wird die Aufgabe der Schule auf utilitaristische Zwecke reduziert: Employability als Beschäftigungsbefähigung.

Philosophisch ausbuchstabiert lautet der Gegensatz zugespitzt: Schaffen Pädagoginnen und Pädagogen die Frei- und Lebens-Räume, die das „Werde, der oder die Du bist" ermöglichen – oder verkürzen Ökonomen und Dataisten Schule auf: „Lerne, was Du tun sollst"? Auch wenn diese Gegenüberstellung etwas holzschnittartig sein mag, hilft sie, die dahinterstehenden *Menschenbilder* – und Erziehungsmethoden – zu erkennen, die bis heute Schule und Ausbildung prägen. Vor allem lässt sich durch den Kontrast gut herausarbeiten, welche didaktischen Konsequenzen für die Planung von Schule und Unterricht relevant sind, einschließlich der Verwendung von Medien.

Derzeit werden die Schulen mit dem Digitalpakt nach den Forderungen der Daten-Ökonomie umgebaut, einschließlich der Optionen für ein dauerhaftes Homeschooling. Neben der vollständigen Ausstattung der Schulen mit WLAN werden jetzt Endgeräte ausgegeben, damit Schülerinnen und Schüler zu Hause damit arbeiten können. Aus einer Notsituation der Pandemie werden feste Strukturen der automatisierten Beschulung und durchgängigen Kontrolle. Daraus wiederum lassen sich zentrale Thesen und Forderungen ableiten, wie eine Digitaltechnik aussehen muss, die dem Menschen als Werkzeug dient statt ihn zum Datenspender einer zunehmend automatisierten Daten-Ökonomie zu machen.

7   Was tun? Umdenken

„Was bleibt vom Menschen" fragte Bundespräsident Dr. Frank-Walter Steinmeier auf dem 7. Deutschen Evangelischen Kirchentag am 20. Juni 2019 in Dortmund, „wenn neue Technologien immer tiefer in unsere Entscheidungen eingreifen, unser Denken lenken, unsere Wünsche formen? Und wie soll Gesellschaft funktionieren, wenn jede Faser von Individualität – längst nicht mehr nur jede Abweichung von der Norm – als Datenpunkt erfasst und in neuen Zusammenhängen verarbeitet wird – bei den einen vom Staat [China; rl], bei den anderen von privaten Datenriesen? [USA; rl]." Nicht um die Digitalisierung der Demokratie müssten wir uns zuallererst kümmern, so Steinmeier, sondern um die Demokratisierung des Digitalen: „Die Rückgewinnung des politischen Raumes – gegen die Verrohung und Verkürzung der Sprache und der Debatten, aber auch gegen die ungeheure Machtkonzentration bei einer Handvoll von Datenriesen aus dem Silicon Valley –, ist die drängendste Aufgabe!" *Die Rückgewinnung des politischen Raumes* ist eine Formulierung, die klarmacht: Wir sind in der Defensive.

Im Grunde ist damit auch klar, was zu tun ist. Statt auf die IT-Systeme und deren Optimierung zu schauen, muss man diese ganze Technik „nur" wieder zum Werkzeug im Dienste des Menschen machen. Neben der Rückgewinnung des politischen Raumes steht notwendig die Rückgewinnung der Autonomie im Einsatz der Werkzeuge. Dazu haben wir legislative, juristische und technische Optionen. Am Anfang steht die Analyse. Digitaltechnik ist im Kern Automatisierungstechnik. Es gibt Bereiche, in denen ohne Verlust automatisiert werden kann, in der industriellen Produktion etwa. Sozialsysteme wie Schulen, Pflegeeinrichtungen oder die Gesundheitssysteme gehören definitiv nicht dazu. Hier gilt stattdessen, dass weder betriebswirtschaftliche noch technische Parameter entscheiden dürfen, sondern humane und ethische Prämissen.

Sozialsysteme gehören zu den „res extra commercium", dem Kommerz entzogenen Dinge des menschlichen Lebens und des sozialen Miteinanders. Für Schulen dürfen weder Informatiker und IT-Lobbyisten noch Betriebswirte über den Einsatz von IT entscheiden, sondern fachlich qualifizierte Pädagogen, die den Menschen, seine Persönlichkeit und Lernprozesse in den Mittelpunkt stellen.

8 Konkrete Forderungen aus pädagogischer Perspektive

Der pädagogisch ausdifferenzierte und methodisch begründete Einsatz von (analogen wie digitalen) Medien im Unterricht unterscheidet nach Altersstufen, Schulformen und Fächern und setzt sich für einen gleichberechtigten Einsatz von analogen wie digitalen Lehr- und Lernmedien im Unterricht ein. Auf Basis wissenschaftlicher Studien aus der Kognitionsforschung, der Entwicklungspsychologie und der Pädagogik werden folgende Empfehlungen formuliert.

Kindertagesstätten und Grundschulen bleiben in der pädagogischen Arbeit digitalfrei: Kinder müssen erst sicher in der realen Welt verankert sein, bevor sie digitalisierte und virtuelle Welten erkunden. Sie müssen als erstes die klassischen Kulturtechniken (Lesen, Schreiben, Rechnen) lernen, die am besten analog und manuell eingeübt werden. Dabei werden sie zugleich an die ästhetischen Gestaltungstechniken und das Arbeiten mit ganz unterschiedlichen Materialien herangeführt: Basteln, Malen, Zeichnen und Musizieren, auch Theater und Tanz, gemeinsames Kochen, auch Sport als Freude an der Bewegung. Was in der Grundschule früh thematisiert werden muss, ist das Mediennutzungsverhalten. Besprochen werden konkrete Inhalte und mögliche Folgen der Mediennutzung. Es ist wie mit dem Fernsehen. Niemand „unterrichtet" Fernsehschauen in der Grundschule, obwohl die meisten Kinder zu Hause fernsehen. Man muss über Gesehenes und Erlebtes mit den Kindern in der Schule sprechen, damit sie es verarbeiten und z. B. in eigene Zeichnungen oder Geschichten transferieren können. Aus dem privaten Medienkonsum wird so ein aktives Gestalten, Auf- und Verarbeiten in der Schule. Dieser Transfer ist charakteristisch für Schule und Unterricht. Im Verkehrsunterricht lernen Kinder richtiges und sicheres Verhalten im Straßenverkehr, ohne mit acht oder zehn Jahren den Führerschein zu machen und Auto zu fahren. In der Suchtprävention werden Drogen und Alkohol samt Folgen thematisiert, ohne Drogen zu verteilen oder Alkohol auszuschenken. So ist es auch bei der Internetnutzung. Hier sind Präventionslehrer/innen gefragt, die mit Kindern über Inhalte und Gefahren des Netzes sprechen und ihnen konkrete Handlungsalternativen bzw. wirksames Präventionsverhalten vermitteln. Dazu müssen Kinder nicht einmal ins Netz. Denn es gibt kein Kindernetz. Die Erwachsenenwelt und deren Akteure sind immer nur einen Klick entfernt. Jugendschutzbeauftragten der Polizei oder Mediensuchtpräventionspädagogen sind dafür die richtigen Ansprechpartner.

Ab Klasse 6 oder 7: „Echter" Informatikunterricht mit kostengünstigen, gleichwohl voll programmierbaren Kleinrechnern wie Arduino (eine Leiterplatte mit Mikrocontroller und Steckplätzen und eigener Programmiersprache) oder Raspberry Pi. Ein Klassensatz dieser scheckkartengroßen Rechner kostet ca. 1.000 Euro. Mit diesen Rechnern kann man programmieren und sogar ins Netz gehen. Als Peripheriegeräte wie Tastatur, Maus, Speicher oder Bildschirme kann man i.d.R. bereits vorhandenes Material nutzen. Für Schulen gibt es gut dokumentierte Projekte. Für den Consumer-Modus (wischen und tippen) sind diese Kleinrechner nicht geeignet.

Ab Klasse 8 kann man mit Desktop-Rechnern, Laptops und Open Source-Software eigene Medienprojekte umsetzen: Generell sollten weder Tablets noch Smartphones eingesetzt werden. Das ist laut Apple-Chef Steve Jobs Unterhaltungselektronik für Erwachsene. Rechner in der Schule sollten stattdessen immer „echte" Rechner sein, die man im Idealfall selbst konfiguriert. Beim Software-Einsatz liegt der Fokus auf Arbeitsmethoden: die Prinzipien von Textverarbeitung, Desktop-Publishing oder z. B. Webdesign oder Videoschnitt verstehen und eigene Projekte damit umsetzen. Bei Medienprojekten am Ende der Mittel-, besser in der Oberstufe, werden Bilder und Filme erstellt, eine Schülerzeitung oder Inhalte für Websites generiert und das Ganze mit Offline-Produktionsrechnern umgesetzt. Offline heißt: Die Rechner sind untereinander vernetzt, aber nicht ans Internet angeschlossen. Gearbeitet wird im Intranet (Stichwort Edge Computing oder Hybrid Cloud, siehe Lankau 2018a, 2018c, 2018d). Alle Programme und Daten stehen lokal zur Verfügung, es werden aber keine Schülerdaten ins Netz geleitet. Die fertigen und (vom Lehrer, Schulleiter oder bei älteren Schülergruppen den Verantwortlichen) freigegebenen Inhalte können über einen Netzrechner ins Netz gestellt werden, wenn sie publiziert werden sollen. Nur so können der Lehrer oder die Projektgruppe entscheiden, was und wann es öffentlich wird. Das mag komisch klingen in einer „Rund-um-die-Uhr-und-jederzeit-online-Welt", aber das war und ist z. B. das Konzept vom Apple Design Lab: Offline arbeiten. Nur so konnte Steve Jobs, nur so kann heute Tim Cook selbst entscheiden, wann neue Produkte oder Dienste öffentlich gemacht werden. Für Berufsschulen ergeben sich Lehrinhalte und Anwendungen direkt aus der in den Betrieben und in der Produktion eingesetzten Software. Aber hier ist der Einsatz von Rechnern und Software ohnehin Teil der Berufsausbildung. Das sind erste konkrete Vorschläge für einen didaktisch sinnvollen und datenschutzkonformen Einsatz von IT in Schulen. Informationstechnik, Rechner und Software sind schließlich ein prägender Teil unserer Lebenswirklichkeit. Aber niemand weiß, wie unsere Arbeits- und Lebenswelt in fünf oder zehn oder 15 Jahren aussehen wird. Das heißt, Schulen müssen auf eine vermutlich weiterhin hoch technisierte Welt vorbereiten, in der es viele der heute benutzten Geräte und Dienste vermutlich nicht mehr gibt. Schule kann und sollte daher nicht auf aktuelle Technik fokussieren, sondern immer auf das Verstehen von Strukturen und Prinzipien.

9 Denkwerkzeuge und Handlungsoptionen

Schule muss *Denk-Werkzeuge* vermitteln und dadurch generelle *Handlungsoptionen* öffnen, die unabhängig von der jeweils aktuellen Technik und/oder spezifischen Geräten selbstverantwortlich und reflektiert eingesetzt werden (können). Gefördert werden muss von Anfang an der Sprachunterricht, um Sprachverständnis und einen qualifizierten Wortschatz aufzubauen. Denn das Sprachvermögen nimmt in der Praxis ebenso ab wie das Konzentrationsvermögen. Beides verhindert, dass Kinder und Jugendliche ausdauernd und konzentriert lesen. Damit aber fehlt bereits die Basis für Bildungsbiografien.

Mathematik- und Sprachunterricht muss in den Grundschulen gefördert werden: Wer mathematisch (also logisch und strukturiert) denken lernt und einen aktiven Wortschatz aufbaut, kann später leichter programmieren lernen, egal, welche Programmiersprache dann gerade aktuell sein wird. Denn wer die Grundprinzipien von Sprachen mit Syntax, Grammatik und Semantik verstanden hat, kann mit (relativ) wenig Aufwand so gut wie jede Sprache lernen, ob Fremd- oder Programmiersprache. Gefördert werden muss der Musikunterricht. Wer ein Instrument spielen lernt, entwickelt nicht nur seine (fein-)motorischen Fähigkeiten, sondern alle Sinne und Fertigkeiten, einschließlich der sozialen, wenn man zusammen musiziert (Bastian 2001).

Aber auch Musik, Bewegung und manuelles Gestalten sind Grundlagen für erfolgreiche Lernbiografien, die sich dann individuell in die geistes- oder naturwissenschaftlichen, die sozialen oder technischen Fächer ausdifferenzieren können. Daraus ergeben sich weitere Empfehlungen.

Stärkung der ästhetischen Fächer statt Reduktion auf MINT- oder WiMINT-Fächer (MINT: Mathematik, Informatik, Naturwissenschaft, Technik; WiMINT: plus Wirtschaft). Ästhetische Erziehung muss den gleichen Stellenwert haben wie technische Fächer und Sprachen. Aisthesis (Sinnlichkeit) und Logik müssen gleichwertig vermittelt werden.

Medienmündigkeit statt Medienbedienkompetenz: Ziel der Medienerziehung ist Medienmündigkeit (Bleckmann 2012). Das bedeutet, dass Kinder und Jugendliche selbst entscheiden lernen, welche Medien sie für welche Zwecke nutzen. Dafür werden alle Medien (analoge wie digitale) altersangemessen thematisiert und genutzt.

Stärken der elementaren Kulturtechniken Lesen, Schreiben und Rechnen: Logisches Denken, ein fundiertes Sprachverständnis und ein sich stetig entwickelnder Wortschatz sind Grundvoraussetzung für Lernprozesse in allen Fächern, auch den ästhetischen, da Logik und Ästhetik zwei Seiten der gleichen Medaille sind: Wahrnehmungs- und Reflexionsvermögen. Ohne regelmäßige und konzentrierte Lektüre sind Bildungsprozesse nicht möglich. Dazu gehört auch das Schreiben mit der Hand und das Lernen der verbundenen Schreibschrift. Nur wer fließend schreiben und lesen kann, lernt auch fließend denken. Zugleich wird die Handschrift Teil der Persönlichkeit und Individualität, während das Tippen und Wischen am Touchscreen jede Form von Individualität nivelliert.

Fachlichkeit statt Kompetenzorientierung (KO): Die Reduktion von Fachwissen auf Prüfbarkeit nach Kompetenzrastern und -stufen der KO ist Ursache der inhaltlichen Entleerung der Fächer. Unterrichtsfächer müssen stattdessen wieder gemäß ihrer inhaltlichen Logik unterrichtet werden und nicht in Kompetenzraster und Kompetenzstufen, deren „Sinn" allenfalls durch die automatisierte Messbarkeit hergeleitet werden kann (Ladenthin 2016).

Echte Kontrollgruppen: Bei allen Schulversuchen mit Digitaltechnik, mit Schulcloud und Laptopklassen etc. müssen alternative-Treatment Kontrollgruppen für valide Wirkungsvergleiche eingebunden werden, um analoge und digitale Lehrmedien im direkten Vergleich testen und bewerten zu können (Bleckmann 2016, S. 6).

Keine Profilierung von Schülern: Verbot von Learning-Analytics-Anwendungen für Minderjährige wie in den USA mit COPPA (Childrens Online Private

Property Act) Lern- und Persönlichkeitsprofile durch E-Learning-Programme und Schulclouds dürfen ausschließlich für Erwachsene und nur nach deren expliziter Einwilligung erstellt werde.

Generell – Datensparsamkeit, Dezentralisierung, Löschoptionen: Statt immer mehr Daten von jedem Einzelnen zu sammeln, müssen die Parameter geändert werden: Datensparsamkeit (statt immer umfangreichere Datensammlung), Dezentralisierung der Datenhaltung (statt zentraler und monopolisierter Infrastruktur und Datenhoheit für die Nutzer, d.h., die Rechte an den Daten liegen bei den Nutzern selbst, das Recht auf kommerzielle Nutzung muss erfragt und bei Zustimmung finanziell entgolten werden (Partizipation am Umsatz). Die Benutzung von Daten für wissenschaftliche Zwecke ist separat, aber transparent zu regeln. Das Projekt gibt es bereits am Massachusetts Institute of Technology (SOLID: https://solid.mit.edu/), es wurde vom „Vater des Web", Tim Berners-Lee ebenso initiiert wie seine Aufforderung an uns alle, das Web aus der Kommerzialisierung und Geiselhaft weniger Monopole zu befreien. Im „Contract for the Web" (https://contractfortheweb.org/) fordert er die Regierungen, Unternehmen und Bürger auf, sich aktiv für ein freies und demokratisches Web einzusetzen: „Um die Ziele des Vertrags zu erreichen, müssen sich Regierungen, Unternehmen, die Zivilgesellschaft und Einzelpersonen zu nachhaltiger Politikentwicklung, Befürwortung und Umsetzung des Vertragstextes verpflichten." (https://contractfortheweb.org/, 25.5.2020)

Keine fachübergreifende und unreflektierte Zwangsdigitalisierung: Weder Lehrkräfte noch Schülerinnen oder Schüler dürfen zur Nutzung und Anwendung von digitalen Geräten gezwungen werden, zumal es immer alternative Medien gibt. Selbst im IT-Unterricht kann man Programmiersprachen als Sprachen (!) ohne Rechner lernen und setzt Hardware erst ein, nachdem die Grundlagen und Denkstrukturen erarbeitet wurden und gecoded wird (ab Klasse 6 oder 7). Dazu gehört auch, dass kein Kind vom allgemeinbildenden Unterricht oder Lernprozessen ausgeschlossen werden darf, nur weil es keine elektronischen Geräte hat oder nutzen möchte (Ausnahme: IT-spezifische Veranstaltungen und Berufsschulen).

Nicht zuletzt – Keine Zwangsverschuldung von Eltern wegen digitaler Endgeräte: Alle technischen Geräte, die im Unterricht im Unterricht benötigt werden, stellt die Schule. Als erstes ist zu klären, was überhaupt am Rechner gelernt werden soll, bevor Konzepte der Medientechnik entwickelt werden. Wer so herum fragt, kommt mit wenigen Rechnern in wenige Räumen aus. Bei entsprechender Planung mit Linux, Open Source und Desktop-Rechnern kann die Ausstattung deutlich günstiger realisiert werden als die bislang berechnete Volldigitalisierung aller Klassenzimmer für ein letztlich lehrerfreies Beschulen (SoL: Schule ohne Lehrer).

Renaissance der Lehrer/innenausbildung als Lehrer/innenausbildung: Nur wer unterrichten kann und unterrichten will, sollte Lehrerin oder Lehrer werden können. Dazu sollten nur fachlich qualifizierte und persönlich geeignete Anwärter/innen ein Lehramtsstudium belegen können. Die derzeitige Entwertung der Lehrkräfte zu Lernbegleitern und Sozialcoaches ist desaströs für die Schulen und führt zu schlechten Lernergebnissen. An den Universitäten und Pädagogischen Hochschulen muss die derzeitige Dominanz der empirischen Bildungsforscher und Psychologie aufgehoben und zumindest ein Drittel mit Professuren der Allgemeinen Pädagogik und einem Drittel mit Fachdidaktikern besetzt werden. Idealerweise sollte man die empirische Bildungsforschung mittelfristig wieder auf ihre Funktion als Hilfswissenschaft zurückführen. Denn Statistiken sind kein Ziel, sondern nur Vorbedingung für Überlegungen und Entscheidungen. Das Albert Einstein zugeschriebene Zitat dazu lautet: Nicht Alles was zählt, kann man zählen. Und nicht Alles was man zählen kann, zählt!".

Medien- und Methodenkompetenz der Lehrenden: Alle Lehrkräfte werden im Einsatz von analogen und digitalen Medien geschult, um dann selbst und eigenverantwortlich über deren Einsatz im Unterricht entscheiden zu können. Das ist an sich durch die Methodenfreiheit des Grundgesetzes gesichert, muss aber ebenso erinnert werden wie die Vielfalt der möglichen Medien für den Unterricht. Es gibt keinen Unterricht ohne Medien, da Sprache, Mimik und Gestik als Primärmedien die Grundlage interpersonalen Lernens ist. Aber erst umgekehrt wird in der aktuellen Digitaleuphorie ein Schuh daraus. Man kann alles ohne digitale Medien unterrichten, sogar das Verständnis und die Funktionsweise des Digitalen.

10 Technische Parameter

Keine privaten Geräte: Werden digitale Geräte in Schulen genutzt, muss die Schule diese stellen und gemäß pädagogischer Anforderungen konfigurieren. Private Geräte („Bring Your Own Device") sind weder rechtlich noch didaktisch sinnvoll, entsprechende Versuche sind gescheitert.

Rechtlich: Auf Privatgeräte haben Lehrkräfte keinen Zugriff, die Schulleitung ist aber für alle im Schulkontext generierten Daten verantwortlich. Da so gut wie alle Apps unkontrolliert und unkontrollierbar Daten an die Hersteller senden, sind private Geräte und Apps in der Schule unbrauchbar.

Didaktisch: Eine inhomogene technische Infrastruktur erlaubt keinen strukturierten Unterricht und gemeinsamen Aufgaben. Unterricht kann nicht an vorhandenen, privaten Geräten und der individuellen Installationsbasis von Apps ausgerichtet werden. Sozial: Private Geräte fördern den Sozialneid und untergraben die Solidarität im Klassenverband.

Kabel und VLC statt WLAN: Es ist pädagogisch weder notwendig noch sinnvoll, die gesamte Schule ans Netz zu bringen. Stattdessen sollte ein kabelgebundenes Netz nur in den Räumen realisiert werden, in denen die Arbeit am Rechner pädagogisch und inhaltlich sinnvoll und nötig ist. Das lässt sich kabelgebunden und strahlungsarm per Visible Light Communication (VLC) realisieren.

11 Der Mensch steht im Mittelpunkt der Pädagogik

Wer Schule und Unterricht aus pädagogischer Sicht konzipiert, wird selbstredend digitale Medien und Technik im Unterricht einsetzen, entwickelt aber grundsätzlich andere Szenarien als IT-Verkäufer und Datensammler. Als Didaktiker/in baut man bei Bedarf technische Strukturen auf, bei denen die Individuen und ihre Lernprozesse im Mittelpunkt stehen und nicht die technische Infrastruktur oder die Effizienz digitaler Systeme.

Wer Bildungseinrichtungen wieder ihre ursprünglichen Aufgabe – der Allgemeinbildung, Erziehung und Einbindung in die Sozialgemeinschaft wahrnehmen lassen will, beendet die Fixierung auf (digitale) Medientechnik und überantwortet Schule und Unterricht wieder den studierten und qualifizierten pädagogischen Fachkräften, statt Schule und Unterricht nach den Parametern von Betriebswirten, Informatikern und (Lern-)Psychologen mit ihren Automatisierungs- und Standardisierungsfantasien für Psychotechniken auszurichten.

Wer das Buch „The Human Use of Human Beings" von Norbert Wiener von 1950 liest, ist weniger erstaunt über die analytische Präzision seiner Prognosen, die bei einem Mathematiker wie Wiener erwartet werden darf, als über die Weitsicht im Hinblick auf die Folgen der Automatisierung für die menschliche Arbeit und soziale Strukturen – und die Blindheit heutiger Bildungspolitiker/innen und Kultusminister/innen. Wiener schrieb im Hinblick auf die vermeintliche Notwendigkeit des Technikeinsatzes:

„Wir müssen aufhören, die Peitsche zu küssen, die auf uns einschlägt." (Wiener 1950, S. 198)

Literatur

#Odigs (2020) https://offensive-digitale-schultransformation.de/

Armbruster, A. (2019): Nicht jeder muss ein Informatiker sein, Interview mit Microsoft-Deutschland-Chefin Sabine Bendiek. In: FAZ vom 01.04.2019. www.faz.net/aktuell/wirtschaft/diginomics/microsoft-deutschland-chefin-sabine-bendiek-im-interview-16117321.html (Abruf: 6.4.2019).

Armbruster, A. (2018): Was kann das Computergehirn? Manuela Lenzen erklärt die Wege Künstlicher Intelligenz, In: FAZ vom 6.4.2018, S. 10.

Bensinger-Stolze, A. (2019): Teaching for Testing. Von den angeblich vorbildhaften „Hamburger Modellen", in: Bremer Lehrer Zeitung BLZ 2–2019, S. 12–13.

Bleckmann, P. (2012): Medienmündig. Wie unsere Kinder selbstbestimmt mit dem Bildschirm umgehen lernen. Stuttgart: Klett-Cotta.

Brügelmann, H. (2019): Machen statt messen. Anmerkungen zum neuen Qualitätsinstitut. In: Bremer Lehrer Zeitung BLZ 2–2019, S. 16.

Fogg, B.J. (2003): Persuasive Technology: Using Computers to Change What We Think and Do. San Francisco: Morgan Kaufmann.

Die Welt (2000): Wir sind programmierbar. Interview mit Friedrich A. Kittler, Medien-Philosoph, über Genforschung, Nietzsche und die letzte Chance der Menschheit. In: Die Welt v. 10.08.2000; https://www.welt.de/print-welt/article527396/Wir-sind-programmierbar.html (Abruf 8.3.2019).

Fain, P. (2019): Takedown of Online Education: Fully online programs widen achievement gaps and often are unaffordable, says report seeking to discourage politicians from pulling back on federal policy protections. January 16, 2019, https://www.insidehighered.com/digital-learning/article/2019/01/16/online-learning-fails-deliver-finds-report-aimed-discouraging (Abruf 24.5.2020).

Gelhard, A. (2011): Kritik der Kompetenz. Zürich: Diaphanes.

GI (2020) Gesellschaft für Informatik: GI startet „Offensive Digitale Schultransformation" Pressemeldung vom18.05.2020; https://gi.de/meldung/handlungsempfehlungen-fuer-die- bildungspolitik-gi-startet-offensive-digitale-schultransformation (Abruf 25.5.2020).

Gigerenzer, G.; Rebitschek, F. G.; Wagner, G. (2018): Eine vermessene Gesellschaft braucht Transparenz, in: Wirtschaftsdienst 2018/12, S. 860–868; DOI: 10.1007/s10273-018-2378-4.

Grunwald, A. (2019): Künstliche Intelligenz: Gretchenfrage 4.0, in SZ vom 29.12.2019, S. 11, https://www.sueddeutsche.de/kultur/kuenstliche-intelligenz-gretchenfrage-4-0-1.4736017 (Abruf 27.2.2020).

Häring. N. (2020): Google und Microsoft dürfen erst New York, dann die Welt nach ihrem Geschmack umgestalten, Blog vom 18.5.2020; https://norberthaering.de/die-regenten-der-welt/schmidt-new-york/ (Abruf 22.5.2020).

Harari, Y. N. (2017): Homo Deus, München: C.H. Beck.

Hartong, S. (2018): „Wir brauchen Daten, noch mehr Daten, bessere Daten!" Kritische Überlegungen zur Expansionsdynamik des Bildungsmonitorings; in Pädagogische Korrespondenz, Heft 58, S. 15–30.

Heise (2020) Schul-Cloud gehackt: In: der Schul-Cloud des Hasso-Plattner-Instituts wurde eine Sicherheitslücke ausgenutzt. Diese wurde nun geschlossen. https://www.heise.de/security/meldung/Schul-Cloud-gehackt-4723911.html (Abruf 12.5.2020).

Hübner, E. (2005): Anthropologische Medienerziehung.Grundlagen und Gesichtspunkte. Frankfurt/M.: Lang.

Hübner, E. (2020) Grundsätzliche Gesichtspunkte zum Online-Unterricht (unveröff. Manuskript).

Kant, I. (1786): Was heißt: sich im Denken orientieren?, In: Immanuel Kant: Werke in zwölf Bänden. Band 5, Frankfurt/M. 1977. Erstdruck in: Berlinische Monatsschrift, Oktober 1786, S. 304–330. Permalink: http://www.zeno.org/nid/20009189815 (Abruf 12.5.2020).

Klein. N. (2020): Screen New Deal. Under Cover of Mass Death, Andrew Cuomo Calls in the Billionaires to Build a High-Tech Dystopia, The Intercept, 8. May 2020; https://theintercept.com/2020/05/08/andrew-cuomo-eric-schmidt-coronavirus-tech-shock- doctrine/ (Abruf 12.5.2020).

Lankau, R. (2017): Kein Mensch lernt digital. Weinheim und Basel: Beltz.

Lankau, R. (2018a): Der Spion im Klassenzimmer FAZ, 17.01.2018, Nr. 14, S. N4; online unter: Bildungshäppchen, frei Haus geliefert, https://www.faz.net/aktuell/feuilleton/forschung-und-lehre/digitalisierte-bildung- bildungshaeppchen-frei-haus-geliefert-14571665.html? printPagedArticle=true#pageIndex_0 (Abruf 30.12.2018)

Lankau, R. (2018b): Bildung statt Profilbildung, Süddeutsche Zeitung v. 23.5.2018, S. 22, https://www.sueddeutsche.de/bildung/digitalisierung-bildung-statt-profilbildung-1.3988809 (Abruf 30.12.2018).

Lankau, R. (2018c): Offline lernt man vieles besser (Print) / Schluss mit der Fixierung aufs Digitale! (Online) FAZ. 8.8.2018, S. N 4 https://www.faz.net/aktuell/wissen/geist- soziales/warum-handys-im-unterricht-nichts-zu-suchen-haben-15725728.html (Abruf 30.12.2018).

Lankau, R. (2018d): Nicht für das Tablet, für das Leben lernen wir, FAZ .v. 05.12.2018, N 4 https://www.faz.net/aktuell/feuilleton/hoch-schule/digitalisierung-der-schulen-nicht-fuer- das-tablet-fuer-das-leben-lernen-wir-15923245.html (Abruf 30.12.2018).

Martin-Jung, H. (2020): Digitalisierung: Der Preis fürs Zaudern, in: SZ, 4.5.2020, S. 4 Meinel, C. (2020): Im internationalen Vergleich sind wir nicht gut aufgestellt, didacta-Themendienst; https://bildungsklick.de/schule/detail/im-internationalen-vergleich-sind-wir-nicht-gut-aufgestellt (Abruf 19.2.2020).

Meinel, C. (2017): Eine Vision für die Zukunft digitaler Bildung, in: FAZ, 17. April 2017; kostenfrei im Hochschulforum Digitalisierung: https://hochschulforumdigitalisierung.de/de/blog/christoph-meinel-hpi-vision-zukunft- digitale-bildung (Abruf 02.05.2020).

Münch, R. (2018): Der bildungsindustrielle Komplex. Schule und Unterricht im Wettbewerbsstaat, Weinheim und Basel: Beltz Juvena.

Schleicher, A. (2018): Pro und Kontra: Brauchen wir Informatik als Pflichtfach in der Schule?, http://advertorial.sueddeutsche.de/Arbeit-und-Bildung/ (Abruf 14.12.2018).

Schmoll H. (2020): Aus der Schul-Cloud regnet es Daten, in: FAZ vom 22. Mai 20, https://www.faz.net/aktuell/politik/inland/namen-gehackt-aus-der-schul-cloud-regnet-es-daten-16779 (Abruf 22.5.2020).

Spiekermann, S. (2018): Big Data Illusion, FAZ v. 25.4.2018, S. 13. http://www.faz.net/aktuell/feuilleton/debatten/was-die-konzerne-mit-unsere-daten-machen- 15558098.html (Abruf 06.04.2019).

Steinlechner, P. (2019) Probleminhalte: Management von Youtube soll Hassvideos ignoriert haben, Golem, 3.4.2019, https://www.golem.de/news/probleminhalte-management-von-youtube-soll-hassvideos-ignoriert-haben-1904-140438.html (Abruf 7.4.2019).

Steinmeier, F. (2019): Rede zur Eröffnung der Podiumsdiskussion „Zukunftsvertrauen in der digitalen Moderne" beim 37. Deutschen Evangelischen Kirchentag am 20. Juni 2019 in Dortmund, https://www.bundesregierung.de/breg-de/service/bulletin/rede-von-bundespraesident-dr-frank-walter-steinmeier-1640914 (Abruf 27.2.2020).

Zuboff, Shoshana (2018) Das Zeitalter des Überwachungskapitalismus, Frankfurt/M.: Campus.

Zuboff, Shoshana (1988) In: the Age of the Smart Machine.

Der Körper in schulischen Situationen und Vermittlungssettings

Oliver M. Reuter

Eine Digitalisierung von Unterricht erhält aus verschiedenen Richtungen Vorschub. Vor allem begründet in der Chance, hochangepasste Lern- und Übungsarrangements gerade in den MINT-Fächern anbieten zu können, erfährt die Verlagerung von Unterrichtselementen ins Digitale vielseitige Unterstützung. Zu lernende Inhalte und zu schulende Abläufe sollen am Stand des Einzelnen anknüpfen und zielgenau Settings zur Wiederholung des Stoffs anbieten. Eine Überprüfung des Lernstands erfolgt über digitale Programme, die den Schülerinnen und Schülern sowie der Lehrkraft entsprechend Rückmeldung geben.

Es lässt sich als eine naheliegende Perspektive formulieren, dass derartige digitale Formate letztlich nicht mehr im räumlichen schulischen Kontext stattfinden müssen und nur noch institutionell an Schule und dann vor allen Dingen an die Schulpflicht gebunden werden. Unter Ausblendung der zentralen Aufgabe von Schule als *Bildung*sinstitution, sind so gelagerte Settings des Wissenserwerbs sowie des Übens sicher positiv zu bewerten. Schnell wird aber auch deutlich, dass es sich bei den üblichen Formen digitaler Arrangements um beinahe *körperlose* Settings handelt. Der Körper verkommt zu einer Hardwareerweiterung und wird nicht in seinen Funktionen als Ausführender von Handlungen aber auch als Medium des Erlebens ernstgenommen (Abraham & Müller 2010). Es ist daher zunächst zu überlegen, welche Rolle der Körper in bisherigen Schul- und Unterrichtssituationen spielt. Wie wesentlich er für die Kommunikation im Unterricht ist und wie relevant für handlungsorientierte unterrichtliche Prozesse. Letztere werden am Beispiel ästhetischer Praxis beschrieben. Exemplarisch lässt sich herausarbeiten, was ebenso für andere Fächer gilt. Zudem ist zu hinterfragen, inwiefern digitale Angebote die Rolle des Körpers wirklich übernehmen können und welche Notwendigkeiten für eine Schule der Zukunft formuliert werden müssen.

1 Der Körper im Sozialen

Ein zentraler Wert körperlichen Handelns ist in seiner sozialen Bedeutung zu sehen. Es stellt sich die Frage, wie das Körperliche das soziale Miteinander in Form des Verhandelns von Situationen mit mehreren Beteiligten bestimmt. Sozialisation kann nur über die Kommunikation mit anderen entstehen, da nur so

Schnittstellen zwischen dem Individuum und der Gesellschaft generiert und erkannt werden können. Laut der Soziologin Margit Weihrich gelingen die Verhandlungsprozesse in Interaktionen vor allen Dingen, wenn sich die Akteure gegenseitig körperlich wahrnehmen können (Weihrich 2017). Gerade im nonverbalen Anteil von Kommunikation, der untrennbar mit dem körperlichen Ausdruck verbunden ist, wird das Gesprochene erst in seinen Nuancen angelegt. Unser Alltag im Sozialen ist von körperlichen Praktiken geprägt, ganz wesentlich in der Kommunikation. Nonverbale Konventionen prägen das Miteinander und kürzen Kommunikationen ab. Der Handschlag, das Winken, das offene Auftreten sind soziale Gesten; aber auch gemeinsame Handlungen, wie der Konzertbesuch, das Spiel etc. sind soziale Praktiken, die wesentlich vom Körper abhängen.

Das Decodieren der Worte in Interaktionen bezieht stets den Gesichtsausdruck, die Körperhaltung und Gesten mit ein. Der Körper ist nicht nur die zentrale Schnittstelle zwischen dem Einzelnen und seiner Umwelt und somit ein Mittel zur eigenen Positionierung. Die Rolle des Körpers ist darüber hinaus als ein Instrument und Ergebnis sozialer Positionierung zu definieren und als eine Grundlage sozialer Integration oder sozialen Ausschlusses anzusehen (Klein 2010). Dabei initiiert die Bewegung des Gegenüber eine körperliche Resonanz, durch die sogar manche Handlung ähnlich nachvollzogen wird (Schütz-Bosbach & Kuehn 2014). Das Begreifen der Handlungen des Anderen erzeugt eine gemeinsame Basis, auf die sich beide Seiten in ihren Folgehandlungen berufen können. Auf diese Weise kann allein schon über das Beobachten von körperlichen Handlungsabläufen gegenseitiges Verständnis entstehen. Offensichtlich konturiert sich die Funktion des Körpers in gemeinsamen Handlungen wie dem Sport, in denen die verbale Kommunikation ohnehin eine untergeordnete Rolle spielt. Was hier stärker ausgeprägt ist, als es im sonstigen Alltag aufscheint, lässt sich auf diesen übertragen. Körperliche Handlungen bestimmen durch den Kontakt zu anderen, durch Wiederholungen, Nachahmungen oder einem Experimentieren und Trainieren die soziale Praxis und somit das Verhalten in Gruppen unterschiedlicher Größe und Zusammensetzung (Alekmeyer 2009). Sich auf Bourdieu berufend, attestiert Alekmeyer den Schülerinnen und Schülern, dass sie mit ihren körperlichen Aktionen, mit ihren Gesten, mit ihrer Mimik, mit ihren Mikrobewegungen mit ihrem Umfeld korrespondieren. Über die Wahrnehmung der Körperhandlungen anderer und die eigene körperlich artikulierte Positionierung geschieht nicht nur eine hierarchische Selbstverortung (Alekmeyer 2009).

Unterricht hat immer auch einen körperlichen Resonanzraum, in dem die Schülerinnen und Schüler körperlich auf ihr eigenes Empfinden reagieren. So wird durch ihre sich verändernde Körperhaltung ablesbar, wie sie der Vermittlung durch die Lehrkraft folgen können, wie ausgeprägt ihr Interesse am aktuellen Inhalt ist und wie sie mit der Leistungserwartung der Lehrkraft umgehen (Alekmeyer 2009). Diese nonverbale und oft auch nicht intentional gesteuerte unbewusste Form, das eigene Befinden zu artikulieren, stellt für eine Lehrkraft eine große Erleichterung bei der Einschätzung dar, ob und inwiefern sie ihre unterrichtlichen Ziele erreichen kann. Verfolgt sie aufmerksam die körperlichen Mitteilungen der Schülerinnen und Schüler, kann sie frühzeitig nachsteuern.

Neben Handlungen in ästhetischer (oder sportlicher) Praxis sind Gesten und Rituale spezifisch schulische Alltagshandlungen, körpergebundene Kommunikationselemente und relevante Sozialisationsfaktoren. Gesten sind als Kommunikation unterstützende Mittel immer körpergebunden. Sie sind durch ihre Bewegung an den Raum gebunden. Findet Unterricht körperlos statt, fehlen diese Kommunikationselemente. Es kommt zu einer Reduktion der Kanäle, die Kommunikation variantenreich machen, die Optionen auf Differenzierungen, auf Betonungen und Ausschweifungen werden geraubt. Selbst wenn Gesten noch auf dem Monitor stattfinden, etwa indem die Lehrkraft abgefilmt wird, verflachen körperliche Gebärden im wahrsten Sinne des Wortes.

Eine wesentliche Funktion beim Aufbau sozialer Ordnungen nehmen Rituale bereits in der Grundschule ein und bilden somit einen zentralen Baustein sozialen Handelns. Dies geschieht auch dadurch, dass das Maß an Übereinstimmung bei ritualisierten Handlungen die notwendige Stabilität bietet, um Differenzen zu verhandeln (Wulf 2008). Betrachtet man einige Rituale wie Morgenkreise im Sitzen oder das Anstehen vor dem Verlassen des Schulgebäudes, wird deutlich, dass der Körper für die sich immer wiederholenden Handlungen eine zentrale Rolle spielt. Die Körperhaltung und die Position des Körpers markiert oft eine ganz bestimmte pädagogische Situation oder eine Übergangssituation (vom Wochenende auf den Wochenstart, vom Pausenende auf die Fortsetzung des Unterrichts) (Wulf 2008).

Von körperlichen Signalen und Zeichen, die von Anwesenden wahrgenommen und gedeutet werden, profitiert die Qualität von Vermittlungsprozessen. Zu lernende Techniken werden in unmittelbarer Anschauung nachvollziehbar. Im Abgleich mit anderen vollziehen sich Differenzierungen eigenen Handelns. Zudem muss der Körper als zentrales Element von Verständigung betrachtet werden und als wesentlicher Bestandteil sozialer Koordination angesehen werden.

2 Umgang mit Material

Kunstunterricht ist eine der schulischen Disziplinen, die offensichtlich starke körpergebundene Handlungsanteile besitzt. Ohne den Körper als zentrales Instrument der Agierenden sind die Formen ästhetischer Praxis wie das Zeichnen, das Bauen, das Konstruieren oder auch das szenische Spiel undenkbar. Motorische und feinmotorische Prozesse müssen präzische gesteuert werden, um intendierte Resultate zu erzielen. Zentral ist der handelnde Umgang mit Material, wobei der Materialbegriff dabei weit zu fassen ist und von den klassischen Werkstoffen wie Papier, Holz und Farbe auch den Körper beispielsweise in performativen oder theatralen Formen ästhetischen Verhaltens reicht.

Als „Wahrnehmungspartner" spielt das Material eine wichtige Rolle in den verschiedenen Formen ästhetischer Praxis. Beim Materialeinsatz und seiner Bearbeitung gibt das Material Rückmeldungen, die zunächst einmal körperlicher Natur sind. Wie fühlt sich das Material an? Welche Temperatur hat es? Welche Konsistenz ist feststellbar? Die Resonanzen, die über den Körper in Form von aisthetischen Sinneseindrücken wahrgenommen werden, tragen wesentlich dazu bei, was im Dialog mit dem Material entwickelt werden kann. Dabei korrespondiert die anfängliche Darstellungsintention mit sich neu eröffnenden Möglichkeiten des Materials (Reuter 2007). Es entstehen nicht nur funktionale Informationen, sondern neue und unbeschrittene Felder bildnerischer Ausdrucksmöglichkeiten, die ganz wesentlich von der körperlichen Resonanz abhängen.

Ein wichtiger Aspekt beim Handeln mit Material besteht in der Chance, Kausalbeziehungen herzustellen und nachzuvollziehen. Kausalbeziehungen funktionieren am eindrücklichsten und sichersten, wenn sie reale Zusammenhänge nachvollziehbar machen. Dies gelingt besonders gut beim Umgang mit Material. Die Bearbeitung von Material differiert ganz entscheidend im Vergleich zu Prozessen, die an digitalen Endgeräten stattfinden. Hier wird Kausalität nur abgekürzt und scheinbar gelernt, weil der Zusammenhang zwischen Handlung und Reaktion auf der Programmierung der Software basiert und nur minimal auf der Benutzeroberfläche. Mit dem gleichen Wischen auf dem Display lassen sich ganz unterschiedliche Programmfunktionen auslösen. Es besteht keine signifikante Differenz zwischen den initiierenden Handlungen bei deutlich andersgearteten Resultaten. Oder andersherum, die identische Handlung führt zu ganz verschiedenen Konsequenzen. Reale Kausalbeziehungen fußen auf der körperlichen Erfahrbarkeit. Erst dadurch werden sie rekonstruierbar und lassen sich nachvollziehen.

Das Zwiegespräch mit dem Material und dessen Bearbeitung sagt nicht nur etwas über die Materialbeschaffenheit aus, unterstützt nicht nur die Entwicklung von Darstellungsabsichten und lässt Kausalzusammenhänge begreifen, sondern meldet dem Handelnden auch etwas über ihn selbst zurück. Es basiert die Einordnung der aisthetischen Wahrnehmung und die gemachten Erfahrungen, die hier zunächst einmal die Strukturen zur Einbindung und Einordnung der Sinneseindrücke bieten. Durch die handelnde Beschäftigung mit Material und der damit verbundenen Feststellung von Material als etwas Objekthaftem, begreift sich der Mensch als Selbst. Zudem wird sich der Handelnde seiner gewahr, indem er erinnerbare Handlungen aus der Vergangenheit mit den Eindrücken der Gegenwart verbindet. Die körperliche Handlung fungiert auf diese Weise als Instrument der Selbstpositionierung (Oerter 1995).

3 Mimetische körperliche Prozesse

Über den Abgleich mit der Vorgehensweise anderer bedienen auch mimetische Prozesse sozial wirksame Korrespondenzen mit der Umwelt. Von Mimesis geprägte Lehr- und Lernvorgänge sind Prozesse, die ohne den Körper kaum gelingen können. Durch sie werden im Sozialen stattfindende Vorgänge von anderen auch körperlich verinnerlicht (Wulf 2008). Mimetische Prozesse gehen in ihrer Anlage über das einfache Nachahmen hinaus. Sie sind eine Grundlage für das Entwickeln von Neuem und stellen einen sicheren Ausgangspunkt für den Aufbau sozialer Praxen dar. Darüber hinaus bilden mimetische Prozesse eine relevante Basis für den Erwerb praktischen Wissens (Wulf 2017).

Der Mimesisbegriff muss sich im Kontext bildnerischer Prozesse häufig der Diskussion um den Wert von Nachahmung im Vergleich zum kreativen Erschaffen stellen. Berechtigt ist eine Kritik an einer mimetischen Idee selbstredend, wenn eine pädagogische Praxis bildnerische Prozesse initiiert, die im Grunde – für den Lernenden nicht oder nur schwer erkennbar – lediglich nachmachen, was in der Bildenden Kunst etabliert ist oder aus dieser bekannt ist. Der Kunstpädagoge Jochen Krautz bezeichnet einen solchen Ansatz als „Mimikry" (Krautz 2017) und benennt somit den Unterschied von Nachmachen und Nachahmen. Die Idee der Mimikry funktioniert im Bild wie in der Tierwelt, sie ist erfolgreich in einer kurzzeitigen raschen Ansicht, doch sie versagt bei eingehender Prüfung. Eine Erfahrung, die schon Ikarus machen musste: was aussieht wie Flügel, funktioniert eben nicht dauerhaft wie Flügel.

Dabei ist vielleicht nicht einmal die pädagogische Prämisse zu hinterfragen, die Konzepte der Vermittlung und Ideen des Initiierens und Begleitens von bildnerischen Prozessen bedingt. Denn es wäre ein Irrtum, zu glauben, dass nicht auch grundlegende pädagogische Ideen, die dem individuellen Ausdruck von Kindern und Jugendlichen einen hohen Stellenwert einräumen, von mimetischen Ansätzen profitieren. Der individuelle Ausdruck über die bildnerische Handlung funktioniert besser, wenn beispielsweise technische Vorgehensweisen bekannt und geschult sind. Schulungen in einer Technik können in bildnerische Problemlöseprozesse integriert oder diesen vorangestellt werden.

4 Eine Technik lehren, eine Technik lernen

Das Lehren einer Technik muss zwingend mimetische Momente beinhalten. Es erleichtert mimetische Vorgänge, wenn sie sich die beteiligten Akteure erst einmal von der Idee freimachen, dabei ein Bild erstellen zu müssen. Dabei ist im Zuge eines vorgelagerten Erlernens der Technik ein Fokus auf die Sequenzierung des Gesamtprozesses zu legen. Betrachtet man exemplarisch die Vorgehensweise einer Ätzradierung, ist diese in folgende Sequenzen aufzusplitten: Ätzgrund aufbringen | Einritzen der Schicht | Säurebad | Entfernen der Abdeckschicht | ggf. erneutes Abdecken und wiederholtes Ätzen, Entfernen der Abdeckschicht | Papier wässern | Druckfarbe aufbringen und Platte freireiben | Drucken | Abziehen des Papiers.

Jede Sequenz ist dann darauf zu hinterfragen, ob sie zunächst in die Hände der Jugendlichen gegeben werden kann, um von diesen selbst über dynamische Problemlöseprozesse absolviert zu werden. Die Schritte, die zwingend einer Anleitung bedürfen, können nur über Vorgänge des Vormachens und des Nachmachens erlernt werden. Auch erlernte Grundtechniken bieten ein weites Feld der Variation und des Ausprobierens.

Indem die Einzelschritte durch die Lehrkraft konsekutiv vorgemacht werden und alsdann von Kindern und Jugendlichen nachgemacht werden, werden erprobte und tradierte technische Vorgehensweisen sowohl in ihrer Grundanlage als auch in ihrer richtigen Reihenfolge kennengelernt.

Man mag einräumen, dass Tutorials in Form von kommentierten Videos eben diese Rolle im Vermittlungsprozess übernehmen können. Und wirklich, Tutorials haben große Vorteile. Schwierige Passagen der Technik können wiederholt und verlangsamt abgespielt werden, komplizierte Abschnitte vergrößert dargestellt werden. Die Geduld in der Wiederholung übertrifft jede pädagogische Gelassenheit. Dieser Vorteil steht allerdings dem Fakt gegenüber, dass eine digital vorliegende Einführung in eine Technik und deren Schulung nur wiederholen kann, was bereits demonstriert wurde. Auf Nachfragen, sich ergebende Problemstellen kann sie kaum reagieren. Auch erfordert das Nachvollziehen von Vorgängen in realen Situationen eine unbedingte Fokussierung auf den Moment des Zeigens, wodurch die Konzentrationsfähigkeit geschult wird. Dem Einzelnen wird die Einzigartigkeit der Situation des Vermittelns deutlich, das Drücken einer Taste führt in der analogen Welt nicht zu einer Wiederholung. Die Vermittlungssituation erhält durch ihre Einmaligkeit einen höheren Wert, den sie freilich manchmal mit der partiellen Unaufmerksamkeit einiger Schülerinnen und Schüler bezahlen muss.

Wesentlich ist, dass das Vormachen, jedenfalls in bislang üblichen Vermittlungssettings, körperlich geschieht. Dabei wird nicht nur der Ausschnitt der Betätigung mit den Händen für die Lernenden erkennbar. Im direkten Gegenüber wird zudem die Körperhaltung des Lehrenden präsent, das Halten und Lenken des Werkzeugs nachvollziehbar. Es sind Bewegungen im Raum, die die bedeutenden körperlichen Anteile bei der Anwendung einer Technik aus leicht zu verändernden eigenen Perspektiven verdeutlichen. Lehrende können intentional ihre Bewegungsfolgen in wichtigen Momenten verlangsamen, dadurch einen wesentlichen Aspekt konturieren. Schwierige technische Passagen werden auf diese Weise nachvollziehbar, zudem generiert der Tempowechsel eine gesteigerte Aufmerksamkeit. Indem mehrere Lernende gleichzeitig das Vormachen beobachten, wird die Technik aus verschiedenen Perspektiven einsehbar. Im Austausch untereinander entsteht schließlich ein umfassendes Bild der Materialbearbeitung. Im Nachmachen werden vorgemachte Teilschritte durch eigenes Handeln nachvollzogen. Hierbei erweitert sich das, was gesehen wurde, um das, was erfahren wird. Die Überführung in eigenes Handeln eröffnet gerade durch die körperliche Resonanz eine wichtige Dimension. Durch die Wiederholung, ohne die das Lernen und Üben neuer Abläufe nie auskommt, spezifizieren sich die Resonanzen im Körper und werden zum relevanten Faktor für den Erwerb von Fähigkeiten und Fertigkeiten. Der Körperlichkeit ist daher an dieser Stelle ein hoher Stellenwert einzuräumen.

Für die Lehrkraft ist die eigene physische Anwesenheit in der Anwendung einer vermittelten Handlung von größter Wichtigkeit. Im Falle der beschriebenen Aneignung einer Technik können Eingriffe zur Korrektur unmittelbar erfolgen. Grundlage dazu ist die Beobachtung der Anwendung des Gesehenen durch die Schülerinnen und Schüler. Bereits an der Körperhaltung, in welchem Winkel die Arme stehen, wie die Verlagerung des Körperschwerpunktes erfolgt, geben klar identifizierbare Signale auf die Art der Umsetzung. Handlungen des Vormachens können an der relevanten Stelle zur Korrektur erneut angesetzt und wiederholt werden. Dieser Aspekt lässt sich leicht auf andere Fächer übertragen. Geübte Lehrkräfte erkennen bereits an der Körperhaltung und an den Bewegungen am Platz Unsicherheiten bei der Bewältigung einer gestellten Aufgabe.

Ein anderer Gesichtspunkt besteht im Warten, mit dem eine Vermittlung im realen Raum immer verbunden ist. Es wird bereits am Beispiel des Lehrens einer Technik deutlich, lässt sich aber auch in anderen unterrichtlichen Situationen abbilden. Die notwendige Bewegung im Raum, wenn sich die Lehrkraft zum Versuchsaufbau begibt, die Vorbereitung der Ausstattung, und sei es nur das Suchen der Kreide, die Berücksichtigung entstehender Anliegen anderer etc. sind Momente einer inneren Vorbereitung auf die erwartete Aktion der Lehrkraft, in denen zudem jeder das Warten übt. Auch an dieser Stelle wird deutlich, dass die Körperlichkeit, verbunden mit den notwendigen Bewegungen im Raum, Verzögerungen mit sich bringt, die die Geduld schulen.

5   Verlagerung ins Digitale

Das Zweidimensionale in der Begegnung mit einer Technik über ein digitales Medium vollzieht sich immer noch fast ausschließlich über die Fläche des Monitors. Mehrsinnliche Erfahrungswelten, die Lernenden im Analogen angeboten werden, in denen Handlungen aus verschiedenen Perspektiven beobachtet werden und eben auch über unterschiedliche Sinne wahrnehmbar werden, verkommen zum Eindimensionalen. Am Beispiel der genannten Tiefdrucktechnik gehört der Geruch des schmelzenden Abdeckmaterials, das Einritzen der Platte oder auch die Wahrnehmung des nassen Papiers zur Vermittlung der Technik unmittelbar dazu. Dieses Wahrnehmungspotential lässt sich nicht über digitale Medien transportieren.

Die Leistung, derartig präsentierte Prozesse ins Räumliche und ins Körperliche zu übersetzen, basiert letztlich auch auf der Abrufbarkeit gemachter körperlicher Erfahrungen. Je weniger Handlungen aus der Erfahrung als Basis gesetzt sind, umso schwieriger vollzieht sich eine Überführung aus dem (bewegten) Bild in die dingliche, räumliche und körperliche Welt. Das bedeutet, dass selbst wenn digitale Darstellungen einer Materialbearbeitung hilfreich sein können, die Basis des Verständnisses immer in der vorher gemachten eigenen körperlichen Erfahrung besteht.

Nicht nur das Mimetische in Bezug auf das Vormachen der Lehrkraft fehlt Kindern und Jugendlichen, wenn Vermittlungsprozesse zur Bearbeitung von Material in digitale Räume verlagert werden. Auch der Abgleich mit Verfahren und Lösungsansätzen Gleichaltriger kann nicht mehr implizit erfolgen, etwa bei einem Blick zur Seite oder bei einem spontanen Austausch. Die Gegenüberstellung mit anderen kann nur noch geplant stattfinden und verliert somit die notwendige Spontaneität in der Handlung selbst. Die Klärung einer Problemstellung erfolgt kaum mehr in der Nähe der Problemerkenntnis, da sie in eigens zu schaffende Strukturen zu überführen ist. Nicht zuletzt muss darauf verwiesen werden, dass die gleichzeitige Arbeit an ähnlichen Projekten und bildnerischen Problemstellungen in ihrer sozialen Eingebundenheit sehr motivierend wirken kann.

6   Perspektive

Denkt man die Digitalisierung in den Schulen weiter, werden stark individualisierte Lernprogramme, die zunehmend von Algorithmen berechnete Lerninhalte anbieten, die zentrale Rolle spielen. Analyseprogramme werden in der Lage sein, differenzierte Leistungsbilder zu erstellen, die zu Parametern von schulischen Erfolg werden und Selektion differenziert und in rascher Anpassung an den Bedürfnissen von Politik und Wirtschaft orientieren können. Es gibt immer mehr Untersuchungen dazu, wie sich körpergebundene Aspekte der Kommunikation auf digital und virtuell stattfindende Kommunikation übertragen lassen (Wachsmuth 2020). Wenn wir auf eine körperlose Vermittlungssituation zusteuern, werden wir auch lernen müssen, ohne die sozialisierende Funktion der Gesten und der körperlichen Bewegungsanpassung auszukommen, oder wir müssen auch dafür digitalen Ersatz entwickeln. Doch bleiben Avatare, die körperliche Handlungen, Bewegungen, Gesten und Mimik ins Digitale übersetzen sollen, lediglich Surrogate. Sie werden die Schulung des Körpers als Kommunikationselement nicht ersetzen können. Ohne Übung darin, körpergebundenen Ausdruck selbst einzusetzen und den anderer zu decodieren, funktioniert der Körper nicht als Kommunikationsmittel. Wie die gesprochene Sprache in ihren Feinheiten geschult, in den Differenzierungen geübt werden muss, um Gespräche zu führen, muss auch der Körper in seiner Resonanz auf Umwelt Routinen bilden.

Körperlichkeit spielt in pädagogischen Settings eine wichtige Rolle und hat einen wesentlichen Einfluss auf das Maß, vom eigenen Handeln in Anwesenheit anderer zu profitieren sowie auf den Modus, sich an der Gemeinschaft auszurichten und sich in dieser begründet zu positionieren. Der Abgleich mit gleichzeitig stattfindenden technischen und/oder bildnerischen Prozessen stellt eine Form von Kommunikation dar, die sozialisierend wirkt. Mimetische Prozesse, die in vielen Bereichen wichtig sind für den Aufbau von Wissen und Kompetenzen, kommen nicht ohne Körperlichkeit aus. Er ist somit eine relevante Größe in bildungsgenerierenden Prozessen. Es muss klar sein, dass Leerstellen bleiben werden, wenn Schule auf ihre körpergebundene Sozialisierung und auf die Schulung körperlich dominierter Handlungen verzichtet.

Literatur

Abraham, A. & Müller, B. (2010): Körperhandeln und Körpererleben. Einführung in ein „brisantes Feld". In: Abraham, A./Müller, B. (Hrsg.): Körperhandeln und Körpererleben. Bielefeld: transcript.

Alekmeyer, T. (2009): Lernen und seine Körper. Habitusformungen und -umformungen in Bildungspraktiken. In: Friebertshäuser, B./Rieger-Ladich, M./Wigger, L. (Hrsg.): Reflexive Erziehungswissenschaft; Forschungsperspektiven im Anschluss an Pierre Bourdieu. VS Verlag für Sozialwissenschaften | GWV Fachverlage GmbH: Wiesbaden, S.119–140.

Klein, G. (2010): Soziologie des Körpers. In: Kneer, G./Schroer, M. (Hrsg.): Handbuch Spezielle Soziologien. VS Verlag für Sozialwissenschaften | Springer Fachmedien: Wiesbaden. Krautz, J. (2017): Mimesis. Zur kunstpädagogischen Aktualität eines alten Prinzips. In: IMAGO. Zeitschrift für Kunstpädagogik, Heft 4/2017. München: kopaed.

Oerter, R. (1995): Kultur, Ökologie und Entwicklung. In: Oerter, R/Montada, L.: Entwicklungspsychologie. Weinheim und Basel: Beltz.

Reuter, O.M. (2007): Experimentieren, Ästhetisches Verhalten von Grundschulkindern. München: kopaed.

Schütz-Bosbach, S. & Kuehn, E. (2014): Experimentelle Handlungsforschung: Die soziale Perspektive. In: Prinz, W. (Hrsg.): Experimentelle Handlungsforschung. Stuttgart: W. Kohlhammer.

Wachsmuth, I. (2020): Kommunikation und Körper (Embodied Communication). https://pub.uni-bielefeld.de/download/2610783/2632757/Wachsmuth-GDM.pdf [05.05.2020]. Weihrich, M. (2017): Handeln. In: Gugutzer, R./ Klein, G./ Meuser, M. (Hrsg.): Handbuch Körpersoziologie. Band IVS Wiesbaden: Verlag für Sozialwissenschaften.

Wulf, C. (2005): Zur Genese des Sozialen, Mimesis, Performativität, Ritual. Bielefeld: transcript.

Wulf, C. (2008): Rituale im Grundschulalter: Perfomativität, Mimesis und Interkulturalität. In: Zeitschrift für Erziehungswissenschaft 11/1; Wiesbaden: Springer VS/Springer Fachmedien.

Wulf, C. (2014): Bilder des Menschen, Imaginäre und performative Grundlagen der Kultur. Bielefeld: transcript.

Wulf, C. (2017): Mimesis. In: Kraus, A./ Budde, J./ Maud, H./ Wulf, C. (Hrsg.): Handbuch Schweigendes Wissen. Weinheim und Basel: Beltz Juventa.

Digitale Schulklasse und Classroom Management

Gisela Steins

1 Einleitung

1.1 Fachbezogene Kompetenzen und digitale Werkzeuge in der Schulklasse

Es wird sehr kontrovers diskutiert, ob SchülerInnen auch noch in der Schule digitale Werkzeuge benutzen sollten. Die Meinungen reichen von prinzipieller Ablehnung (Schmundt & Traufetter 2003) bis zur Preisung digitaler Werkzeuge als die Lösung für die meisten der Probleme in der Schule (Spector & Merrill 2008; Woolard 2011). Digitale Werkzeuge sind tatsächlich nicht notwendigerweise nützlich für das Lernen: Instruktionen, die von Computerprogrammen gesteuert werden, sind nur 25 Mal von hundert Mal unterstützend (Hattie 2009). Diese Effekte werden auch bei denjenigen SchülerInnen nicht bedeutsamer, die mit Computern groß wurden im Vergleich zu SchülerInnen, die ohne digitale Werkzeuge aufwuchsen. Auch erweist sich das Lernen mit Computern nicht besser oder schlechter für leistungsschwächere oder leistungsstärkere SchülerInnen (Hattie 2009). Der Einsatz von Computern kann zwar die Wahrscheinlichkeit von Lernen erhöhen, es gibt aber keine notwendige Beziehung zwischen dem Vorhandensein und der Nutzung von Computern und dem Lernerfolg (Hattie 2009).

Wie für alle Innovationen in der Schule, die SchülerInnen zum Lernen motivieren und beim Lernen unterstützen sollen, gilt auch für den Einsatz von Computern, dass sie nur unter bestimmten Bedingungen das gewünschte Resultat wahrscheinlicher machen (Evertson & Weinstein 2006; Steins 2014). Bei Computergesteuerten Instruktionen erweist sich das Vorhandensein unterschiedlicher Lehrstrategien, interessanter Programme, ihr Einsatz für bestimmte Lerntätigkeiten wie bspw. interessant gestaltete Wiederholungen von Inhalten als bedeutsam (Hattie 2009). Vor allem aber sind soziale Kontextfaktoren wichtig wie eine Zusammenarbeit mit den Peers sowie ein gutes Feedback; Computergesteuerte Instruktionen werden dann als bereichernd von den SchülerInnen erlebt und wirken sich auch so aus, wenn der/die Schüler/in, nicht die Lehrkraft, Kontrolle über das Lernen hat (Hattie 2009). Der sinnvolle Bezug einer individuellen Arbeit am Computer zu einer analogen sozialen, komplexen und unterstützenden Umgebung scheint eine notwendige Bedingung für den erfolgreichen Einsatz computergestützten Lernens zu sein.

Bei allen Überlegungen zu diesem Thema gilt als Referenzrahmen der normative Rahmen der gesetzlichen Grundlagen für Schule. Denn Schule ist dem Telos verpflichtet, ihre SchülerInnen als mündige BürgerInnen in die Gesellschaft zu entlassen.

1.2 Lernen findet im sozialen Kontext statt

Menschen bilden eine soziale Spezies und werden vornehmlich durch die Zugehörigkeit zu einer Gruppe motiviert, etwas zu tun (Baumeister & Leary 1995). Lernen erfolgt am leichtesten in einem sozialen Kontext. Sozialer Kontext bedeutet schlicht nichts anderes als mit anderen Menschen zusammen zu sein. So wird durchaus auch Unerwünschtes gelernt werden, wenn die Normen einer Gruppe nicht an erwünschten Zielen ausgerichtet sind. Es folgt jedoch auch daraus, dass Lernen außerhalb einer sozialen Situation, nur mithilfe eines digitalen Werkzeugs, für Menschen genauso schwierig ist wie nur alleine mit Büchern zu lernen. Es fehlen die Augen der anderen auf sich selbst und damit eine Hauptantriebskraft für Anstrengungsbereitschaft (Hattie 2009; Sandilos et al. 2016).

Der Einsatz digitaler Werkzeuge in der Schule kann nur dann sinnvoll für den Erwerb fachbezogener Kompetenzen sein, wenn Schule ihr Potential sozial unterstützender Beziehungen nutzt: Den Austausch mit Peers (Hattie 2009), den Erhalt förderlichen Feedbacks (Dweck 2017) und die Übergabe von Kontrolle über das Lernen an die SchülerInnen (Dweck 2017; Smekh et al. 2007), ohne sie damit alleine zu lassen und ohne eine gute Interaktionsgestaltung zwischen Lehrkraft und SchülerInnen dabei aufzugeben. Eine zugewandte und unterstützende direkte Interaktionsgestaltung ist die notwendige Grundlage für erfolgreichen Unterricht, unabhängig vom Einsatz digitaler Werkzeuge (Hamre et al. 2001, 2005, Cornelius-White 2007, Steins 2020).

1.3 Fragen dieses Beitrags

Die bisherigen Ergebnisse legen nahe, dass es auf das Ausmaß und die Art und Weise des Einsatzes digitaler Werkzeuge ankommt, ob SchülerInnen wirklich gut lernen. Hierzu kann als eine Erkenntnis festgehalten werden, dass digitale Werkzeuge nur dann bereichernd sein werden, wenn sie sinnvoll in einen sozialen Kontext eingebettet werden. Der beste soziale Kontext zum Lernen ist ein guter Unterricht in einem guten Lernklima; beide Qualitäten des schulischen Kontexts sind vor allem sozialer Natur. In diesem Beitrag geht es um diese sozialen Dimensionen im Schulalltag.

Auch hierzu gibt es antagonistische Meinungen zur Wirkung des Arbeitens mit digitalen Möglichkeiten auf die soziale Wirklichkeit: Ein „elektronisch befestigtes Schweigen" wie Sennett (1986, S. 357) den Rückzug ins digitalisierte Private, das so öffentlich geworden ist, nennt, könnte nicht nur den „wirklichen Kontakt zwischen den Gruppen überflüssig" machen (Sennett 1986, S. 357), sondern auch zu unbekannten Formen von Identität führen. Die Annahmen reichen einerseits von einer Veränderung des Gehirns, des Verhaltens und der Persönlichkeit durch häufige Verwendung digitaler Werkzeuge, Programme und Medien (Greenfield 2009; Byron 2008); von manchen Autoren werden diese Veränderungen begrüßt (Johnson 2005). Andererseits stimmen enthemmende Effekte bei der Tätigkeit von Videospielen und eine ebenfalls höhere soziale Hemmung im wirklichen Leben durch die neue Freizeitgestaltung skeptisch (Shorts 2001); durch digitale Werkzeuge erhalten deutlich unerwünschte Phänomene wie Cyberbullying und Sexting im Schulalltag eine stärkere und negative Dynamik (Shortis 2001).

Digitale Werkzeuge bilden in diesem Beitrag den Sammelbegriff für das Gerät, also Computer und Tablet und die damit verbundenen Möglichkeiten, also zum Beispiel virtuelle Kommunikationsmöglichkeiten, eine virtuelle Schultasche, Lernprogramme. Viele Geräte und ihre Möglichkeiten sind in Hinblick auf ihre Wirksamkeit für den Lernerfolg erforscht und müssten in Hinblick auf ihre sozialen Wirkungen einzeln behandelt werden; in diesem Beitrag werde ich aber zunächst nur allgemeine Überlegungen anstellen. Die Frage ist, wie wir verantwortlich einschätzen können, ob und wenn ja, in welchem Ausmaß SchülerInnen mit digitalen Werkzeugen (auch noch) in der Schule arbeiten sollten. Was wird dadurch verändert und sind diese Veränderungen wünschenswert bzw. welche Probleme werden reduziert, welche werden produziert? Um diese Fragen beantworten zu können, werde ich im Folgenden zunächst aus der für mich als Sozialpsychologin wichtigsten Perspektive auf Schule als Lernort schauen, nämlich aus der Perspektive der Interaktionsgestaltung. Dann werde ich aus der Perspektive des Classroom Management, also der Klassenführung, überlegen, was der Einsatz digitaler Werkzeuge bedeuten könnte. Abschließend werde ich in einem kurzen Fazit beide Perspektiven auf die Frage des Beitrags zusammenführen.

2 Schule als soziale Situation: Ort der Identitätsentwicklung

2.1 Zur Bedeutung der Beziehungsgestaltung zwischen Lehrkraft und SchülerInnen

Schule und Unterricht organisiert über lange prägende Jahre das Leben junger Menschen. Dort kommen sie mit Gleichaltrigen auf engem Raum zusammen und zwar in relativ großen Gruppen (Dollase 2012). Sie stehen in einem komplexen Beziehungsgeflecht zu jüngeren und älteren jungen Menschen und haben zu ihren Lehrkräften überwiegend formalisierte Kontakte. Wenn die Beziehung zwischen Lehrkraft und SchülerInnen zugewandt, unterstützend und zutrauend ist, hat sie einen entschieden positiven Einfluss auf die schulische Entwicklung aller SchülerInnen (Hamre et al. 2001, 2005, Cornelius-White 2007), besonders aber auf SchülerInnen, die aufgrund ihrer Herkunft oder persönlicher Problematiken einer besonderen Zuwendung bedürfen (Wang et al. 2013, Steins 2020). Darüber hinaus ist ein freundliches und unterstützendes Verhältnis ein relevanter präventiver Faktor für das Auftreten von Bullying und anderen desintegrativen Prozessen (Ertesvag 2016; Hughes & Im 2016). Das Verhalten der Lehrkraft beeinflusst bedeutsam das soziale Klima in der Klasse und dieses wiederum die Freude an der Schule und am Lernen der SchülerInnen (Wentzel 2002).

2.2 Verflechtung und die Lehrkraft als Kompass in vielerlei Beziehung

Dieser Einfluss wird verständlich, wenn man sich vor Augen führt, dass Menschen als soziale Spezies ihr Verhalten anhand der Normen regulieren, die sie als wichtig für die Zugehörigkeit zur Gruppe erachten. Menschen sind in der Lage sich selbst durch die Augen anderer Menschen zu sehen und zu beurteilen. So kommt es zur Synchronisation von Gruppenverhalten, im erwünschten, aber auch im unerwünschten Sinne (Hatfield et al. 1994). Gleichzeitig finden so identitätsbildende Prozesse statt. Der symbolische Interaktionismus hat diesen sozialen Ursprung des Subjekts und seiner Identität theoretisch fundiert (Mead 1934) und im Rahmen verschiedener Theorien untersucht (Wicklund 1982). Mit der Entwicklung der Fähigkeit zur Perspektivenübernahme kann sich das Subjekt also aus den Augen anderer Personen betrachten, so kann es sich sowohl als Ich, als Wir, Sie, Er und Du sehen (Elias 1976, Geulen 1982, Steins 2016a). Es kann sich selber und auch andere multiperspektivisch betrachten.

Aber wie entscheidet sich, nach welchen Standards gehandelt wird, denn in einer komplexen sozialen Situation wird es immer unterschiedliche Möglichkeiten geben? Hier wird der Blick der Lehrkraft relevant: Die Augen einer unterstützenden und zugewandten Lehrkraft können in der Schule Sorge dafür tragen, dass die SchülerInnen sich dem Telos der Schule annähern. Ausgehend von dieser Erkenntnis, können sozial komplexe und damit zusammenhängende emotionale Kompetenzen nur in einem direkten Miteinander entwickelt werden und zwar auf der direktesten Ebene, face-to-face (Berger & Luckmann 1998). Nur dieses direkte Miteinander führt zu dem, was Elias als Verflechtung bezeichnet wie er es am Beispiel einer einfachen Unterhaltung beschreibt:

„Ein Partner spricht. Der andere erwidert. Der erste antwortet zurück. Der zweite erwidert von neuem. [...] dann hat man ein Phänomen vor sich, das weder durch das physikalische Modell einer Wechselwirkung von Kugeln zureichend zu bewältigen ist noch etwa durch das physiologische des Verhältnisses von Reiz und Reaktion. [...] Und eben dies, dass sich Menschen in Beziehung zueinander und durch die Beziehung zueinander verändern, dass sie sich ständig in Beziehung zueinander gestalten und umgestalten, dies ist charakteristisch für das Phänomen der Verflechtung überhaupt." (Elias 1976, S. 44f.).

Die Augen einer Lehrkraft setzen den Standard, den Schüler/innen aus den gegebenen Möglichkeiten dann wählen, wenn sie zu ihr in einem positiven Verhältnis stehen; dieser Standard stellt den moralischen, emotionalen, sozialen Kompass für SchülerInnen dar (Gino & Galinsky 2012, Gino & Bazerman 2016) und hält, wenn er am Telos der Schule ausgerichtet ist, die Gruppe zusammen. Dieser Kompass ist unterstützend, wenn die Lehrkraft das Lernen durch die Augen der SchülerInnen sehen kann und diese ihr Lernen durch die Augen der Lehrkraft (Hattie 2009). Perspektivenübernahme ist die Grundlage für gutes Unterrichten überhaupt. Was das konkret im Alltag des Unterrichts bedeutet und wie nun digitale Werkzeuge hierzu passen, wird nun aus der Perspektive des Classroom Management erläutert. Konkret wird der Frage nachgegangen wie sich konstruktive Möglichkeiten des Classroom Management durch den Einsatz digitaler Werkzeuge ändern.

3 Die Tablet Klasse aus Perspektive des Classroom Managements

3.1 Classroom Management

Der konstruktive Umgang mit großen Lerngruppen ist das zentrale Thema der Forschung zum Classroom Management. Classroom Management ist am Telos der Schule ausgerichtet, womit alle die damit verbundenen Maßnahmen und Interaktionen normativ darauf gerichtet sind, den Bildungs- und Erziehungsauftrag der Schule mit dem Ziel auszuführen, die Schüler und Schülerinnen als mündige BürgerInnen in die Gesellschaft zu entlassen. Mündigkeit schließt nicht nur Wissen, sondern auch Urteilskraft, kritisches Denken und Verantwortungsbereitschaft gegenüber den Werten unserer Gesellschaft ein. Mündigkeit setzt ein Bündel verschiedener Fähigkeiten voraus: Soziale Fähigkeiten wie beispielsweise Perspektivenübernahme, emotionale Fertigkeiten wie z. B. Selbstregulation, moralische Fähigkeiten wie Urteilskraft und kognitive Fähigkeiten wie Wissen und dessen Transfer.

In diesem Sinne besteht ein erfolgreiches Classroom Management in der Reduzierung der Probleme, die sich aus dem Unterrichten einer großen Lerngruppe ergeben, um dieses Telos über die Zeit hinweg zu erreichen (Ball 2003; Dollase

2012). Es geht also beim Classroom Management um nichts weniger als um die kontinuierliche Herstellung der bestmöglichen Lernumgebung für die SchülerInnen zur Erreichung dieser Ziele (Evertson & Weinstein 2006). Diese Lernumgebung sollte die individuellen Fähigkeiten und Interessen der Schüler/innen ebenfalls bestmöglich unterstützen.

3.2 Alltägliche Probleme in großen Lerngruppen wie einer Klasse

Das Unterrichten großer Lerngruppen produziert zahlreiche Probleme, die bei einem individuellen Unterricht nicht auftauchen würden (Dollase 2012; Steins 2016 b; Steins et al. 2018). In allen Gruppen, die in vivo zusammenkommen, entstehen Beziehungsgeflechte, also Beziehungen unter den Mitgliedern der Gruppe, Öffentlichkeit entsteht, indem jeder und jede sieht, was der und die andere macht und sagt und alle Gruppen erzeugen mit zunehmender Größe eine zunehmende Komplexität, die sowohl durch Heterogenität ihrer Mitglieder als auch durch andere Prozesse vergrößert wird. Alle diese Merkmale von Gruppen produzieren spezifische Probleme beim Lernen und Unterrichten, und müssen insofern gemanagt werden, d.h. eine Lehrkraft muss sie kennen (Lernen durch die Augen der SchülerInnen sehen) und sich um Lösungen kümmern. Allerdings gibt es hier niemals garantierte und perfekte Lösungen, sondern nur Problemreduktionen (Steins et al. 2018). So haben Lehrkräfte und ebenso SchülerInnen es hinzunehmen, dass der Umgang und das Lernen mit einer ganzen Gruppe eine kontinuierliche Beziehungsarbeit darstellen, die über das Vermitteln und Erlernen von Inhalten weit hinausgeht. Das Verhandeln und Reduzieren von Problemen, die sich aus der Interaktion ergeben, sind etwas Anderes als ihr Vermeiden.

Bei der Reduzierung der Probleme muss aufmerksam und kontextsensibel (gendersensibel und kultursensibel) vorgegangen werden. Denn geht es nur noch um das Vermeiden von Problemen, dann sind evtl. auch Mittel gerechtfertigt, die zu einem Unterricht führen, der die SchülerInnen nicht mehr berührt und somit dem Telos nicht dienlich ist. Wie eine Schülerin im Rahmen einer Studie zur „Schulinspektion aus den Augen der SchülerInnen" berichtet (Roland & Steins 2019): „Sonst machen wir halt oft Textarbeit und der Lehrer sitzt vorne und sammelt das dann und dann sollen wir ruhig sein, Einzelarbeit, jeder schreibt das für sich raus. Was halt irgendwann so stumpfsinnig ist, wenn man das in vielen Fächern immer macht."

Zwar wissen wir, dass allgemeine Prinzipien wie die Vollbeschäftigung der SchülerInnen eine wichtige Strategie ist, um keinen Stau für schnell arbeitende SchülerInnen aufkommen zu lassen (Dollase 2012). Damit sind sinnlose Episoden des Nichtstuns und Warten auf langsamer arbeitende SchülerInnen gemeint, für die allerdings Stress durch das Warten der anderen entstehen kann. Auch ist Rechenschaftslegung unabdingbar, weil viele SchülerInnen sonst oft unter den

Mindeststandards zurückblieben (Rubie-Davies et al. 2006, Rubie-Davies 2010). Aber nicht um Kontrolle der Kontrolle wegen geht es, sondern um die Motivierung junger Menschen (Steins 2020). Vollbeschäftigung durch stumpfsinnige Aufgabenblattbearbeitungen zu erreichen, die dann im Sinne der Rechenschaftslegung willkürlich kontrolliert werden, ist nicht gerade das, was als spannender Unterricht bezeichnet werden kann. SchülerInnen werden so nicht erkennen können, dass Bildungsinhalte etwas für ihr Leben bedeuten können. Unabdingbar und die Grundlage für das Telos der Schule ist eine freundliche und zugewandte Beziehungsgestaltung, die im Unterricht durch direkte Interaktionssequenzen zum Tragen kommt. Eine solche Beziehungsgestaltung setzt bestimmte Fähigkeiten bei Lehrkräften voraus, die Dollase als intrapsychische Voraussetzungen bezeichnet; gemeint ist damit vor allem Selbstkenntnis, Selbstreflexion und Selbstregulationsfähigkeit. Diese intrapsychischen Voraussetzungen müssen erfüllt sein, damit sie für die SchülerInnen gewinnbringend unterrichten können (Dollase 2012).

Praktiken im Unterrichten, die Vollbeschäftigung erzielen, aber einer freundlichen und zugewandten Interaktionsgestaltung nicht entsprechen, sind demotivierend. Zur Illustration sei hier ein Ausschnitt aus demselben Interview mit der Schülerin zitiert, die beobachtet, dass nur während einer Schulinspektion plötzlich interessanter Unterricht gehalten wird und dass danach der gleiche langweilige Unterricht unter möglichst großer Aussparung direkter Interaktion wieder aufgenommen wird:

„… jetzt bei den schlechteren Lehrern, die ich hatte, war wieder alles so wie vorher. Und, ja. Ein bisschen frustrierend, aber das war uns ja auch eigentlich klar. […] Und ich finde das überträgt sich dann immer so auf den Schüler, wenn der Lehrer keine Lust dran hat, haben die Schüler auch oft nicht so viel Spaß und ja … dann ist alles halt langweilig, so, und ich finde das könnte man in vielen Bereichen interessanter gestalten und ich glaube viele Schüler hätten dann auch mehr Interesse und würden nicht so schnell aufgeben. Aber, ja… irgendwie sehen die Lehrer das nicht so" (Roland & Steins 2019).

Die Beobachtungen der Schülerin illustrieren ein Unterrichten mit vielen Arbeitsblättern und Unterrichtsmaterialien, in welchen vorarrangierte Antworten überwiegen und die in Wochenplänen oder von Stunde zu Stunde abgearbeitet werden müssen. Auch hier wird sie wieder deutlich: Die sinnvolle und sinnstiftende Vernetzung zwischen individuellem Lernen und den direkten Interaktionen. Die Frustration der Schülerin darüber, dass offensichtlich die Lehrkräfte wider besseres Können einer motivierenden Interaktion entziehen, ist verständlich. Dieses Beispiel zeigt aber auch: Auch mit einem Tablet könnte es, sollten nur vorarrangierte Lernprogramme durchlaufen werden, kaum langweiliger werden. Wenn Lehrkräfte also nicht in Beziehung treten und keinen sinngebenden Kontext bilden und sowieso nur Materialien austeilen, die vorarrangierte Antworten und Lösungen zulassen, dann ist sicher der Qualitätsverlust zu einer Abarbeitung des Ganzen am Computer denkbar gering; sollten Lehrkräfte aber einen spannenden Unterricht machen, der die ganze Gruppe involviert, motivierend und anregend ist, dann könnte der zusätzliche Einsatz digitaler Werkzeuge bereichernd sein, aber durch digitale Werkzeuge ist solcher Unterricht nicht zu ersetzen.

Durch eine Tablet Klasse könnten nun möglicherweise genau die Probleme, die es ständig durch eine umsichtige und kontinuierliche Klassenführung zu reduzieren gilt, zu Verlusten werden, wenn sie gar nicht mehr auftreten. Das soll an den drei sich überlappenden Dimensionen, die durch große Lerngruppen auftreten, also am Beziehungsgeflecht, Öffentlichkeit und Komplexität, demonstriert werden.

3.3 Reduzierungen der Probleme durch digitale Werkzeuge produzieren neue Probleme

So negativ die Effekte sind, die durch ein Beziehungsgeflecht auftreten können, so positiv können diese Effekte auch sein, wenn das Beziehungsgeflecht aus überwiegend positiven Verflechtungen besteht. Peers können starke Unterstützer sein und ein gutes Klima, das sich durch Verbundenheit, gegenseitigen Respekt und positive gemeinsame Erfahrungen herausbildet, ist von unbezahlbarem Wert für die Entwicklung einer positiven Identität und dem, was als ein Gefühl, der Schule anzugehören, bezeichnet wird (Goodenow & Grady 1993). Dann leihen sich Schüler und Schülerinnen gegenseitig Dinge aus, gucken sich gegenseitig Fertigkeiten und Strategien ab, schauen zusammen in etwas rein. Dabei sehen sie die individuellen Besonderheiten des/r Mitschüler/in, wie seine bzw. ihre Handschrift, kleine Talismane an der Federmappe, verschiedene andere Symbole, aber allen gemeinsam ist, dass es direkte Symbole von Identität, haptisch, auditiv und visuell erfassbare Reize sind, die internal repräsentiert mit zu dieser Person gehören und an die man sich meistens lebenslang erinnern können wird.

Beim Tablet wird es auch Symbole geben, aber digitale Symbole sind potentiell gefährdeter als analoge Symbole. Sie sind vorarrangierter, niemals derangiert, austauschbarer und können jederzeit gelöscht werden; sie werden nicht verschenkt, ein jüngeres Geschwister „erbt" sie nicht. Digitale Symbole haben wahrscheinlich nicht, wie analoge Objekte, einen identitätsstiftenden Charakter (MacGregor 2011). Auch kann ein Schüler sein Tablet nicht einfach verleihen, er wird es selber brauchen. Man wird es genauso wenig verleihen wie man seine Schultasche verliehen hätte. Man kann sich gegenseitig Dateien zusenden, wenn das innerhalb der Schule möglich sein sollte. Man kann aber nicht einfach ein Blatt Papier spenden, sein Heft mitgeben. Kleine alltägliche Akte sozialer Unterstützung, die wichtig für ein Zugehörigkeitsgefühl sind (Goodenow & Grady 1993), entfallen.

Auch durch die öffentliche Situation in der Klasse entstehen viele Probleme, die beim Einzelunterricht nicht auftreten würden. Manche SchülerInnen trauen sich vielleicht nicht, etwas vor anderen zu sagen. Hinter einem Tablet sind sie noch weniger gefordert, diese Angst zu überwinden. Und sollte in einer Tablet Klasse öffentliche Kommunikation reduziert sein, gäbe es noch weniger Gelegenheiten dazu und weniger positive Modelle, die ihm oder ihr indirekt zeigen könnten wie man es macht. Wenn Öffentlichkeit nicht gut gemanagt wird, entstehen Diskriminierungsrisiken durch die einfachsten Interaktionssequenzen (wie z. B., sich ein weiteres Aufgabenblatt zu holen, wenn man mit einem fertig ist, Dollase 2012). Allerdings haben alle diese öffentlichen Rückmeldungen, die man nur durch Methodenvielfalt und ein gutes Klassenklima sowie eine kontinuierliche gute Beziehungsarbeit abfedern kann, auch die Funktion einer Rückmeldung. Diese kann positiv genutzt werden; in einem unterstützenden Umfeld ist der Erfolg der anderen für SchülerInnen, die ihn noch nicht erlangt hat, immer möglich. In der Tablet Klasse können Unterschiede leicht kaschiert werden. Auch kann üblicherweise der Welleneffekt positiv genutzt werden (Kounin 1970; Steins et al. 2018): Einzelne motivierte SchülerInnen können in einer positiven Lernumgebung große Gruppen motivieren und eine Lehrkraft kann durch die Ermutigung Einzelner alle anderen SchülerInnen ermutigen. Diese positive Nutzung der Öffentlichkeit ist in der Tablet Klasse unter Umständen sehr viel schwieriger, wenn die Arbeit vereinzelter und isolierter voneinander durchgeführt wird. Dadurch können die Schamgrenzen, eigene Fehler zu zeigen und aus ihnen zu lernen, immer weiter sinken. Transparenz und Austausch ist nicht mehr ohne zusätzliche Organisation gesichert, implizite soziale Nebeneffekte von gut gemanagter Öffentlichkeit sind unwahrscheinlicher.

Zu erwarten ist, dass die Kompositionseffekte, die durch das Beziehungsgeflecht wahrscheinlicher auftreten, in Kombination mit dieser veränderten Art von Öffentlichkeit noch stärker ausfallen werden. Die Leistungsscheren werden vermutlich noch weiter auseinander gehen. Weiterhin ist zu vermuten, dass, um dies abzumildern, die Rechenschaftslegung viel stärker angezogen wird. Durch das Lernen an digitalen Werkzeugen kann man kontrollierende Software einsetzen. Das kann zur Folge haben, dass der Druck auf die SchülerInnen steigt und möglicherweise auch bei eigentlich motivierten SchülernInnen, die freiwillig gerne mehr gemacht hätten, intrinsisches Interesse vernichtet wird. Rechenschaftslegung ist zweifellos wichtig, so wie es auch wichtig ist, hohe Erwartungen an SchülerInnen zu stellen, aber nur insoweit sie auch ein positives Zutrauen ausdrücken und mit einer konstruktiven Beziehungsgestaltung verbunden sind (Rubie-Davis 2010). Zu häufig als Kontrolle eingesetzt kann Rechenschaftslegung eine destruktive Selbstaufmerksamkeit auslösen, die mit Ängsten, Zweifeln, aber auch Widerstand verbunden sein kann (Wicklund 1982, Duval und Silvia 2009).

Analog hierzu ist die Studie von Schulmeister (2013) zu sehen, die zeigt, dass Studierende, welche ohnehin schon Schwierigkeiten haben, nicht davon profitieren, wenn sie selbstbestimmt digital statt analog arbeiten können. Selbstbestimmtes Lernen am Computer setzt ein hohes Maß an Selbstregulation und Disziplin voraus (Zhang et al. 2004). Wenn also selbstbestimmt am Tablet gelernt werden soll, dann ist die Kontrolle durch Öffentlichkeit geringer und somit die Gefahr gegeben, dass, obwohl Öffentlichkeit durchaus negativ ist, noch weitaus zahlreichere und gravierendere Probleme produziert werden und zwar weitgehend zu Ungunsten der Leistungsbilanz derjenigen SchülerInnen, die schulische Probleme haben (vergleiche hierzu auch Wiarda 2015).

Komplexität kann durch die massive Nutzung von Tablets für alle SchülerInnen sicherlich reduziert werden. Es wird wohl mehr Ruhe und Ordnung geben, auch über Sitzordnungen musss man nicht mehr nachdenken und mit ihnen immer wieder herumexperimentieren. Hier ist allerdings zu fragen, ob diese Ordnung nicht trügerisch ist. Ein Laptop z. B. kann genauso unordentlich sein und unstrukturiert wie ein analoger Ordner; es scheint oft nur ordentlicher zu sein, da keine nicht abgehefteten Blätter herumfliegen. Lehrkräfte müssten nicht mehr kopieren, SchülerInnen nicht mehr ordnen und abheften. Es könnte sogar der Eindruck entstehen, dass man mit noch mehr vorgefertigten Materialien den Unterricht bestreiten könnte. In Wahrheit lösen Laptops nicht die Probleme mangelnder Organisation, sie können aber den Eindruck von Ordnung und Übersicht suggerieren und perpetuieren dadurch möglicherweise ungünstige Umgangsweisen mit Komplexität viel länger als wenn die Missstände sichtbar wären.

Durch alle diese Probleme, die durch große Lerngruppen naturgemäß erzeugt werden, wird immer auch Unvorhersehbarkeit und Unkontrollierbarkeit geschaffen. Aber durch eine gute Dynamik, d.h. durch ein gutes Management der Klasse kann eine gute Atmosphäre entstehen. SchülerInnen lernen durch ein gutes Management viele Inhalte in der Schule nebenbei: Wie man gerecht mit einer großen Gruppe umgehen kann, wie man freundlich auf Konflikte reagieren kann, wie humorvoll eine unangenehme Situation aufgelöst werden kann, wie mit leichter Hand ein Problem gelöst wird, wie aus negativen Situationen positive Entwicklungen hervorgehen. Alle diese konstruktiven Umgangsweisen von Lehrkräften sind wichtige Anreicherungen für die spätere Mündigkeit der SchülerInnen. Vorarrangierte und individualisierende Umwelten wie das überwiegende Arbeiten ganzer Klassen am Tablet können aus unstrukturierten, unkontrollierten und chaotischen Umwelten eine vordergründig sehr kontrollierte und überschaubare Umwelt gestalten; sie können aber das Entstehen einer kreativen Atmosphäre verhindern, Missstände kaschieren und sie ersetzen keinesfalls die zugewandte positive unterstützende Interaktion.

Diese ist umso wichtiger, als zu beachten ist, dass Klassen nur Pseudogruppen darstellen (Dollase 2014), denn es sind künstlich organisierte Lerngruppen; Schulklassen haben kein gemeinsames Ziel: am Ende des Schuljahres trägt jeder ein ganz persönliches Zeugnis nach Hause, für das er oder sie ganz persönlich und individuell gelernt und gearbeitet hat. Ein gemeinsames Ziel muss zugunsten eines guten Klimas und eines positiven Beziehungsgeflechts erst durch verschiedene und kontinuierliche Aktivitäten entwickelt werden (Steins 2014). Bei einer ungünstigen Gruppenkonstellation kann dies einen mühsamen Prozess darstellen. Gelingt dies, hat das aber einen unschätzbaren Wert für die Erfahrungen der SchülerInnen: Zu sehen, dass Gruppen Konflikte lösen können, dass man selber etwas ändern kann, ist ein Lerninhalt, der SchülerInnen zweifellos dem Telos der Schule näherbringt (Forsyth 2019).

4   Fazit

Sieht man digitale Technologien wie das Tablet als ein weiteres Mittel zur Erreichung des Telos der Schule und das heißt also, dafür, dass SchülerInnen selbstbestimmt leben und an der Gesellschaft teilhaben können, dann würde gelten: Methodenvielfalt und Medienvielfalt sind dann sinnvoll, wenn sie das Lernen der gesamten Fähigkeiten unterstützen, die in der Schule zu erwerben sind. Hier ist mit zu bedenken, dass die Schule oft der einzige Lernort für Kinder ist, an dem sie wichtige Fähigkeiten für ihr späteres Leben erlernen können. Es geht nicht nur um grundlegende Kulturtechniken wie Lesen und Schreiben, sondern auch um ein Mindestmaß an Selbstregulationsfähigkeiten, eine Voraussetzung für Anstrengungsbereitschaft und sozialen Fähigkeiten wie Perspektivenübernahme, eine Grundlage für Toleranz.

Was wird also durch den Einsatz digitaler Werkzeuge in der Klasse verändert? Sieht man digitale Technologien wie das Tablet als Ersatz für alles andere, dann ist das aus der Sicht auf Schule als soziale Situation mehr als unverantwortlich: Schlecht vorbereiteter und unmotiviert gehaltener Unterricht wird durch gute Lernprogramme vielleicht besser, so wird gehofft (Zhang et al. 2004), ist aber nicht gesichert (Hattie 2009). Ein guter Unterricht jedoch, in dem Beziehungsarbeit geleistet wird, erkennbar an einer guten Klassenführung, die „hauptsächlich mit den ‚persönlichen Wirkungsmitteln' bewerkstelligt werden (muss): mit verbaler und nonverbaler Kommunikation, mit den Sinnen, mit der Persönlichkeit und dem Charakter, den Beziehungen zu den Schülern und mit Aufmerksamkeit. Und mit Organisation, die vorbereitet und überlegt sein will" (Dollase 2012, S. 7), ist nicht durch die Arbeit am Tablet zu ersetzen. Würde man einen massiven Einsatz computergesteuerten Lernens in der Schule anordnen, könnte es sogar soweit kommen, dass gute Lehrkräfte, die bislang die SchülerInnen hervorragend begleitet haben, ihre Kompetenzen nicht mehr einsetzen können, denn wie Garrison und Anderson (2003) finden, sind gute Lehrkräfte nicht unbedingt gute Online-Instruktoren; diese werden von den SchülerInnen sogar als überflüssig wahrgenommen. Solche Effekte wären in hohem Maße unerwünscht.

Ohne verlässliche und belastbare Befunde zu den sozialen, emotionalen und kognitiven Wirkungen digitaler Werkzeuge hinsichtlich deren Einsatzdauer und Einsatzart, gibt es keinen Grund, digitale Werkzeuge als etwas anderes als eine zusätzliche Methode zu sehen, die unter anderen, für bestimmte Sequenzen im Unterricht, ihre Verwendung finden können. Direkte Interaktionen zwischen Lehrkraft und Lerngruppen müssen aber ihren soliden und substanziellen Platz in der Schule behalten.

Literatur

Ball, S.J. (2003): The teacher's soul and the terrors of performativity. Journal of Education Policy 18, S. 215–228.

Baumeister. R.F. & Leary, M.R. (1995): The need to belong: Desire for interpersonal attachments as a fundamental human motivation. Psychological Bulletin 117, S. 497–529.

Berger. L.B. & Luckmann. T. (1998): Die gesellschaftliche Konstruktion der Wirklichkeit. Frankfurt/M: Fischer.

Byron. T. (2008): Safer children in a digital world: the report of the Byron Review. London: DCSF. Online.

Cornelius-White, J, (2007): Learner-centered Teacher-Student relationships are effective: a meta-analysis. Review of Educational Research 77, S. 113–143.

Dollase, R. (2012): Classroom Management. Schulmanagement Handbuch, 142. München, Oldenbourg.

Dollase, R. (2014): Ein anderer Blick auf das Soziale Lernen: Nachteile der Schulklasse durch Selbstbeherrschung überwinden. Gruppendynamik und Organisationsberatung 44, S. 45–56.

Duval, T. S. & Silvia, P.J. (2009): Self-awareness, probability of improvement, and the self-serving bias. Journal of Personality and Psychology, 82, S. 49–61.

Dweck. C. (2017): Selbstbild: Wie unser Denken Erfolge oder Niederlagen bewirkt. Pier, München.

Elias, N. (1976): Über den Prozeß der Zivilisation. Erster Band. Frankfurt/M, Suhrkamp.

Ertesvag, S.K. (2016): Students who bully and their perceptions of teacher support and monitoring. British Educational Research Journal 42, S. 826–850.

Evertson, C.M. & Weinstein, C.S. (2006): Handbook of classroom management: Research practice and contemporary issues. New York, Routledge.

Forsyth, D.R. (2019): Group dynamics. Cengage, USA.

Geulen, D. (1982): Perspektivenübernahme und soziales Handeln. Frankfurt/M: Suhrkamp.

Gino, F. & Bazerman, M. (2016): Blind loyalty? When group loyalty makes us see evil or engage in it. Organisational Behavior and Human Decision Processes 132, S. 16–36.

Gino, F. & Galinsky, A,D, (2012): Vicarious dishonesty: When psychological closeness creates distance from one's moral compass. Organizational Behavior and Human Decision Processes 119, S. 15–26.

Goodenow, C., Grady, K. (1993): The relationship of school belonging and friends' values to academic motivation among urban adolescents students. Journal of Experimental Education 62, S. 60–71.

Greenfield, S. (2009): ID: The quest for Identity in the 21 st Century. London: Sceptre.

Hamre, B.K. & Pianta, R.C. (2001): Early teacher-child relationships and the trajectory of children's school outcomes through eighth grade. Child Development 72, S. 625–638.

Hamre, B.K. & Pianta, R.C. (2005): Can instructional and emotional support in the first-grade classroom make a difference for children at risk of school failure? Child Development 76, S. 949–967.

Hatfield, E. & Cacioppo, J.T., Rapson, R.L. (1994): Emotional Contagion. New York: Cambridge University Press.

Hattie, J. (2009): Visible learning. A synthesis of over 800 meta-analyses relating to achievement. Routledge, New York.

Hughes, J.N. & Im, M.H. (2016): Teacher-Student Relationship and peer disliking and liking across grades 1-4. Child Development 87, S. 593–611.

Johnson, S. (2005): Everything bad is good for you: How today's popular culture is actually making us smarter. London: Riverhead.

Kounin, J.S. (2006): Techniken der Klassenführung. Münster, Waxmann. MacGregor, N. (2011): Eine Geschichte der Welt in 100 Objekten. Beck, München. Mead, C.H. (1934): Mind, self, and society. Chicago, University Press.

Roland, L. & Steins, G. (2019): School Inspection as a Social Situation: A Symbolic-Interactionist Perspective, 17. Tagung der Fachgruppe Sozialpsychologie, Köln.

Rubie-Davies, C. & Hattie, J. & Hamilton, R. (2006): Expecting the best for students: Teacher expectations and academic outcomes. British Journal of Educational Psychology 76, S. 429–444.

Rubie-Davies, C.M. (2010): Teacher expectations and perceptions of student attributes: Is there a relationship? British Journal of Educational Psychology 80, S. 121–135.

Sandilos, L,E, & Rimm-Kaufman, S.E. & Cohen, J.J. (2016): Warmth and demand: the relation between students' perceptions of the classroom environment and achievement growth. Child Development, S. 1–17. doi: 10.1111/cdev12685.

Schmundt, H. & Traufetter, G. (2003): „Angst vor kleinen Brüdern", Interview mit dem Kultautor Neal Stephenson über seine düsteren Technikvisionen und die Bespitzelung im Netz. Der Spiegel 2, S. 124.

Schulmeister, R. (2013): On the myth of the digital natives and the net generation. BiBB, BWP Special Edition, S. 31–35.

Sennett, R. (1986): Verfall und Ende des öffentlichen Lebens. Frankfurt/Main, Fischer. Shortis, T. (2001): The language of ICT London: Routledge.

Somekh, B. (2007): Pedagogy and learning with CT: Researching the act of innovation. London Routledge.

Spector, J.M. & Merrill, M.D. (2008): Effective, efficient, and engaging (E3) learning in then digital era. Distance Education 29, S. 2.

Steins, G. (2014): Sozialpsychologie des Schulalltags. Band I: Grundlagen und Anwendungen. Pabst Science Publishers, Lengerich.

Steins, G. & Bitan, K., Haep, A. (2018): Sozialpsychologie des Schulalltags. Band II: Im Klassenzimmer. Pabst Science Publishers, Lengerich.

Steins, G. (2016a): Perspektivenübernahme und Empathie. In: Bierhoff HW, Frey D, (Hrsg.), Soziale Motive und soziale Einstellungen, Enzyklopädie der Psychologie, C/VI/2, S. 795–815. Göttingen: Hogrefe.

Steins, G. (2016b): Classroom Management an Schulen in sozialräumlich deprivierter Lage. Die Deutsche Schule. Zeitschrift für Erziehungswissenschaft, Bildungspolitik und pädagogische Praxis 108, S. 340–353.

Steins, G. (2020): Freundlichkeit im Schulalltag. Überlegungen zur Interaktionsgestaltung in der Schule. Wiesbaden, Springer (im Druck).

Steins, G. & Bitan K, Haep, A. (2018): Sozialpsychologie des Schulalltags. Band II: Im Klassenzimmer. Lengerich: Pabst Science Publishers.

Wang, M.T. & Brinkworth, M., Eccles, J. (2013): Moderating Effects of Teacher-Student Relationship in Adolescent Trajectories of Emotional and Behavioral Adjustment. Developmental Psychology 49, S. 690–705.

Wentzel, K. (2002): Are effective teachers like good parents? Teaching styles and student adjustment in early adolescence. Child Development 73, S. 287–301.

Wiarda, J.M. (2015): Wer nicht kommt, verliert. Die Zeit: https://www.zeit.de/2015/48/anwesenheitspflicht-universitaet-schlechtere-leistung (abgerufen am 28.2.2020).

Wicklund, R.A. (1982): How society uses self-awareness. In: Suls J (Ed.), Psychological perspectives on the self, Volume 1. Lawrence Erlbaum Associates, New Jersey, S. 89–114.

Woolard, J. (2011): Psychology for the classroom: E-learning. Routledge, Taylor & Francis Group, London.

Yilmaz, R. (2017): Exploring the role of e-learning readiness on student satisfaction and motication in flipped classroom Computers in Human behavior 70, S. 251–260.

Zhang, D., Zhao, J.L., Zhou, L., Nunamaker, J.F. (2004): Can E-learning replace classroom learning? Communications of the ACM 47, S. 75–79.

Sozialisationswandel in der Tabletklasse

Timo Bautz

1 Ferninstruktion oder Fernerziehung?

Ferninstruktionen sind heute im Alltag und in Ausbildungskontexten eine Normalität, den Begriff und das Phänomen *Fernerziehung* gibt es dagegen nicht.[1] Sicher wird in der Schule auch aus Büchern gelernt, aber das Gelesene wird im Unterricht besprochen oder abgefragt, anderenfalls ist er von Aufgabenbetreuung kaum zu unterscheiden. Unterrichtsinteraktion ist nicht die einzige, aber bislang *die zentrale Vermittlungsform* der Schule, in der sich alle wahrnehmen, daraufhin ihr Verhalten koordinieren und falls nötig, erzogen werden. Bei stiller Lektüre, individueller Recherche, Einzelarbeit am Bildschirm und beim Arbeiten mit einem Lernprogramm ist beides nicht möglich.[2]

Warum Erziehung nur in Anwesenheit und im gemeinsamen Situationsbezug als Interaktion wirksam werden kann, liegt daran, dass die Betroffenen die Absicht und die Effekte ihres Antwortverhalten zurechnen können müssen. Wechselseitige Wahrnehmung (über längere Zeit nicht unbedingt am Stück) und die Beobachtung des Beobachtet-Werdens sind dafür notwendige Voraussetzungen. Nur so kann auch fremdes Erleben als Erziehungshandeln verstanden und dann mit eigenem Handeln bzw. Erleben beantwortet werden. Wenn eine erwartete Reaktion der Lehrkraft ausbleibt, obwohl sie die Situation genau beobachtet hat, wird auch und gerade das in der Klasse bemerkt und gewinnt Bedeutung als Ausgangspunkt für die weitere Verhaltenswahl. Nur im direkten Kontakt lassen sich solche Verhaltensepisoden bilden, Reaktionen zurechnen und Kausalitäten unterstellen. Dafür ist Kommunikation in die Ferne zu ausschnitthaft, selbst dann, wenn sie über Telefon oder Skyp interaktiv wird. Ohne gegenseitige Wahrnehmung unter Anwesenden gibt es in einem künstlich reduzierten Beobachtungsspektrum in die Ferne zu wenig Ansatzpunkte, um fremdes Verhalten als pädagogisches zu interpretieren und mit eigenem darauf zu reagieren. Erwartungen können in die Ferne formuliert werden und können sozialisieren (Strafzettel an der Windschutzscheibe), aber für

---

1 Tele-education oder Distance-education sucht man im PONS vergeblich, es wurde auch nicht im Zusammenhang mit Corona eingeführt.
2 Zeitliche und soziale Entkoppelung von Information und Mitteilungen erleichtern ihre Verbreitung. Der Preis liegt in der Anonymisierung von Abstimmung und Kontrolle. Beamer und Powerpoint sind davon natürlich nicht betroffen.

sich genommen nicht erziehen. In seinen Arbeiten zur Pädagogik geht Luhmann immer von derselben Annahme aus, dass Erziehung nur in denjenigen Kommunikationen beobachtet werden kann, „die in der Absicht des Erziehens in Interaktionen aktualisiert werden". Und deshalb kann „Kommunikation nur dann als Erziehung angesehen (werden), wenn sie in einem System der Interaktion unter Anwesenden stattfindet" (Luhmann 2002, S. 53, 56).[3]

Wie unwahrscheinlich Erziehung selbst in Interaktionskontexten ist (außerhalb von Schulklassen, Familien und Berufsausbildungen), kann man daran erkennen, dass auch bei einer längeren Fahrt mit fremden Personen im selben Zugabteil, Erziehungsabsichten wenig Aussicht auf Erfolg haben, nicht nur gegenüber Erwachsenen, auch gegenüber Kindern. Selbst in der Schule, in der die Kommunikation auf Unterricht und Erziehung spezialisiert ist und dafür ausdifferenziert wurde, ist es nicht sicher, dass eine Lehrkraft auf dem Gang außerhalb des Unterrichts mit ihren Erziehungsbemühungen ernst genommen wird. Erst die organisierte Einteilung in Klassen, Stunden und Fächer generiert ausreichend erziehungsempfindliche Situationen, die dann situativ genutzt werden können. Die Unterrichtsplanung

> „mag an Stoffen entlang quasi linear und zielgerichtet erfolgen, und insofern bleibt das reine Unterrichten etwas anderes als Erziehen. Das Unterrichten ist dann immer nur ein Anlass, vielleicht ein Verfahren zur laufenden Erzeugung von pädagogisch auswertbaren Situationen. Diese Gegenläufigkeit anzuerkennen heißt nicht: Unterricht und Erziehung wie in alten Zeiten zu trennen. Aber man wird Programmtypik und Technologien für beide Aufgaben verschieden sehen, und entwickeln müssen", schreibt Luhmann, um dann einzuschränken: „So weit für Erziehung überhaupt Programmformen und erfolgsträchtige Verhaltensstrategien entwickelt werden können, müssen sie daher auf … Situationsdiagnostik beruhen, die Vergangenes und Gegenwärtiges grob resümiert, weil es in der Situation gerade einmal in einer bestimmten Konstellierung greifbar und entwickelbar ist" (Luhmann & Schorr 1988, S. 231).

Vom Tablet, erhofft sich die Pädagogik eine Technisierung des Unterrichts im Sinne einer gezielteren und störungsfreien Stoffvermittlung, sowie einer genaueren Orientierung an individuell erreichten Erfolgen (Kontrolle, Feedback). Die Informationen werden schriftlich mitgeteilt, mit Arbeitsaufträgen verbunden, so dass der nächste Lernschritt individuell abgestimmt erfolgen kann (zeitlich und sachlich). Vorzugsweise organisatorische Fragen werden mündlich kommuni-

---

3   Er erläutert diesen vielleicht zu selbstverständlichen Umstand nicht, aber es lassen sich viele weitere Stellen angeben und keine die dem widerspricht in immerhin zehn Aufsätze und zwei Monographien.

ziert, deren Relevanz wenig Spielräume lässt. Würde das Tablet wie eine Kombination aus Schulbuch und Heft zur Lektüre und für Eintragungen benutzt, die gemeinsam besprochen werden, würde sich wenig ändern. Aber darin sieht zurecht niemand das eigentliche Vermittlungspotential digitaler Endgeräte, sondern in der vernetzten Recherche, der multimedialen Präsentation, der Einrichtung von Chats, der Erleichterung von Feedback und nicht zuletzt, im Lernen mit Programmen. Da sie auf unterschiedliche Eingaben verschieden reagieren, werden sie als „interaktiv" bezeichnet. Diese Sprachregelung überträgt ein Merkmal aus sozialen Situationen, die nach zwei Seiten offen sind, auf eine, bei der die eine Seite im Voraus festgelegte Strukturen benutzt, und trifft den Sachverhalt der Interaktion gerade nicht.[4]

Alle, die mehr Digitalisierung in der Schule fordern, gehen davon aus, dass die Interaktion in der Tabletklasse bei Bedarf unverändert weiterlaufen kann. Aber aus einem naheliegenden Grund wird der Wechsel vom Tablet zur Interaktion schwierig. Die psychische Umstellung von Eigenregie auf klassenzentrierte Aufmerksamkeit benötigt Redundanzen. Bekannt ist das aus den „Sammelphasen" im Fach Kunst, wo die Aktivitäten der SchülerInnen schon analog schwerer zu synchronisieren sind, wenn sie individuell arbeiten sollen. An den Bildschirmen mit Arbeitsaufträgen unterwegs, driften Informationsstände und Zeitrhythmen auseinander. Das macht sie aus Nutzerperspektive attraktiv, aber für Interventionen, die alle informieren sollen, weniger treffsicher. Die Gemeinschaftsphasen werden kürzer und die Ausflugsintervalle länger. Schon im traditionellen Unterricht ist es nicht leicht, im richtigen Moment und für alle das Wichtigste zusammenzufassen oder zu wiederholen, weil dafür zeitliche, soziale und sachliche Aspekte koordiniert werden müssen. Die Ankurbelung von Interaktion nach längerer Einzelarbeit am Bildschirm ist umständlich und klassenübergreifend in Bezug auf den Stoff weniger informativ.[5]

Die Frage, was Kinder bzw. Jugendliche verinnerlichen, wenn sie in der Schule primär am Bildschirm lernen, lässt sich erst fassen, wenn die Situation sozial genauer betrachtet wird. Realistisch gesehen, arrangieren sich die Lernenden selbst so gut es geht, mit Aufgaben, Programmen oder mit der zugeschalteten Lehrkraft, ohne

---

4   Dass beide Seiten ihre Mitteilung aus mehreren Möglichkeiten auswählen können, begrenzt die Planbarkeit von Kommunikation. Der Sinn eines Lernprogramms ist es, dieses Planungsdefizit nach einer Seite technisch so zu begrenzen, dass anders als beim Buch, die Instruktionen ohne Kommentierung durch eine Lehrkraft erfolgen können.

5   Ein alter Zielkonflikt der Pädagogik könnte sich dabei verschärfen: das Ideal eines möglichst individuellen Lernangebotes für möglichst viele Abnehmer. „Von Allem, für alle, das Beste" forderte schon Comenius und empfahl dafür die Bildtafel als neues Vermittlungs-Medium. Wird der Stoff still am Tablet vermittelt, zieht es die aktuellen Informationshorizonte auseinander, die zu bündeln dann schwerer wird.

parallele Wahrnehmung der MitschülerInnen bzgl. deren Aufwand, Interesse, Missverstehen und Erfolg. Korrekturen, Hilfen und neue Aufgaben können zeitnah auf jedes Tablet gesendet, aber von den Lernenden kaum realistisch verglichen werden. Das Lernverhalten der anderen wird weniger sichtbar. Wie motiviert, frustriert, geschickt, überzeugend, umständlich, unsicher sich jemand anstellt, bleibt sozial folgenlos und auch als Nachahmungs- oder Distanzierungspunkt unwirksam.

Der Austausch darüber nach der Stunde, ist auf Erinnerungen angewiesen und muss mit Verzerrungen rechnen. Ohne die Orientierung an einer klassendurchschnittlichen Lerneinstellung und Lernleistung werden die eigenen Erfolge und Misserfolge sozial entkoppelt und für die Klasse bedeutungslos. Nur bilateral orientiert der Kontakt zur Lehrkraft sachlich und sozial, die Erwartungen formuliert und sich sonst aus der Interaktion in die Supervision zurückzieht. Aber auch der wird vermutlich unpersönlicher und standardisierter, je mehr die Programme zum Einsatz kommen. Vorbereitete Aufgaben, Erklärungen und Kontrollen sollen die Effektivität erhöhen, weil sie als Vermittlungsmodule die flexible Interpunktion ersetzen, einschließlich ihrer verlegenen oder strategischen Pausen, die für unsinnige Einfälle, aber auch interessante Abschweifungen genutzt werden können.

Der Bildschirm schleicht Interaktionen aus, minimiert die gengenseitige Wahrnehmung und dadurch auch die Erziehungschancen. So verliert die Klasse als sozialer Lernraum an Bedeutung. Jeder wird alleine mit den Anforderungen konfrontiert und muss sich ohne Vorbild und Nachahmung arrangieren, seine Aufmerksamkeit steuern und Motivationen regulieren. Die im Unterricht typisch komplementäre Erwartungsebene der Klasse geht mit der gegenseitigen Beobachtung zurück. Das mag von außen erwachsen erscheinen, bedeutet aber aus der Innenperspektive, dass Lernen immer früher ein einsames kognitives Training wird, und dass die Sozialisation bzw. Erwartungen aus der Familie noch mehr Gewicht in der Schule bekommen bzw. behalten.

2 Sozialisation und Trivialisierung im Klassenzimmer

Unter dem Titel „Sozialisation und Erziehung" hat Luhmann zweimal das Thema Schulsozialisation behandelt (vgl. Luhmann 2002, S. 48–81; 2004, S. 103–122). Beide Male geht er auf einen Sozialisationsaspekt besonders ein, den er *Technisierung* des Unterrichts nennt. Darunter versteht er noch keine operative Unterstützung durch Geräte, sondern eine möglichst genau wiederholbare Relation von gezielter Stoffvermittlung auf der einen und Stoffaneignung auf der anderen Seite. In diesem Input-Output-Modell sieht er kein falsches Ziel der modernen Pädagogik, sondern eine logische Konsequenz aus ihrem Status als autonomes gesellschaftliches Funktionssystem unter verschiedenen anderen, die auf einen solchen Leistungsaustausch untereinander angewiesen sind. Wirtschaft, Politik, Wissenschaft, Medizin… müssen sich ausreichend sicher auf Qualifikationsstandards und Abschlüsse verlassen können und bemessen allein daran die Leistungsfähigkeit der Schule.

Diesem Erfordernis entgegen steht nach Luhmann allerdings, dass die dafür notwendige Technisierung des Unterrichts an strukturelle Grenzen stößt, da es schließlich Menschen und keine Maschinen sind, die unterrichtet werden. Es gibt nicht nur Aufmerksamkeitsschwankungen, Ablenkungen, körperliche Müdigkeit, Motivationsdefizite und Blockaden, sondern auch positive Zufälle, kreative Einfälle und plötzlich sich weitende Sinnbezüge. Die Unzuverlässigkeit des menschlichen Bewusstseins kann viele externe Ursachen haben, aber sie ist auch intern strukturell und unvermeidbar, denn es operiert „mit Hilfe einer eingebauten Reflexionsschleife, die alle Input/Output-Transformationen an der jeweiligen Befindlichkeit…ausrichtet; oder genauer gesagt: an dem jeweiligen historischen Zustand", in den das Bewusstsein „sich selbst versetzt" (Luhmann 2002, S. 77).

Auf dieses Technologieproblem jeder schulischen Vermittlungsbemühung hat Luhmann mehrfach hingewiesen und daraus geschlossen: „Im Prinzip nimmt der Erzieher sich etwas Unmögliches vor" (Luhmann 2004, S. 96). Der Versuch, Menschen durch Kommunikationsangebote von außen gezielt und vorhersehbar zu verändern, scheitert schon daran, dass er immer auch die Option provoziert, sich dagegen zu entscheiden. Ausgesprochene Erwartungen wecken „einen Sinn für die Kontingenz der Festlegung: Es ist zwar richtig, aber auch anders möglich". Dadurch wird die Erziehung selbst zur „Keimzelle einer Differenzierung, sie wird mehr und mehr in Anspruch genommen" (Luhmann 2002, S. 63 und 60).[6]

Über Jahre mit Erziehungsversuchen konfrontiert, entwickeln die Betroffenen eine mehr oder weniger konforme bzw. abweichende Einstellung dazu, die auch Routinen in der Selbstdarstellung und Scheinanpassung beinhalten. Um zu sehen, was SchülerInnen verinnerlichen, wenn sie primär mit und an Apparaten lernen, lohnt es sich, diesen Punkt noch genauer zu verfolgen. Wer lernt, ändert sein Verhalten immer auf der Basis von vorher Gekonntem und schon Gewusstem. Jedes Verstehen konturiert sich immer gegenüber schon Verstandenem und Unverstandenem. Natürlich braucht man dazu ein Gedächtnis, allerdings eines mit selektiven Erinnerungen, in dem nicht alles 1:1 gespeichert, sondern vieles wieder vergessen wird - mehr oder weniger endgültig, mehr oder weniger erin-

---

6   Weil Unterricht auf dieser grundsätzlichen Ebene nicht technisierbar ist, machen projektorientierte Modelle immer wieder Sinn, bei denen die SchülerInnen in einer realen und herausfordernden Problemsituation sachliche und soziale Erwartungen selbst bilden, und statt erzogen zu werden, sich selbst erziehen bzw. sozialisieren.

nerbar. Die individuelle Lerngeschichte ist nicht nur eine der Erinnerung, sondern auch des Vergessens.

Mit reflexivem Selbstbezug und Sinnhorizonten ausgestattet ist unser Gedächtnis kein Akkumulator von Daten, die immer abrufbar identisch benutzt werden. Vielmehr lösen sich in unseren Köpfen Gedanken, Vorstellungen, Wünsche und Gefühle anschlusswirksam ab, d.h. wirken etwas nach, provozieren Assoziationen... zugleich werden Sinneswahrnehmungen parallel verarbeitet, aus internen und externen Quellen unterschieden, die Konzentration wird immer wieder neu auf das Gesprochene oder Gelesene ausgerichtet, auch unter der Bedingung erinnerter Erfolge bei früheren Konzentrationsversuchen. Kein noch so guter Unterricht kann diese vielschichtigen Prozesse beobachten und berücksichtigen, sondern muss stattdessen pauschal von außen irritieren, indem er die Verstehens- und Aufmerksamkeitsdurchschnitte nach einer gewissen Routine vorhersieht. Mit dem Ergebnis einer „im Erziehungssystem unvermeidlichen Trivialisierung" (Luhmann 2004, S. 39), die das Schülerbewusstsein auch zu akzeptieren lernen muss.

„In den Ohren der Pädagogik mag es schrecklich klingen, wenn man ihr Geschäft als Trivialisierung der Menschen beschreibt. Wenn man den Begriff definitionsgenau (und nicht abwertend) verwendet, liegt er genau auf der Linie dessen, was man als Erziehung beobachten kann...Ein guter Indikator für diese Tendenz zu Trivialisierung ist die Fragetechnik. Der Lehrer bzw. Prüfer stellt eine Frage, *obwohl er die Antwort schon weiß*. Das ist im sozialen Alltag unüblich und, wenn es herauskommt, peinlich ... Extremformen dieser humorlosen Form des quasi maschinellen Trivialisierens sind die heute vielbenutzen Tests." (Luhmann 2002 S. 78; vgl. 2004, S. 14ff.)[7]

Schülerseits verursacht die vereinfachende Sicht auf sie zunächst psychische, aber dann auch soziale Prozesse, die als Reaktion darauf im klassenöffentlichen Unterricht sozialisieren. Werden Menschen täglich und über Jahre tendenziell wie triviale Maschinen behandelt, dann müssen sie damit nicht nur psychisch irgendwie umgehen, sondern können sich gemeinsam dazu verhalten. Sie können Selbstachtungsregeln einführen, die nicht unterschritten werden dürfen und ihre Anpassung unter Vorbehalt stellt, bzw. ihr den Sinn verleiht, den Druck abzufedern. Sie können auf Scheinkonformität setzen, weil sich mit ihr beide Seiten sozial arrangieren können. Auf diese Weise werden die Erwartungen der Lehrkraft werden mit den Erwartungen der Lerngruppe ausbalanciert.

---

7 Gemeint sind die Multiple-Choice-Tests."Wer ihre Formblätter auszufüllen hat, darf weder unerwartete (aber ebenfalls richtige) Antworten geben noch die Fragen kommentieren oder ändern" a.a.O. S. 78. Vgl. auch Heinz von Förster 1993, S. 206ff. Die Tatsache, dass auch pädagogische Institute in der Lehrerausbildung diese Tests benutzen, macht eine Reflexion des Problems innerhalb der Profession unwahrscheinlich.

Die Effekte dieser klasseninternen Sozialisation wurden unter dem Namen „heimlicher Lehrplan" untersucht und bekannt (vgl. Dreeben 1980; Zinnecker 1975). Er beschreibt die impliziten Regeln und Schülerhaltungen, die nach Luhmann u.a. als Reaktion darauf entstehen, dass SchülerInnen in pädagogischen Kommunikationen letztlich nie angemessen behandelt werden können. Obwohl ihr Bewusstsein erweitert werden soll, kann es nicht in seiner Typik (selbstreferenziell, individuell erinnernd und vergessend, spontan und nicht selten chaotisch operierend) berücksichtigt werden. Wie schwer es dem einzelnen Bewusstsein fällt, damit umzugehen, wird im Unterricht nicht transparent, aber es gibt dafür eine soziale Lösung.

> „Die Lösung des Problems liegt in einer Umkehrung des Verhältnisses von Erziehung und Sozialisation. Die Interaktionensysteme, die auf Erziehung ausgerichtet sind, wirken selbst sozialisierend. Man hat immer schon beobachtet, dass Schüler eine eigene Schülerkultur entwickeln, dass sie ironische Distanz zum Lehrpersonal pflegen und Gelegenheit für ein karnevalistisches Ausleben dieser Distanz suchen und finden." (Luhmann, 2002, S. 79)

LehrerInnen können die Trivialisierungstendenz durch Takt sozial abfedern, die Klasse kann sie sozial auffangen mit Humor, Solidarität, Rücksicht und Selbstdarstellungstoleranzen. Am Bildschirm fehlt dieses Korrektiv psychisch und sozial, Scheinanpassung macht genauso wenig Sinn, wie Ironie oder Widerstand, das Programm versteht es einfach nicht. Lernpsychologisch mag es positiv erscheinen, wenn die SchülerInnen mit Ernst bei der Sache sind, aber es ist auch riskant. Lernprogramme behandeln ihre Nutzer, lückenloser als jede Lehrkraft, wie triviale Maschinen nach dem Input-Output-Modell. Sie vergessen selbst nichts, weil sie kein Bewusstsein haben und keine Geschichte. Die Frage ist, wie reagieren die Lernenden ohne soziale Resonanz darauf, ohne gemeinsame Strategie und Austausch?

Fehlt die Gruppe, um die Differenz von Innen- und Außenwahrnehmung von der sozialen Seite aufzufangen, könnten die psychischen Reserven gegen diese Art der Behandlung und Erwartung geringer werden. Und die Vermutung liegt nahe, dass sie entweder stärker verinnerlicht oder mit mehr Widerstand abgelehnt wird. Im ersten Fall werden natürlich trotzdem weiter Fehler gemacht, allerdings mit weniger Toleranzen nach innen und außen. Lernende Menschen sind auch beim besten Willen keine technischen Datenverarbeiter. Wenn sie sich selbst tendenziell so verstehen, werden sie sich mit diesem Selbstverständnis auch sozial engagieren, sich selbst als berechenbar darstellen und andere so behandeln. Bei Misserfolgen entstehen dann Probleme, die sozial und psychisch weniger leicht abgefedert werden können.

Prinzipiell ist jedes Bewusstsein darauf eingestellt, dass Kommunikationen nicht identisch sind mit dem Transportieren von Gedanken. Auch gibt es in den meisten Kommunikationen auf Mitteilungen immerhin zwei Optionen: Annahme und Ablehnung, die beide weiterbehandelt werden können. Im Unterricht können die Inhalte und Stoffe nicht abgelehnt werden, und Themenwechsel sind keine Option. Die Stoffaneignung kann zwar verweigert werden oder aus anderen Gründen scheitern, aber die Lehrkraft kann nicht psychologisch nach Gründen fragen, sondern muss wiederholen oder mit dem Stoff langsam weitermachen. Schon diese Erfahrung legt bei den Klassenmitgliedern eine Reaktion nahe, die verhindert, dass sie sich irgendwann selbst auch als triviale Maschinen verstehen, die mehr oder weniger komplexe Sachverhalte immer gleich verstehen und reproduzieren können.

Entstünde ein solches Selbstbild, dann könnte umgekehrt die soziale Grundvoraussetzung ihre Selbstverständlichkeit verlieren, sich in einer Kommunikation zwischen zwei Optionen entscheiden zu können und zu müssen, weshalb schon die Teilnahme als riskanter erlebt werden könnte. Menschen, die gelernt haben, sich selbst als „Lernautomaten" zu sehen, könnte das überfordern, wenn sie die Konsequenzen nicht übersehen (ohne technische Unterstützung). Schon der traditionelle Unterricht behandelt die Lernenden wie triviale Maschinen, aber ihre wechselseitig beobachteten Reaktionen erzeugen eine Schülerkultur, die einer Übernahme im Selbstbewusstsein entgegenwirkt. Sie ermöglicht eine Haltung der Reserve und des Vorbehalts. Es ist wohl kein Zufall, dass Luhmann, der prinzipiell von einer lokalen Wirksamkeit jeder Sozialisation ausgeht, gerade diesen Aspekt in der Schule mehrfach hervorhebt. Schließlich geht es in ihr darum, die psychischen Anschlussvoraussetzungen für die Teilnahme in den anderen sozialen Funktionssystemen zu verbessern. Obwohl Erziehung ihre sozialisierenden Effekte nicht mit einplanen kann, sieht er in diesem Punkt pädagogischen Handlungsspielraum und Handlungsbedarf genau in die entgegengesetzte Richtung: möglichst wenig Trivialisierung (Luhmann 2004 S. 103).

Unter der Voraussetzung, dass mehrere (max. drei) Personen an einem Bildschirm arbeiten, wird in solchen Kooperationen die Sozialisation zunächst dadurch geprägt sein, dass sich in so kleinen Lerngruppen keiner hinter dem anderen verstecken kann – sei es als bequemer Mitläufer, Ruhebedürftiger oder strategisch Unsichtbarer. Aus Sicht der Motivierung ist das ein Vorteil. Aber da immer nur zwei Hände die Tatstatur bedienen können, liegt es nahe, dass dieser Platz zunächst ohne Rücksicht auf Lern- und Motivationsbedarf vergeben wird, sondern im Hinblick auf Eingabesicherheit und Schnelligkeit. Die Kooperation beim Suchen, Überprüfen, Darstellen, Präsentieren der Ergebnisse orientiert sich am gemeinsamen Erfolg (Bewertung). Profilierung auf Kosten anderer, Selbstdarstellung um jeden Preis und forciertes Tempo werden vermutlich negativ bewertet. Doch das soziale Verhalten in Lerngruppen, die sich selbst organisieren, wird im Schulkontext immer auch unter Erfolgsgesichtspunkten abgestimmt. Wer kann das gerade anstehende Problem lösen, wer liefert die zündende Idee, wer weiß, wo das nächste Hilfsmittel zu finden ist?

Trägt jemand nichts bei, kann er vielleicht die Schritte verfolgen und mitlernen. Fällt auch das schwer, weil die Unterschiede und Tempi zu groß sind, müssten die anderen ihre Arbeitsschritte kommentieren. In gut eingespielten Gruppen mag das zeitweise gelingen. Anderenfalls sind zwar keine Störungen, aber frustriertes Ausklinken wahrscheinlich. In jedem Fall wird das Tempo von den Schnelleren bestimmt, die dann mehr oder weniger Rücksicht auf die Langsameren nehmen. Die sozialen Erwartungen, die davon ausgehend verinnerlicht werden, sind dann nicht mehr die, dass es schnelleres und langsameres Verstehen in vielen Abstufungen gibt, für die ein eher durchschnittliches Vermittlungstempo von der Lehrkraft angeboten wird, sondern, dass die Schnelleren das Tempo bestimmen, und die Langsamen sich selten bemerkbar machen. Im Gegensatz dazu nötigt klassenübergreifende Stoffvermittlung dazu, Fragen, Antworten und Erklärungen auf ein durchschnittliches Niveau zuzuschneiden.

Aus pädagogischer Sicht sind kleine autonome Lerngruppen sehr erstrebenswert, weil sie ein problemorientiertes Kooperationsverhalten erlauben, das rollenflexibel ist und weiter gefächerte Sozialisationschancen begünstigt (vgl. Grüneisl, Mayrhofer, Zacharias 1984). Die Frage ist, ob das auch in Kleingruppen am Bildschirm zutrifft, wo die meisten sozialen Prozesse durch Bezug auf einen Apparat bestimmt werden, der auf Knopfdruck sofort Ergebnisse produziert. Jede Eingabe führt zu irgendeinem sichtbaren Ergebnis, allerdings ohne „Arbeitsspuren" und ohne Gedächtnis des Zustandekommens. Schon deshalb orientieren sich die Gruppen intern mehr am Erfolg und weniger an der Frage, ob alle in der Gruppe mitkommen. Wer in der kleinen Lerngruppe nichts beiträgt, ist entweder Überflieger, der sich langweilt, oder kommt nicht mit.

Dazwischen wird eine realistische Fremd- und Selbsteinschätzung schwieriger. Bereits das zeigt, dass die kleinen Lerngruppen sehr unterschiedlich sozialisieren und zwar abhängig davon, wie sie zusammengesetzt sind. Die Resultate werden nach außen als Teamleistung wahrgenommen und bewertet, was eine Zusammensetzung aus Schwächeren und Stärkeren nahelegt. Die Rücksicht auf Verständnislücken war bisher eine pädagogische Herausforderung für jede Lehrkraft, die sie unter der auslegungsweiten Maxime „für möglichst Viele das Beste" situativ meistern musste. Das darf/muss die Gruppe am Bildschirm nun selbst regulieren. Eine Verinnerlichung von unterstützendem Verhalten wäre denkbar, setzt aber eine eher seltene Kombination von Sympathie- und komplementären Leistungsniveaus voraus.

Dass Lehrkräfte als sozialer Bezugspunkt an Bedeutung verlieren, scheint sie nicht ernstlich zu beunruhigen. So, als ob ihr Sachverstand, Erklärungsvermögen, ihre soziale Kompetenz bei Ermutigung, Kritik, Rücksicht, Takt entweder ganz selbstverständlich vorausgesetzt, oder aber ohnehin schon chronisch vermisst werden. Auch ihre Anonymisierung scheinen sie nicht als Problem zu sehen und setzen auf mehr Entscheidungsspielräume in der Ferninstruktion. Dass das Tablet Lernstörungen von außen minimieren kann, wird niemand bestreiten. Umso mehr verwundert es, dass die Befürworter diesen Vorteil nicht deutlicher ansprechen.

Auch eine zweite Erleichterung wird nicht beim Namen genannt, der Umstand, dass Lehrkräfte in Interaktionen spontan reagieren müssen ohne sie kontrollieren zu können. Diese typische Herausforderung wird als professionelle Anstrengung durch das neue Instrument sicher geringer. Beide Vorteile haben jedoch eine Schattenseite. Sie verengen soziale Spielräume und soziale Erfahrungen. Noch sieht die Profession offenbar nicht, dass ihr Kontrollgewinn nicht nur die Spielräume der Lernenden verringern wird, sondern möglicherweise auch die eigenen.

Ganz sicher sind SchülerInnen in Tabletklassen mehr auf sich selbst gestellt und können die Vermittlung über Nachfragen weniger beeinflussen. Das erzwingt eine schnellere Zurechnung auf eigene Fähigkeiten und wird eine bereits bestehende Tendenz verstärken: Der familiäre Hintergrund und seine verinnerlichten Lernerwartungen bekommen (noch) mehr Gewicht für schulische Lernerfolge. Abhängig davon werden diese weiter auseinanderdriften, die Guten kommen mit, die Schwächeren werden schwächer. In einer Institution, die sich selbst mehr denn je unter den Druck von Inklusion stellt, müsste das zum Nachdenken anregen.[8]

3 Sozialisation mit Programmen?

In Fächern und Stoffgebieten, die sich dafür eignen, können Lernprogramme so ausgereift sein, dass bei motiviert Lernenden ähnliche gute Ergebnisse erzielt werden können, wie im traditionellen Unterricht. Programmentwickler und IT-Konzerne sehen dann vermutlich ihr Ziel erreicht.[9] Für eine Akzeptanz vonseiten der Medien, der Politik, der Eltern und der Pädagogik sollte das nicht ausreichen. Lernprogramme können „ihre" Erwartungen nicht so vermitteln, dass sie im herkömmlichen Sinn erziehen. Sie können Erfolge und Fehler beim Lernen sofort

---

8   Erste Eltern- und Schülerbefragungen nach dem coronabedingten Homeschooling legen die Vermutung nahe, dass nur ein Drittel in der Lage war, in Eigenregie ähnlich effektiv zu lernen, wie im traditionellen Unterricht. Dabei wurde eine starke Abhängigkeit von familiären Hintergründen festgestellt.

9   Der OECD-Vergleich von 2016 zeigte für Tabletklassen keine Leistungssteigerung (trotz verbesserter Motivation!), aber einen Rückgang der Lesekompetenz. Das deckt sich mit der Vermutung, dass viele Fächer konventionell besser fahren, z. B. Geschichte, Deutsch, Sozialkunde, Latein, Religion und Ethik.

dokumentieren und auch kommentieren. Aber sie können kein Missverständnis von Ironie, keine Ermüdung von Widerstand unterscheiden, weil sie alle Informationen nur auf der Sachebene verarbeiten, nicht sozial und nicht zeitlich. Um dies zu können, müssten sie eigene Lernerfahrungen haben, eine Erinnerung an sie und ein dynamisches Selbst, mit einem eigendynamischen Körper (der gerade müde ist, oder sich bewegen will). Sie müssten von Fremd- und Selbstreferenz ausgehen, um pädagogisch angemessen reagieren zu können.

Was ein Programm zur Verinnerlichung von sozialen Erwartungen z. B. in Bezug auf die Lernhaltung beitragen kann, ist nicht leicht zu sagen. Eine künstliche Stimme, die Fehler aufmunternd und Erfolge anerkennend kommentiert, simuliert persönlichen Kontakt. Bei älteren Nutzern wird das wenig Eindruck machen, wenn sie bereits eine eigene Einstellung in Bezug auf Lernerwartungen gebildet haben. Ihnen geht es auf der Sachebene darum, wie gut ein Programm seine Erklärungsschritte an das eigene Lernniveau anpassen kann und wie informativ bzw. redundant es seine Lernschritte vorgibt. Diejenigen, die mehr auf Abweichung gesetzt haben, können allerdings mit Programmen noch schwerer nacherzogen werden.

Während Erwachsene mit dem Ausblenden der Illusion vermutlich keine Probleme haben, kann es bei jüngeren Nutzern zu einem anderen Verstehen und anderen psychischen Reaktionen kommen. Eingeloggt mit dem persönlichen Account adressiert eine Stimme, die vielleicht sogar einem Elternteil nachmoduliert ist, die Aufgaben und Kommentare namentlich an das Kind. Das suggeriert eine persönliche Erwartung, die Erziehungsversuchen ähnelt. Die Frage ist allerdings, was eine solche Täuschung bewirkt, auch im Hinblick auf das längerfristige Lernverhalten in sozialen Kontexten.

Vermutlich reagieren Kinder unterschiedlich, was sich auf der Ebene der Programmierung genauso wenig voraussehen, wie nachträglich beeinflussen lässt. Die Empfindlichkeit gegenüber Lernzumutungen von realen Personen könnte sich jedenfalls ändern, wenn die Kontrolle und das Feedback eines Lernprogramms verinnerlicht wird. Unmittelbare Kontrolle und prompte Bestätigung könnten dann auch im Kontakt leicht gewohnheitsmäßig erwartet bzw. vermisst werden. Kognitive Herausforderungen gegenüber anderen Menschen, zumal im Direktkontakt, könnten weniger selbstverständlich werden, und ein Informationsaustausch ohne formelle Lernziele psychisch irritieren. Auch soziale Beziehungen zu verstehen und ein kognitives Interesse gegenüber anderen spontan zu entwickeln, könnte weniger selbstverständlich werden. Lernen würde dann nicht nur operativ, sondern auch thematisch von sozialen Aspekten abgeschnitten. Eine solche Desozialisierung des Lernens mit autistischen Zügen ist sicher von keiner Programmierung vorgesehen, aber bei immer jüngeren Anwendern eine reale Gefahr, weil die Lernschritte mit immer engeren Kontrollen und mehr Redundanzen für immer weniger flexible Verständnis-Horizonte ausgestattet werden.

Pädagogische Professionalität lässt sich daran erkennen, dass schwierige Fragen und Sachverhalte so einfach erklärt werden können, dass sie dem Verständnishorizont der Lernenden angemessen sind. Dieser Fähigkeit verdanken Lehrende ihre Autorität und Lernende den Mut, bei Bedarf nachzufragen. Auch Programme können Zusammenhänge vereinfachen bzw. abkürzen, aber nur in festgelegten Stufen, nicht situativ und nicht spontan. Kein Programm kennt die Gründe seines nächsten Schrittes, es prozessiert ihn ohne eigenen Sinnbezug sei es auf der sachlichen, der zeitliche oder sozialen Ebene. Seine Schritte erfolgen nicht aus einer realen aktuellen Erfahrung, sondern vorprogrammiert. Deshalb kennt es keine Relevanzverschiebungen, keine Hoffnung, keine Rücksicht und keinen Takt.

Auf der Programmierebene werden Lernschritte sachlich operationell aufeinander aufgebaut und evtl. mit Bearbeitungszeiten korreliert, was den Eindruck einer Erwartungsebene simuliert. Jedes lernende Bewusstsein muss neben dem sachlichen, immer auch den zeitlichen Sinnhorizont benutzen, schon um sich an früher Gelerntes zu erinnern und um komplexe Lernschritte aufeinander aufbauen zu können. Weil Lernprogramme keine bewusste (intentionale, persönliche, erinnernde) Vermittlung leisten, liegt es nahe, dass sich beim Lernen mit ihnen eine allgemeine Tendenz, die es auch im traditionellen Schulunterricht gibt, verstärkt: Schülerinteressen werden weitgehend ausgeblendet. Schließlich kann auch eine fehlende Erwartung verinnerlicht werden. Wird der Stoff ohne persönliche und bewusste Signale vermittelt und ohne persönlichen Bezug auswendig angeeignet entsteht nicht nur eine gewisse Nähe zu Dressur, sondern auch eine Grenze im Hinblick auf Konsistenzerwartungen und Begründungsansprüchen.[10]

Psychische Umstrukturierungen sind im digitalen Klassenzimmer zu erwarten, aber auch schwer zu beobachten, ein Aspekt wird immer wieder hervorgehoben, offenbar, weil er sich gut beobachten lässt: die Motivation. Tabletklassen wirken auch über längere Zeiträume motivierter, das liegt vermutlich weniger an den Stoffen und Programmen, als an der Technik, ihren Erkundungs- und Einsatzmöglichkeiten von der Informationsbeschaffung bis hin zur seriös-perfekten Präsentation. Wie relevant eine aktuelle Information ist, können Texte und auch Programme in die Ferne umständlich mitkommunizieren. Hervorhebungen im Layout sind üblich, aber zu viele dürfen es nicht sein, und umgekehrt sind relativierende Hinweise wenig zielführend und verwirrend. Eltern und Lehrkräfte ver-

---

10 Das könnte sogar die Frage der Objektivität von Sachverhalten tangieren. Wenn der programmierten Erklärung kein eigenes Erleben unterstellt werden kann, und Sachverhalte ohne persönliche Überzeugung beschrieben werden, fehlt ein Realitätsindikator. Das ist zwar bei Texten auch schon der Fall, aber sie sind dafür da, im Unterricht besprochen zu werden.

mitteln die Wichtigkeit oder Unwichtigkeit einer Information auf vielen Ebenen nebenbei und versuchen so, das Interesse zu stimulieren und zu lenken.

Allerdings gehen alle davon aus, dass man sich in der Schule Vieles aneignen muss, was einen nicht interessiert. Dabei helfen internalisierte und generalisierte Erwartungen, aus der Familie, von der Lehrkraft und vielleicht auch von Vorbildern aus der Klasse. Solange die schulischen Leistungen stimmen, wird es Eltern und Lehrkräften ziemlich egal sein, welche Wurzeln die sogenannte extrinsische Lernmotivation hat. Bei schlechten Leistungen wird es jedoch darauf ankommen, die Ursache zu lokalisieren. Spätestens dann wird klar, dass ein Lernprogramm keine zurechenbare Adresse ist. Auf die Lehrkraft und ihre Lektürewahl können Eltern und Schüler reagieren, evtl. sogar Einfluss nehmen. Bücher können selektiv benutzt werden. Didaktische Mängel eines Lernprogrammes erkennt bestenfalls die Lehrkraft, steht dann aber vor dem Problem, dass sie es nicht auszugweise benutzen kann.

4   Eine politische Frage

Die Zustimmung zum Digitalpakt über Eltern, Lehrerverbände, Wirtschaft und Politik (mit allen Parteien) hinweg, verdeckt die unterschiedlichen Motive, die dahinter „zueinanderfinden". Bei den Eltern ist es in erster Linie die Anschlusssorge in eine digitale Zukunft und Berufswelt.[11] Von der pädagogischen Seite dürfte die geringere Belastung durch Unterrichtsinteraktionen und ihre Störungen, sowie eine Desynchronisation der Vermittlung das wesentliche Motiv sein. Wenn nur der Lernerfolg jedes Einzelnen zählt, liegt es fast auf der Hand, Störpotenziale zu minimieren und die Vermittlung auch technisch zu optimieren. Tablets erscheinen dann als Vermittlungsinstrument wie gemacht dafür, weil sie dem aktuellen technischen Standard entsprechen und mit der gegenseitigen Beobachtung auch Störungen vermindern.

Gestützt auf die drei Pfeiler Allgemein- Berufs- und Persönlichkeitsbildung verliert die Profession mit der Konzentration auf die individuelle Förderung offenbar ein Ziel aus den Augen, das lange Zeit bildungspolitisch fest verankert schien: Mündigkeit und soziale Teilhabe. Sie hängen nicht nur von Lehrplänen, Klassengröße und technischer Ausrüstung ab, sondern auch von klassenöffentlicher Vermittlung, die genau darauf zugeschnitten ist. Nur wenn und solange

---

11 Außerdem wächst die Sorge, dass durch klassenöffentliche Leistungsbeurteilung negative Selbstbilder verinnerlicht werden. Solche Konkurrenzängste übersehen, dass gute Noten nicht knapp sind und vor dem Hintergrund der Schul- und Familiensozialisation von jedem anders verglichen und eingeordnet werden.

alle beobachten können, wie andere auf die Lernzumutungen reagieren, entsteht auch ein Bild darüber, was bei anderen vorausgesetzt werden kann.

Wer jahrelang täglich in Unterrichtsinteraktionen lernt und erzogen wird, verinnerlicht, was andere erwarten und bildet darauf bezogene eigene Erwartungen. Das ermöglicht nicht nur den Vergleich der Lernerfolge und eine realistische Einschätzung der eigenen, sondern auch eine gewisse Vorstellung darüber, was im Durchschnitt bei anderen vorausgesetzt werden kann. Für Kommunikationen ist das nicht nur eine wichtige, sondern eine basale Voraussetzung. Themenzentrierte Unterrichtsinteraktionen und transparente Lernerfahrungen (mit verschiedenen Lehrkräften, in verschiedenen Gruppen, mit verschiedenen Inhalten) ermöglichen eine ziemlich breite Erwartungsbildung, die am Bildschirm kaum möglich ist, und die doch eine wichtige Voraussetzung für die Teilnahme an jeder Art von Kommunikation bleibt:

> „sich vorzustellen, was in den Köpfen anderer vor sich geht... und dies auch dann, wenn man den anderen nicht oder nicht gut genug kennt... Dafür ist es wichtig, dass man bei aller Intransparenz und Ungewissheit in einem Rahmen bleibt, der weitere Kommunikation nicht ausschließt, sondern ermöglicht. Konsens (im Sinne der Übereinstimmung der Bewusstseinszustände) zu erwarten wäre utopisch. Aber gespielter Konsens ist unerläßlich." (Luhmann 2002, S. 81)

Wie eine Mitteilung ankommt, darüber gibt es jenseits von Familie, Bekanntschaft und Standardsituationen wenig Sicherheit. Nur mit einer einigermaßen stabilen und realistischen Erwartung wachsen in Kommunikationen die Chancen auf Verständigung und vielleicht auch auf Zustimmung. Jahrelange Lernerfahrung in Klasseninteraktionen schafft diese psychische Basis auch für spätere und weitere Kommunikationsradien. Nicht, weil man sich an dieselben Inhalte erinnert, dafür sind die Abstände und Unterschiede zu groß. Es reicht schon die Erwartung in Bezug darauf, mit welchem Vorwissen bei welchen Themen durchschnittlich zu rechnen ist, wie vorsichtig oder mutig eine Ansicht vertreten werden muss, damit sie eher akzeptiert wird und wie weit man im Konfliktfall gehen kann. Für diese möglichen Spielräume schafft klassenöffentlicher Unterricht den Rahmen, und es ist zu befürchten, dass er mit dem Tablet deutlich kleiner wird.[12]

Betrachtet man den Lernort Schule historisch, wird deutlich, dass die Schulpflicht in einem Moment eingeführt wurde, wo die Gesellschaft mobiler, säkularer und informationsabhängiger wurde. Zwei Jahrhunderte später sind es die sel-

---

12 Benutzen alle die gleiche Lernsoftware, ist das Problem beseitigt, aber ein noch größeres entstanden: die Monopolisierung und Verkürzung von Lerninhalte und das Sammeln von Schülerdaten in eine Hand (vgl. den Beitrag von R. Lankau in diesem Band).

ben dynamisierten Tendenzen, die diese Aufgabe noch dringlicher machen, auch wenn hin und wieder der Eindruck entsteht, dass die Schule ihr immer weniger gewachsen ist. Vielleicht bündelt der Digitalpakt auch vor diesem Hintergrund viele Hoffnungen.

Beim alten pädagogischen Mix aus Vortrag, Interaktion, Lektüre und Gruppenarbeit ging es immer darum, Sachverhalte gemeinsam zu verstehen, eigenen Gedanken an dem aktuellen Informationsstand auszurichten und sich an einer durchschnittlichen Lernerwartung zu orientieren. Dieses Vermittlungssetting ermöglicht und erfordert soziale Abstimmung zwischen den Beteiligten. Am Einzelbildschirm geht diese Abstimmung tendenziell zurück und mit ihr auch die wichtigste psychische Voraussetzung für Kommunikationsteilnahme: eine einigermaßen sichere Vorstellung darüber, wie Adressaten auf Mitteilungen reagieren könnten, welches Interesse und welche Ansprechbarkeit und Wissenshorizonte im Durchschnitt bei ihnen vorausgesetzt werden können.

Es ist offensichtlich, dass die Anwendung von Apps und Suchmaschinen bei alltäglichen Entscheidungen (die sehr konkrete, analoge und soziale Auswirkungen haben), die individuellen psychischen und kognitiven Grenzen von sozialen Erwartungen maschinell kompensieren. Diese Praxis hat ein Veränderungspotential, das mit dem Begriff Sozialisationswandel nicht mehr angemessen erfasst werden kann. Wenn der Eindruck nicht täuscht, gibt es soziale und psychische Anzeichen dafür, dass die Integration sozialer Erwartungen außerhalb der Schule schon längst an Sicherheit verloren hat.

In privaten Interaktionen erscheinen sie eher harmlos: rasche Themenwechsel, die Zunahme von Spaß, der Rückgang von Humor und vor allem, der häufige Blick aufs Handy, auf der Suche nach fernkommunikativen Alternativen, die sich gut kontrollieren lassen. In weiteren Radien schwinden konventionelle Spielräume, während politisch korrekte Vorsicht auf der einen und Fauxpas auf der anderen Seite expandieren. In den Netzwerken steigt das Bedürfnis nach Bestätigung (Likes), Kontrolle (Filter) und Abgrenzung (Bushing). Und ein stetig wachsender Markt bietet Erwartungs- und Akzeptanzverstärker an, wie Memory-Apps, Themenfinder, Partnerbörsen, Investitionsprogramme, Wahl-O-Maten, immer mit dem Versprechen, individuelle Erwartungen zu befördern und zu realisieren. Alle diese Serviceleistungen kanalisieren Erwartungen und beeinflussen darauf bauende Entscheidungen bzw. übernehmen sie. Je mehr Nutzer auf künstlich intelligente Unterstützung setzen, umso mehr Daten werden verarbeitet, und umso eher werden so generierte Erwartungen tatsächlich erfüllt.

Auf den ersten Blick ist das ein doppelter, psychischer und sozialer Stabilitätsgewinn. Denn soziale Erwartungen werden als durchschnittliche ermittelt und selegiert, geteilt und schon dadurch häufig bestätigt. Werden sie enttäuscht ändert sich das Bild allerdings. Nicht durch Erfahrung, sondern künstlich intelligent generierte und verinnerlichte Erwartungen, lassen sich bei einer Enttäuschung weniger leicht festhalten. Woher sollte die normative Sicherheit kommen? Auch kann weniger aus einer Enttäuschung gelernt werden, weil die Ablehnung nur statistisch als Risiko gesehen wird. Fehleinschätzungen sind eine Frage des Algorithmus. Bei Erwartungen, die auf der Basis eigener Erfahrungen verinnerlicht wurden – sei es mehr emotional oder mehr rational, aus Überzeugung, aus Sympathie, Opportunität oder gedankenloser Gewohnheit – ist das anders. Das Spektrum der psychischen Verankerung zeigt, wie unterschiedlich flexibel wir auf Enttäuschungen reagieren können, wenn sie von eigenen Erfahrungen ausgehend gebildet wurden.

Die Vermutung liegt vielleicht nicht nahe, aber ist doch bedenkenswert, dass die diffusen Verschwörungsängste und Empörungswellen ein Anzeichen für die schwindende Fähigkeit sein könnten, soziale Enttäuschungen rational und flexibel zu verarbeiten. So gesehen erfüllen künstlich intelligente Entscheidungshilfen ihre Versprechen gerade nicht: angesichts einer unberechenbaren sozialen Realität psychische Sicherheiten zu mobilisieren, die belastbar sind. Dass ich trotz (sozialer) Enttäuschung (psychisch) richtig erwartet haben könnte, diese Möglichkeit kognitiver Enttäuschungsverarbeitung verliert an Boden, wenn die Berücksichtigung fremder Erwartungen weniger über eigene Verinnerlichung als über Algorithmen läuft.

Wie sehr die Nutzung von technischen Hilfen, Suchmaschinen und Filtern zu einem Abbau von Erwartungssicherheit führt, können oder wollen ihre Nutzer offenbar nicht sehen. Künstlich intelligent errechnete soziale Selektivität stabilisiert nur auf den ersten Blick. Ohne Rückkoppelung an selbst gemachte soziale Erfahrung gibt es keine psychischen Kapazitäten für Erwartungsenttäuschungen. Likes, deren Anzahl sich ab einer bestimmten Schwelle von selbst erhöht, erzeugen keine Sicherheit, sondern das Bedürfnis nach noch höheren Zahlen.

Vor diesem Hintergrund zeichnet sich die Gefahr ab, dass im digitalen Klassenzimmer eine Fähigkeit nicht mehr gefördert wird, ohne die keine Demokratie auskommt: soziale Interessen, die enttäuschungsempfindlich sind, normativ zu verankern und ihre Gegensätze lernend auszutragen. Schnelle Informationen und Entscheidungen auf der Basis von schnellen Algorithmen lassen uns vergessen, dass es Zeit und Reserven braucht, Entscheidungen zu finden, die für alle bindend sind und dann auch über einen gewissen Zeitraum (Legislatur) ausgehalten werden, selbst gegen die eigenen Interessen. Gehen die psychischen Voraussetzungen dafür weiter zurück, bedeutet das eine politische Gefahr, die längst beobachtet, aber nicht kausal zugeordnet wird.

Lernen mit Programmen verstärkt diese Tendenz und gewöhnt junge Menschen an Erwartungen gegenüber künstlich intelligenten Prozessen, deren soziale Auswirkung noch nicht überschaubar und nicht mehr revidierbar sind. Allein das schon, sollte Grund genug sein, für einen vorsichtigen Umgang mit den neuen Vermittlungs- und Lerninstrumenten. Nicht obwohl, sondern weil außerhalb der Schule so viel digital entschieden und kommuniziert wird, muss in ihr der klassenöffentliche Unterricht das Zentrum der Vermittlung bleiben. Schließlich ist sie der einzige Ort, an dem themenzentrierte Interaktion für alle über Jahre angeboten und soziale Abstimmung geübt wird.

Literatur

Dreeben, Robert (1980): Was wir in der Schule lernen. Frankfurt/M.: Suhrkamp.

Lankau, Ralf (2017): Kein Mensch lernt digital. Über den sonnvollen Einsatz neuer Medien im Unterricht. Weinheim und Basel: Beltz.

Grüneisl, Gerd & Mayrhofer, Hans & Zacharias, Wolfgang (1984): Umwelt als Lernraum. Köln: DuMont

Luhmann, Niklas / Schorr, Klaus Eberhard (1988): Reflexionsprobleme im Erziehungssystem. Frankfurt/M.: Suhrkamp.

Luhmann, Niklas (2002): Das Erziehungssystem der Gesellschaft. (Hrsg. D. Lenzen) Frankfurt/M.: Suhrkamp.

Von Foerster, Heinz (1993): Wissen und Gewissen: Versuch einer Brücke. Frankfurt/M.: Suhrkamp.

Zinnecker, Jürgen (Hrsg. 1975): Der heimliche Lehrplan: Untersuchungen zum Schulunterricht. Weinheim und Basel: Beltz.

Digitale Bildung[1]

Nathalie Weidenfeld & Julian Nida-Rümelin

In Deutschland beklagen viele eine „digitale Spaltung". So beklagte sich ICILS Studienleiterin Birgit Eickelmann bereits 2014 in einem Interview mit der FAZ[2] darüber, dass zu viele Kinder nicht in der Lage seien, eigenständig mit dem Computer zu arbeiten, Präsentationen und Dokumente zu erstellen und wir aus diesem Grund „in Deutschland international an verschiedenen Stellen den Anschluss verloren haben". Sie fordert eine verbesserte digitale Bildung, unter der die Vermittlung von Medienkompetenzen und der Umgang mit neuen Technologien verstanden werden. In diesem Sinne hat das Bundesministerium im Jahr 2016 die „Bildungsoffensive für die digitale Wissensgesellschaft" ins Leben gerufen, die das Lernen mit digitalen Medien und die Vermittlung von digitalen Kompetenzen fördern soll. Neue Lern-Apps, virtuelle Bibliotheken oder VR-Brillen sollen verstärkt in Klassenzimmern, Hörsälen und Betrieben eingesetzt werden. Diese Formen einer digitalen Bildungsoffensive aber kranken daran, dass ihre Ziele vage bleiben und lediglich der Umgang mit den Technologien, der für die jüngeren Generationen ohnehin selbstverständlich ist, in den Mittelpunkt rückt. Mit der dann grotesken Folge, dass *Digital Immigrants* die Digital Natives in einer Sprache unterrichten, die sie mühsam gelernt haben, während die Lernenden sie von Kindesbeinen an spielerisch beherrschen.

Zweifellos gibt es dramatische Wissens- und Kompetenzdefizite auch bei den *Digital Natives*. Die Beherrschung von Programmiersprachen ist eher typisch für die Generation der *Digital Pioneers* der heute Fünfzig- bis Siebzigjährigen. Mit der zunehmenden Perfektion und Komplexität der kommerziellen Angebote digitaler Produkte (insbesondere Apps) sind allerdings die Möglichkeiten der eigenen Fortentwicklung angebotener Softwaresysteme für Amateure deutlich zurückgegangen. Zugleich ist die Benutzerfreundlichkeit dieser Produkte derart hoch entwickelt, dass der Unwille der Jüngeren, sich mit Verbesserungsmöglichkeiten auseinanderzusetzen, nachvollziehbar ist. Hier wiederholt sich eine Entwicklung, die man von weit älteren Entwicklungen kennt: So war es in den ersten Jahrzehnten der Automobilisierung durchaus wünschenswert (und manchmal

---

1   Der Aufsatz ist ein Wiederabdruck aus dem „Buch Digitaler Humanismus" von Julian Nida-Rümelin und Nathalie Weidenfeld, erschienen im Piper Verlag 2018.
2   Nachzulesen unter http://www.faz.net/aktuell/feuilleton/debatten/gespraech-mit-der-studienleiterin- eickelmann-13278739.html

überlebensnotwendig), sich mit der Technik so weit auszukennen, dass man selbst im Falle eines Motor- oder Kupplungsversagens intervenieren konnte. Heute beschränken sich zunehmend auch die lizenzierten Kfz-Werkstätten darauf, Teile auszutauschen – Reparatur ist oft nicht mehr sinnvoll, manchmal nicht einmal mehr möglich. Der heutige Automobilist muss also von der Technik, der er sich anvertraut, nichts mehr verstehen. Es würde ihm in der Praxis kaum weiterhelfen.

Im Falle der digitalen Technologien ist zudem die Veränderung der Produkte derart rasant, dass einmal erworbenes Nutzerwissen permanent erneuert werden muss und daher als Schulstoff wenig geeignet ist. Wenn die Charakterisierung von Wilhelm von Humboldt heute noch zutrifft, dass Schulwissen einen kanonischen Charakter hat – im Gegensatz zu wissenschaftlichem, forschungsorientiertem Wissen –, dann gehört die Einübung des Umgangs mit digitalen Produkten nicht zum sinnvollen Schulstoff. welche Ziele (Wissen und Kompetenzen) ist diese auszurichten?

1 Was also könnte digitale Bildung sein?

Unter Orientierungswissen verstehen wir die Kenntnisse, die erforderlich sind, um sich in bestimmten Bereichen kohärent entscheiden zu können. Der Kern dieses Orientierungswissens ist in der Lebenswelt verankert. So lernen wir vor und unabhängig von schulischer Bildung frühzeitig das Verhalten, die Mimik, die Gestik, die Stimme etc. eines Menschen als Ausdruck seiner emotiven Einstellung, seiner Wünsche, Ängste, Hoffnungen und seiner Überzeugungen empirischer und moralischer Art zu interpretieren. Die gesamte alltägliche Interaktion zwischen Menschen beruht auf der Verlässlichkeit dessen, was im Amerikanischen als „folk psychology" bezeichnet wird. Diese Art der Alltagspsychologie wird durch die Psychologie als Wissenschaft nicht obsolet, vielmehr muss die Psychologie mit unserem lebensweltlichen Orientierungswissen verträglich sein. Sie hat darin ihre Bewährungsinstanz. Folk psychology wird durch die Digitalisierung eines Teils unserer Kommunikation nicht entwertet. Im Gegenteil: Die Äußerungen und Verhaltensweisen von Menschen – auch wenn sie digital vermittelt sind – richtig zu deuten, wird zu einer Bedingung gelingender Interaktion und Kommunikation (nicht nur im World Wide Web).

Eine besondere Problematik liegt darin, dass diese Fähigkeit, Verhaltensäußerungen als Ausdruck von Absichten und Überzeugungen zu interpretieren, ausgenutzt wird, um Pseudo-Akteure wirken zu lassen. Der Einsatz von zahlreichen Bots etwa in Wahlkampagnen ist hierfür ein Beispiel. Je perfekter die Simulation menschlicher Verhaltensweisen und Gefühlsäußerungen, desto schwieriger wird es, zwischen digitaler Simulation und menschlicher Intentionalität zu unterscheiden. Die Herausforderung der folk psychology wird also durch die Digitalisierung größer, nicht geringer. Digitale Techniken mögen in der Wissenschaft die psychologische Forschung erleichtern, sie können aber Empathie und Sensibilität nicht ersetzen. Dies hängt auch damit zusammen, dass die Interpretation des Verhaltens eines Menschen nicht in erster Linie ein kognitiver Prozess ist, wie die psychologische Forschung in den letzten Jahrzehnten zweifellos deutlich gemacht hat.

Es ist ein Irrtum anzunehmen, dass Orientierungswissen auf den lebensweltlichen Bereich beschränkt ist. Physikalische Erkenntnisse und Modelle ermöglichen eine mehr oder weniger verlässliche Vorhersage von Wetterbedingungen und sind über allgemein verfügbare Apps in das Alltagswissen eingedrungen. Psychologische Forschungsergebnisse ermöglichen therapeutische Praktiken, und auch hier ist der Übergang zur lebensweltlichen Praxis fließend. Die beliebte Empfehlung aus der Beratungsliteratur, bei Beziehungskrisen eine Liste mit positiven Eigenschaften des Partners beziehungsweise der Partnerin anzulegen, stammt beispielsweise aus der wissenschaftlichen Psychologie. Es ließen sich zahlreiche weitere Zusammenhänge zwischen wissenschaftlicher Forschung, wissenschaftlich gebundenem und lebensweltlich entgrenztem Orientierungswissen anführen.

2 Fachwissen

Durch die Digitalisierung ändern sich die Verfügbarkeit und die Archivierung von Datenbeständen. Weite Bereiche der Geisteswissenschaften, der historischen und philologischen Forschung (Quellen, Texte, Interpretationen) sind in zunehmendem Umfang allgemein verfügbar. Die zuvor aufwendigen Recherchen und Reisetätigkeiten, aber auch stundenlange Aufenthalte in Spezialbibliotheken sind heute in vielen Fällen überflüssig. Die vollständige Digitalisierung von Museumsbeständen, die gegenwärtig auf den Weg gebracht wird, aber auch die digitale Dokumentationspflicht in den Wissenschaften wird diese Situation weiter verbessern. Da der zeitliche und finanzielle Aufwand zur Datenakquise sinkt, wird diese Form akkumulierten Wissens entwertet. Damit wird Methodenkenntnis wichtiger als Datenkenntnis. In den Studiengängen schlägt sich dies schon heute dahingehend nieder, dass ganze Wissensbereiche als entbehrlich betrachtet und durch Methodentraining ersetzt werden.

So sinnvoll diese Akzentverschiebung im Hochschulbereich ist, damit ist aber auch eine Gefahr verbunden, nämlich die des Verlustes fachlicher Kompetenz. Die Einschätzung, dass diese Fachlichkeit durch die Digitalisierung ihren Wert verliert, ist zumindest fragwürdig. Es könnte sogar ein böses Erwachen aus den digitalen Träumen geben. Der vermeintliche Rückgang der Attraktivität der beruflichen Bildung wird immer noch häufig mit diesem Trend erklärt: Diese Ausbildungsgänge seien zu sehr auf eine spezifische Fachlichkeit und überkommene

Wissensbestände festgelegt. Allein der Fächerkanon der unterschiedlichen universitären Studiengänge ist ein Zeugnis davon, dass von den Hochschulleitungen über Jahre kreative Studiengänge gefordert wurden, mit der Folge, dass inzwischen über *10.000* unterschiedliche akademische Abschlüsse an Universitäten und Fachoberschulen angeboten werden, von denen nicht immer klar ist, welche fachlichen Kompetenzen sie jeweils vermitteln. Die alte Klage, dass mit 350 unterschiedlichen Berufsbildungsgängen ein allzu spezialisiertes Überangebot existiere, hat sich angesichts der Entwicklung der akademischen Bildung verflüchtigt. Immerhin ist in den Bachelor-Studiengängen eine Trendwende „back to basics" zu erkennen. Die Zeit der blühenden Vielfalt und der Abwertung von fachlicher Kompetenz scheint wieder vorüber zu sein.

3   Kanon als gemeinsames Hintergrundwissen

Wie kann es sein, dass nicht nur Methodenkenntnisse, sondern auch Fachwissen ihren Wert auch in Zeiten kostenloser Verfügbarkeit aller nur denkbaren Datenbestände behalten? Um das zu verstehen, muss man sich vor Augen führen, welche Rolle gemeinsames Hintergrundwissen für die Kommunikation hat. Damit wir uns verständigen können, ist es nicht nur erforderlich, dass wir unsere Argumente nach einer im Wesentlichen gleichen Logik entwickeln, sondern auch, dass wir uns auf gemeinsame, unumstrittene Überzeugungen (Sachverhalte) beziehen können. Um beurteilen zu können, was erst noch zu klären ist und auf welchem Wege es gegebenenfalls zu klären ist, muss man schon einen gediegenen Bestand an Kenntnissen und Erfahrungen mitbringen. Alles andere gliche einem Stochern im Nebel. In der Tat haben zahlreiche Internetrecherchen gerade diesen Charakter. Dabei können zufällig neue, interessante Aspekte bewusstwerden, Daten, nach denen man gar nicht gesucht hat, können sich als relevant darstellen, es kann Literatur auftauchen, deren Existenz man nicht erwartet hatte – aber zugleich verlieren sich viele solcher Recherchen in der Vielfalt von Angeboten im Internet, wenn sie nicht von einer soliden fachlichen Kompetenz geleitet sind.

Ganz unabhängig von der Digitalisierung menschlicher Wissensbestände wurde aus anderen bildungstheoretischen Gründen die Verabschiedung von der Idee kanonischen Wissens gefordert, vor allem in den USA und anderen multikulturell verfassten Gesellschaften. Gegen die Idee eines Wissenskanons, der Bildung allgemein und auf spezifische Gebiete fokussiert, wurden die Vielfalt der Bildungstraditionen und ihre unterschiedlichen Bewertungen ins Feld geführt und die Sorge geäußert, dass jede Kanonisierung das, was nicht zum Kanon gehört, marginalisiert und entwertet. Insbesondere das US-amerikanische Highschoolwesen ist entsprechend zurückhaltend mit curricularen Vorgaben. Aber auch aus der Perspektive der Emanzipation durch Bildung wurde kanonisches Wissen als kulturelle Schranke für den sozialen Aufstieg kritisiert. Auch aus Genderperspektive wurde bemängelt, dass es vor allem weiße alte (und tote) Männer seien, die den Wissenskanon prägen und dominieren.

So bedenkenswert diese Einwände sind: Wenn daraus der Schluss gezogen wird, man könne auf kanonisches Wissen verzichten, ist das ein bildungstheoretischer Irrtum. Ohne ein gemeinsames Hintergrundwissen, ohne geteilte Überzeugungen, die keiner näheren Rechtfertigung bedürfen und den Realitätstest bestanden haben, lassen sich auch Dissense und kulturelle Differenzen nicht diskutieren. Man kann die Rolle des Kanons in Analogie zur Rolle lebensweltlichen Wissens in unserer Alltagspraxis charakterisieren. So wie wir in unserer Alltagspraxis auf die gemeinsamen Zuschreibungen emotiver und kognitiver Einstellungen (Gefühle und Überzeugungen) zurückgreifen, so erfordert die Verständigung in bestimmten Disziplinen oder Berufspraktiken gemeinsames, unbestrittenes fachliches Wissen und Kompetenzen. Auch wenn die Auswahl des Kanons im jeweiligen Fall zwangsläufig willkürlich ist, so ist dieser doch in der Praxis der Verständigung und der Interaktion unverzichtbar. Fachlichkeit wird durch Digitalisierung nicht obsolet.[3]

4 Urteilskraft

In gut sortierten universitären Bibliotheken wird viel Arbeit darauf verwendet, die Bestände so zu sortieren, dass der Zugriff auf das jeweils Einschlägige gefördert wird. Die Anordnung der Bibliotheksbestände ist selbst das Ergebnis einer eigenen wissenschaftlichen Kompetenz, der Bibliothekswissenschaft. Auch die Organisation wissenschaftlicher Publikationen über Buchreihen und Zeitschriften folgt dem Muster der strengen Selektion und Sortierung durch fachliche Kompetenz. Diese Vorstrukturierung geht im World Wide Web wieder verloren. Die Verknüpfungen folgen im Wesentlichen der statistischen Verteilung des Nutzerverhaltens und reproduzieren damit assoziative Verkettungen, deren systematische Aussagekraft oft genug äußerst gering ist. Die Suchmaschinen, die ihre Algorithmen nicht offenlegen, verunklaren die Situation zusätzlich durch die Berücksichtigung kommerzieller Interessen. Die kürzlich erfolgte Aufgabe des Netzneutralitätsgebots durch die US-Regierung wird den Einfluss kommerzieller Interessen auf die Strukturierung der Daten weiter verstärken.[4]

---

3 vgl. dazu die amüsante und polemische Schrift von Hans Peter Klein: Vom Streifenhörnchen zum Nadelstreifen. Das deutsche Bildungswesen im Kompetenztaumel (2016) und Konrad Paul Liessmann: Theorie der Unbildung (2006).
4 Unter Netzneutralität versteht man erstens das Gebot, alle Daten im Internet gleich zu behandeln, und zweitens einen Zugang zum Internet zu gewährleisten, bei dem Menschen nicht diskriminiert werden.

Durch die Digitalisierung der Datenbereitstellung entfallen zahlreiche „Gatekeeper", also Pförtnerfunktionen, wie sie etwa Bibliothekare, Verlagslektoren, Zeitschriften-Reviewer, Zeitungs-, TV- oder Rundfunkredaktionen innehaben. Dies bedeutet, dass die eigenständige Urteilskraft zunehmend gefordert ist. Datenbereitstellung ersetzt nicht die Fähigkeit, Daten zu beurteilen und zu prüfen, ob diese zuverlässig sind und welche Argumente sich auf diese stützen lassen. Das World Wide Web konfrontiert uns mit einer weitaus größeren Vielfalt von Interpretationen, Thesen, Theorien und Ideologien. Die Meinungsbildung wird daher anspruchsvoller. Das alte humanistische Bildungsideal, wie es im *Theaitetos*-Dialog von Platon vor *2500* Jahren formuliert wurde, wird dadurch massiv aufgewertet. Menschen, die dazu tendieren, suggestiv formulierten Überzeugungen zu folgen oder sich von unbequemen Tatsachen abzuschirmen, werden im neuen digitalen Datenuniversum rasch die Orientierung verlieren. Sie schließen sich in den „Bubbles" ein, die insbesondere Social Media zur Verfügung stellen, oder taumeln von unterschiedlichen Einflüssen hin- und hergetrieben durch die Datenwelt.

Wir leben infolge der Digitalisierung nicht in einer Wissensgesellschaft, sondern allenfalls in einer Datengesellschaft, oder besser: in einer Datenökonomie. Die Verfügbarkeit von Daten, die die Kaufpräferenzen und Verhaltensweisen von Individuen charakterisieren, verbunden mit einem Zugang zu diesen über soziale Medien oder andere Kommunikationskanäle, ist zu einem erfolgreichen Geschäftsmodell geworden, das Internetgiganten finanziert, deren marktbeherrschende Stellung sie de facto zu einem wesentlichen Teil der Infrastruktur von Kommunikationsdaten, Dienstleistungs- und Warenströmen gemacht hat. Diese Big-Data-Ökonomie, deren beste Zeit möglicherweise erst mit dem Ausbau des hochautomatisierten Individualverkehrs kommen wird, ist deswegen keine Wissensgesellschaft, weil Wissen aus begründeten und wahren Überzeugungen besteht. Wissen verlangt Urteilskraft. Erst die Bewertung, Einordnung und Interpretation von Daten kann Wissen konstituieren. Die große Herausforderung der Bildung in Zeiten der Digitalisierung besteht darin, den aktuellen Trend zur Datenökonomie in eine Entwicklung zur Wissensgesellschaft zu transformieren.

5 Persönlichkeitsbildung

Ist aber nicht wenigstens das zentrale Ziel des Humanismus, die Persönlichkeitsbildung, in Zeiten der Digitalisierung obsolet geworden? Die Antwort muss zweifellos lauten: nein, im Gegenteil.[5] Persönlichkeitsbildung ist heute aktueller denn je, und ihre Bedeutung wird durch die Digitalisierung unserer Kommunikatio-

---

5   vgl. Julian Nida-Rümelin: Philosophie humaner Bildung (2013).

nen und Interaktionen, Transfers von Daten und Dienstleistungen und ihrer Produktion weiter zunehmen.

Der Grund dafür liegt auf der Hand: Je vielfältiger, volatiler und unübersichtlicher personale Bindungen, Gemeinschaftsbildungen und Lebensformen werden, desto stärker wachsen die Ansprüche an die individuelle Fähigkeit, Autoren und Autorinnen der eigenen Entscheidungen, Überzeugungen und Projekte zu sein. Die digitalen Möglichkeiten schaffen neue Freiheitsspielräume, lösen eine gewaltige Veränderungsdynamik nicht nur ökonomischer, sondern auch kultureller Verhältnisse aus, stärken von daher auch die Autonomiepotenziale der Individuen und setzen diese zugleich unter den permanenten Stress eines wachsenden Orientierungsbedarfes. In den digitalen Lebenswelten der Zukunft ist Ich-Stärke so sehr wie nie zuvor in der Menschheitsgeschichte gefordert. Darauf muss sich das Bildungssystem einstellen. Die Vermittlung von Wissen und Kompetenzen hat dem höchsten Ziel, der Stärkung der Persönlichkeit der Heranwachsenden, zu dienen. Nicht die passive Aufnahme vorgefertigten Stoffes, sondern die aktive Bewältigung komplexer Urteile und Entscheidungsstrukturen muss im Mittelpunkt stehen.

Der aktuelle Trend zur Normierung, zur Beschleunigung des Unterrichts und zur Verschulung des tertiären Bildungsbereichs geht jedoch in die entgegengesetzte Richtung: Die Zeiten für Reflexion werden knapp, die Stofffülle zwingt zur passiven Rezeption, die sozialen und ethischen Kompetenzen, aber auch die künstlerischen und gestalterischen, die handwerklichen und die technischen verkümmern. Die Einheit der Person, der Respekt vor dem menschlichen Individuum mit seinen unterschiedlichen Facetten, Begabungen, Interessen und Fähigkeiten erfahren nicht die nötige Aufmerksamkeit. Im Idealfall findet das Kind, die Jugendliche, der junge Erwachsene auf dem Bildungsweg sich selbst. Nicht, indem sie allein möglichst viel Wissen in sich aufnehmen, sondern indem sie aufgrund eigener Entscheidungen die Gestaltungsspielräume nutzen und in oft schmerzlichen Prozessen von Versuch und Irrtum die Persönlichkeit reifen lassen. Digitale Technologien können im schulischen Unterricht diesen Prozess der Persönlichkeitsbildung unterstützen. Kompetent eingesetzt, sind sie durchaus geeignet, die gestalterischen Fähigkeiten zu fördern und Wissenszusammenhänge herzustellen, die im parzellierten Schulunterricht wegen der Fächergrenzen ausgeschlossen sind.[6]

---

6 So erleichtert etwa die von der Parmenides Foundation (https://www.parmenides-foundation.org) entwickelte Software „Atlas" als Lernplattform das Erfassen von Wissensräumen jenseits der von Bildungseinrichtungen praktizierten Parzellierung von Fächern und Methoden, indem sie mithilfe taxonomischer Graphen logische Verbindungen und Kategorien der Analyse zugänglich macht.

Die Autorinnen und Autoren

Timo Bautz: Geboren 1956, Studium der Philosophie und Kunst in München und an der Scuola Normale in Pisa. Promotion in Philosophie. Bis 1997 Lehrer am Gymnasium, anschließend in der Lehrerausbildung am Pädagogischen Institut der JMU Würzburg. Forschungsschwerpunkte: Lernen mit digitalen Endgeräten, Entwicklung der Kinder- und Jugendzeichnung.

André Kieserling: Geboren 1962, lehrt Soziologie an der Universität Bielefeld und leitet dort auch das Niklas Luhmann-Archiv. Seine Forschungsinteressen sind primär theoretischer Art und beziehen sich auf Themen der Interaktionssoziologie, der Ungleichheitsforschung, der Wissens- und Wissenschaftssoziologie.

Ralf Lankau: Grafiker, Philologe und promovierter Kunstpädagoge. Seit 2002 lehrt er als Professor für Mediengestaltung und -theorie an der HS Offenburg. Er setzt sich als Dozent und Autor seit Jahren kritisch mit digitalen Medien in Bildungsprozessen auseinander und publiziert zu Digitaltechnik und Medien-Pädagogik. Bücher: Kein Mensch lernt digital (2017); P. Bleckmann, R. Lankau (Hrsg.) (2019): Digitale Medien und Unterricht. Eine Kontroverse (Frühjahr 2019). Website futur-iii.de.

Jürgen Markowitz: Bis zur Emeritierung 2007 Professor an der Universität Halle für Sozialisation und Interaktion. Publikationen: Relevanz im Unterricht – eine Modellskizze. In: Niklas Luhmann und Karl Eberhard Schorr (Hrsg.): Zwischen Technologie und Selbstreferenz. Verhalten im Systemkontext – Diskutiert am Beispiel des Schulunterrichts; ‚Selbst und Welt' im Unterricht. Über Begriff und Funktion des existentiellen Schematismus. In: Jürgen Oelkers und Heinz-Elmar Tenorth (Hrsg.): Pädagogik, Erziehungswissenschaft und Systemtheorie.

Julian Nida-Rümelin: Studium der Philosophie und Physik. Professor für Philosophie und Politologie an der LMU in München. Kulturstaatsminister AD. Forschungsschwerpunkte: Entscheidungstheorie, theoretische und angewandte Ethik, politische Philosophie. Er leitet den Bereich Kultur am Zentrum Digitalisierung Bayern.

Oliver Reuter: Dr. phil, Jg. 1974, ist seit 2011 Professor für Kunstpädagogik an der Julius-Maximilians-Universität Würzburg. Forschungsschwerpunkte: Chancen ästhetischer Bildung für die Gesellschaft sowie die Rolle von Material in Vermittlungsprozessen. Ästhetische Bildungsforschung.

Gisela Steins: Professur an der Universität Duisburg-Essen für Psychologie und Sozialpsychologie, Forschung zur Relevanz der Interaktionsgestaltung in unterschiedlichen Bereichen der Gesellschaft, insbesondere in Bildung und Erziehung. Besondere Schwerpunkte sind Soziale Wahrnehmung, Sozialpsychologie des Schulalltags, Inklusion aus sozialpsychologischer Perspektive, Schulentwicklung und Genderforschung.

Raf Vanderstraeten: Jahrgang 1966. 1994 Promotion in Leuven (Belgien), 2004 Habilitation in Bielefeld. Derzeit Professor an der Universität Gent und Gastprofessor an der London School of Economics and Political Science (LSE). Forschungsschwerpunkte: Soziologische Theorie, Historische Soziologie, Soziologie der Erziehung, Soziologie der Religion, Soziologie des Wissens.

Nathalie Weidenfeld: Studium der amerikanischen Kulturwissenschaft. Promotion an der FU Berlin, sie arbeitet als Lektorin und Filmwissenschaftlerin.

Timo Bautz
Verstehen ohne Verständigung
Lernen mit mobilen Endgeräten und
das Verstummen der Interaktion
2018, 166 Seiten, broschiert
ISBN: 978-3-7799-3810-1
Auch als E-BOOK erhältlich

Dass wir in Interaktionen schneller die Geduld und die Konzentration verlieren, ist ein sehr allgemeiner Befund, der unterschiedliche Situationen betrifft, wie Diskussionsrunden, Teambesprechungen, den Familientisch und nicht zuletzt Unterrichtsinteraktionen. Klassenförmig organisiert, wird in ihnen mit dem Stoff immer auch vermittelt, wie und was die anderen lernen. Wird die Vermittlung über das Tablet angeboten, gewinnt sie vielleicht an individuellem Zuschnitt, aber um den Preis geringer Transparenz für andere. Öffentliche Schulen beziehen ihre Legitimation nicht nur aus der Qualifikation einzelner Menschen, sondern aus der Verbesserung ihrer sozialen Anschlussfähigkeit. Ohne eine Vorstellung darüber, was andere wissen und wie sie reagieren, kommt keine Kommunikation in Gang. Dafür brauchen wir jenseits von persönlicher Bekanntschaft pauschale und doch realistische Annahmen – und um sie bilden zu können, entweder schon Kommunikationserfahrungen, oder darauf vorbereitend, gemeinsame Lernerfahrungen.

www.beltz.de
Beltz Juventa · Werderstraße 10 · 69469 Weinheim

Sara-Friederike Blumenthal |
Stephan Sting | Jörg Zirfas (Hrsg.)
Pädagogische Anthropologie
der Jugendlichen
2020, 348 Seiten, broschiert
ISBN: 978-3-7799-6178-9
Auch als E-BOOK erhältlich

Über Jugend lässt sich heute nur im Plural sprechen. Das gilt für die Jugendlichen selbst mit ihren unterschiedlichen Herkünften und Lebensstilen. Das gilt auch für die Heterogenität der pädagogisch-anthropologischen Perspektiven. Im vorliegenden Band kommen folgende Momente in den Blick: pädagogisch wirkmächtige Imaginationen von Jugendlichen in Theorie und Praxis; generationell konstruierte Ordnungsmuster, die mit spezifischen Grenzziehungen und Umgangsformen einhergehen; strukturelle Dimensionen, die den Übergang in das Erwachsenenalter oder die soziale und kulturelle Verortung Jugendlicher markieren; sowie Jugendlichkeit als normative Orientierung, die über die Jugend hinausweist.

www.beltz.de
Beltz Juventa · Werderstraße 10 · 69469 Weinheim